Daniel Rechtschaffen

Die achtsame Schule

Daniel Rechtschaffen

Die achtsame Schule

Achtsamkeit als Weg zu mehr Wohlbefinden für Lehrer und Schüler

Mit einem Vorwort von Jon Kabat-Zinn

Aus dem Englischen von Maria Harpner

Arbor Verlag
Freiburg im Breisgau

Die Originalausgabe erschien unter dem Titel:
The Way of Mindful Education, Cultivating Well-Being in Teachers and Students

2. Auflage 2017

Titelbild: © 2016 aloha_17/istockphoto.com
Illustrationen im Innenteil: S. 186, 218 und 249: © 2016 MarinaMariya/istockphoto.com, S. 206: © 2016 HelgaMariah/istockphoto.com, S. 292: © 2016 asmakar/istockphoto.com.
Lektorat: Georg Grässlin
Druck und Bindung: Kösel, Krugzell
Hergestellt von mediengenossen.de

Dieses Buch wurde auf 100 % Altpapier gedruckt und ist alterungsbeständig.
Weitere Informationen über unser Umweltengagement finden Sie unter
www.arbor-verlag.de/umwelt

www.arbor-verlag.de

ISBN 978-3-86781-138-5

Ich widme dieses Buch meiner Mutter und meinem Vater,
Stephan Rechtschaffen und Elizabeth Lesser,
für Eure bedingungslose Liebe als Eltern,
Eure Weisheit als Menschen und die Ehre,
Euch heute als meine Freunde bezeichnen zu dürfen.

Inhalt

Teil III Das achtsame Klassenzimmer

Teil IV Ein Achtsamkeits-Curriculum

Vorwort von Jon Kabat-Zinn

Meine erste Erfahrung mit der Arbeit Daniel Rechtschaffens hatte ich, als ich einer Stunde beiwohnte, die er in einer Mittelschule im Oakland Unified School District hielt. Er arbeite damals für eine Initiative mit Namen *Mindful Schools.* Diese Schule galt als eine der schwierigeren in der Gegend. Als ich hereinkam, ein wenig zu spät, herrschte in der Klasse mit fünfundzwanzig Schülern bereits vollkommene Ruhe. Die Atmosphäre war gelassen und aufmerksam. Fast alle Schüler saßen aufrecht auf ihren Stühlen, ohne steif oder starr zu wirken. Die Schüler schienen sich wohl zu fühlen und auch ich fühlte mich in dieser Ruhe und Stille sofort zu Hause. Ich konnte kaum glauben, dass Mittelschüler dazu in der Lage waren. Der Klassenlehrer saß hinten und Daniel saß auf einem Stuhl vor der Klasse. Er hielt eine Messingschale in der Hand. Während ich mich hinten im Raum setzte, sah ich, wie langsam Hände nach oben gingen, zuerst nur einige wenige, dann immer mehr, alles in Stille. Was war das? Was geschah hier? Was konnte ich hier beobachten? Ich hatte so etwas nie zuvor gesehen.

Nun, es stellte sich heraus, dass die Anweisung zu dieser Übung lautete, dass die Schüler die Hand heben sollten, wenn sie den Klang der Glocke nicht mehr wahrnehmen konnten. Daniel hatte die Schale mit einem Schlegel angeschlagen, kurz bevor ich in die Klasse gekommen war. Offenbar schien es selbst Mittelschüler unglaublich aufmerksam zu machen, auf die Abwesenheit von etwas zu achten.

Am selben Tag besuchte ich eine Grundschule im selben Bezirk und sah eine andere Lehrerin von *Mindful Schools*, die dieselbe Übung mit einer ersten Klasse machte, wieder stand sie vorne und der Klassenlehrer saß hinten in der Klasse. Nachdem sie die Kinder aufgefordert hatte „ihren achtsamen Körper aufzuwecken" – woraufhin alle Kinder sich aufrecht hinsetzten und sehr ruhig wurden – und ohne irgend etwas anderes zu sagen, schlug sie die Messingschale an, genau wie Daniel es getan hatte. Wieder hallte der Klang durch den Raum und während er langsam verschwand, sah ich, wie kleine Hände in die Luft gestreckt wurden, eine nach der anderen, alles in vollkommener Stille. Je länger es dauerte, desto mehr Hände gingen nach oben.

Die Klassenlehrerin erzählte mir später, dass viele der Kinder in dieser Klasse ernste Aufmerksamkeitsprobleme hatten. Sie staunte, wie still es oft während der Achtsamkeitsübungen im Raum wurde. Diese Fähigkeit, so stellte sie fest, übertrug sich mit der Zeit auf andere Momente des Tages, die Klasse kam leichter zur Ruhe, da sie schon wussten, wie sich das anfühlte, und das machte es ihr einfacher, den geplanten Lernstoff zu unterrichten.[1]

Lehrer stehen heute unter starkem Druck, sich immer mehr nach außen zu orientieren und die Erfüllung von Bildungsstandards und die Vorbereitung auf standardisierte Tests in den Vordergrund zu stellen. Das Schwergewicht unseres Bildungssystems liegt in fast erdrückendem Maße auf der Vermittlung von Informationen, natürlich mit dem lobenswerten Ziel, der nächsten Generation ein größeres Wissen und mehr Verständnis mitzugeben und somit gebildete und maximal kreative Arbeitskräfte für unsere zukünftige Welt hervorzubringen. Nur dass dieser Ansatz an sich leider mit starken Mängeln behaftet ist und falschen Voraussetzungen folgt, denn mit Ausnahme einer Minderheit von Schülern, für die er durchaus passend sein mag, lässt er die Mehrzahl der Kinder gestresst, befremdet und unendlich gelangweilt zurück – und sogar dem Lernen immer ablehnender gegenüberstehend. Man könnte sagen, dass die vorherrschende Tendenz in unserem Bildungssystem zu einer Krise der öffentlichen Gesundheit beiträgt, denn die Gesundheit der nächsten Generation hängt maßgeblich von Fähigkeiten und Kompetenzen ab, für die sich die Schule bis vor kurzem überhaupt nicht zuständig fühlte.

Völlig übersehen oder ignoriert wird in dieser Atmosphäre der Bereich der Innerlichkeit – das Innenleben des heranwachsenden Lernenden – und wie es gemeinsam mit dem äußeren Wissen und den Kompetenzen berücksichtigt, genährt und weiterentwickelt werden kann und muss. Das ist unumgänglich notwendig, damit jedes Kind lernt, sich in seiner Haut wohl zu fühlen, seinen eigenen Geist und Körper zu beruhigen, Selbst-Gewahrsein, emotionale Intelligenz, Selbstvertrauen und Resilienz zu entwickeln, um angesichts der unterschiedlichsten Stressfaktoren, des Leistungsdruckes und der Vorstellung, so oder so sein zu sollen, um dazuzugehören, bestehen zu können. Meiner Erfahrung nach fördert die Wertschätzung und Pflege des Innenlebens auch die Kreativität und Vorstellungskraft.

Angesichts dieser ständigen Vernachlässigung des Innenlebens ihrer Schüler wenden sich immer mehr Lehrer der Achtsamkeit zu. Achtsamkeit fördert Qualitäten wie Handlungsbewusstsein, das Gefühl wirklich man selbst und grundsätzlich in Ordnung zu sein, so wie man ist, das Gefühl ganz zu sein und dazuzugehören, sowie bestimmte Kompetenzen, die wichtig sind, um diese „Ganzheit" über Jahre hinweg beizubehalten und das Lernen zu verbessern. Diese Kompetenzen beinhalten die Fähigkeit, unsere eigenen Gedanken und Emotionen als „Ereignisse" im Feld des Bewusstseins zu erkennen und das Wissen, wie wir uns von ihnen befreien können, wenn wir uns in ihrem Inhalt und den dazugehörenden Emotionen verstrickt haben. Einfache Achtsamkeitspraktiken bieten uns verlässliche Strategien, um mit den Stürmen und Turbulenzen umzugehen, die unseren Geist bisweilen heimsuchen und mit Trauer, Wut, dem Gefühl nicht dazuzugehören, nicht gut genug zu sein und nicht lernen zu wollen, einhergehen. Unter anderem fördern sie Gelassenheit, Konzentration und Fokus, Impulskontrolle, Empathie und Verständnis anderen gegenüber und verringern Aggressionen.[2]

Um diese Praktiken zu einem vertrauten und unverzichtbaren Teil des Unterrichts zu machen – wie es so wirkungsvoll in diesem Buch beschrieben wird – gibt man den Kindern praktische Möglichkeiten, sich selbst kennenzulernen und zu erkunden. Dazu gehören nicht nur Gedanken und Emotionen, sondern auch das Bewusstsein für das Universum unserer

Körperempfindungen, unter anderem auch unser Atem, und wie diese, meist in Übereinstimmung mit unseren Gedanken und Emotionen, kontinuierlicher Veränderung unterliegen. Im weiteren beeinflussen sie auch das soziale Bewusstsein, die Landschaft unserer Beziehungen und die Fähigkeit, uns darin so zu bewegen, dass anstelle von Trennung, Missachtung und Feindseligkeit, Verbundenheit, Güte und eine Reihe von prosozialen Verhaltensweisen gefördert werden.

Parallel zu dem akademischen Lehrplan brauchen auch unser Innenleben und unser Selbstgewahrsein Schulung und Zuwendung, damit diese Qualitäten verankert und im Laufe unseres Lebens weiterentwickelt und vertieft werden können. Diese Zuwendung beginnt damit, zu erforschen, wie man zur Stille finden kann, wie es sich anfühlt, sich ganz bewusst zu bewegen und wie man maximale Präsenz entwickeln kann, wenn man es möchte oder die Situation es erfordert. Achtsamkeit liegt dem sozial-emotionalen Lernen zugrunde. Es geht darum, weisere Entscheidungen zu treffen und verschiedene Wege zu finden, um mit seinen inneren und äußeren Erfahrungen, die sich von einem Moment zum nächsten entfalten, in Beziehung zu treten. Wie wir sehen werden, ergänzt Achtsamkeit *Sozial Emotionales Lernen* (SEL) um das Element der Körpergewahrseinsübungen, die den Kindern dabei helfen, ausgeglichener, angemessener und effektiver auf Krisenmomente zu reagieren.

Die Grundlage der Achtsamkeit liegt in unserem Bewusstsein selbst. Achtsamkeit ist nicht etwas, das wir erlangen oder uns aneignen müssen, sondern eher etwas, das wir bereits haben und bloß entdecken müssen, eine Fähigkeit, die angeboren ist, aber zugunsten einer weiteren wunderbaren, menschlichen Fähigkeit, dem Denken, oft vernachlässigt wird. Doch während dem Denken in der Schule reichlich Zeit gewidmet wird, in der Hoffnung, die Schüler zu besseren und kritischeren Denkern zu erziehen, bleiben die anderen, genauso essentiellen Fähigkeiten, die unsere Gedanken und Emotionen regulieren können, überwiegend unbeachtet. Es ist das Gebot unserer Zeit, uns mit diesen inneren Fähigkeiten zu beschäftigen, vertraut zu machen und sie in unseren Alltag zu integrieren, um in unserem Leben mit all seinen Aufs und Abs, allen Drehungen und Wendungen, besser navigieren zu können. Welcher Ort könnte besser dafür geeignet sein, um diese Dimension zu erschließen und zu entwickeln, als die Schule?

Die grundsätzliche Qualität des Gewahrseins besteht darin, dass es alles und jedes fassen kann, das in unserer Erfahrung auftaucht. Es kann die Dinge mit Klarheit und Einsicht wahrnehmen, ohne sie unmittelbar zu werten – und somit den üblichen Impuls aufheben, jeden Aspekt unserer Erfahrung sofort in die Kategorien Mögen oder Nicht-Mögen, Mehr-davon-haben-Wollen oder Weniger-davon-haben-wollen einzuteilen. Unser Bewusstsein verstärkt das Menschliche in uns und unsere Beziehung zum Leben selbst. Für mich ist es das Merkmal, das uns voll und ganz menschlich macht.

Der direkte Weg zum Gewahrsein und seiner Klarheit führt über die systematische Schulung der Aufmerksamkeit. Die Vorteile, diese Schulung und Praxis schon Schulkindern anzubieten, liegen auf der Hand. Solche Fähigkeiten und Praktiken und die potentiellen Einsichten, die daraus erwachsen können, sind, meiner Meinung nach, nicht mehr als Option im menschlichen Repertoire zu sehen. Sie sind, in unserer sich rasant verändernden, immer komplexer werdenden, oft verwirrenden Welt, in der, wie Linda Stone es ausdrückt, die „kontinuierliche, partielle Aufmerksamkeit" in zunehmendem Maße zum Standard-Modus geworden ist, für Erwachsene wie auch für Kinder unverzichtbar geworden.[3] Sie ergänzen den normalen Lehrplan und erleichtern das Unterrichten, wie die Lehrerin dieser ersten Klasse in Oakland bemerkt hat. Man braucht dafür auch nicht viel Zeit, besonders wenn sie in der Hand von erfahrenen und in Achtsamkeit gut geschulten Lehrerinnen und Lehrern liegen.

Wie dieses Buch gekonnt dokumentiert, weiß man mittlerweile, dass Stress sich schädlich auf das in Entwicklung befindliche Gehirn auswirkt.[4] Insbesondere nachgewiesen wurde eine nachteilige Wirkung von Stress auf die exekutiven Funktionen des präfrontalen Cortex, die für die Problemlösung, Kreativität und das logische Denken maßgeblich sind – sowie auf den Hippocampus, der eine aktive und wichtige Rolle beim Lernen, dem Gedächtnis und der Emotionsregulation spielt. Stress beeinflusst auch die Amygdala, das Stressreaktionszentrum im Limbischen System, das sich bei dauernder Stressbelastung vergrößert und durch Achtsamkeitstraining kleiner wird. Schon deswegen ist es sinnvoll, sich einfache Achtsamkeitspraktiken anzueignen, von denen wir aus wissenschaftlichen Studien wissen, dass sie ein Gegenmittel zu toxischem Stress darstellen. Viele Kinder kommen nicht einmal in einem Zustand in die Schule, der Lernen möglich macht. Sie haben möglicherweise nicht gefrühstückt oder waren bereits am frühen Morgen Stress oder Gewalt ausgesetzt. Bevor die Lehrer nach dem geforderten Lehrplan vorgehen können, müssen sie den Kindern erst einmal das Werkzeug vermitteln, damit diese überhaupt aufmerksam sein, ihre Emotionen regulieren, Lernen lernen und ihr Lerninstrument einstimmen können, bevor es gespielt werden kann, wie ein Musiker sein Instrument stimmt, bevor er es spielt. Wenn die Praktiken, die in diesem Buch vorgestellt werden, in den Unterricht integriert werden, dann sind sie in der Lage, die Auswirkungen von schädlichem Stress auf das kindliche Gehirn zu mindern. Das ist besonders wichtig für gefährdete Jugendliche und dort, wo die Kosten eines Lernversagens besonders hoch sind.

Im Laufe der letzten zwanzig Jahre konnten andere Studien bei Kindern einen dramatischen Rückgang der kognitiven und emotionalen Kompetenzen feststellen, die wir für selbstverständlich halten, um später als Erwachsene einen Beitrag zu unserer Gesellschaft leisten zu können.[5] Neuere Studien betonen die Bedeutung der Fähigkeit, wirklich zuhören, effektiv kommunizieren, Konflikte lösen, kritisch denken, sich Ziele setzen und im Team arbeiten zu können, und die Rolle, die dem öffentlichen Schulsystem bei der Entwicklung dieser Eigenschaften zukommt.[6] All das kann durch eine Achtsamkeitspraxis verbessert werden.

Laut Linda Lantieri,[7] einer wegweisenden Pädagogin für *Sozial Emotionales Lernen* (SEL) und Achtsamkeit, besteht der Mehrwert von Achtsamkeit für das konventionelle SEL vorrangig in den Körpergewahrseinspraktiken, die bekanntlich die Neuroplastizität fördern; das heißt, strukturelle Veränderungen in den eben erwähnten und anderen Gehirnregionen, die in der Lage sind, Lernfähigkeit, Gedächtnis, emotionale Balance und kognitive Aspekte zu verbessern. Achtsamkeitspraktiken bilden eine solide Grundlage für das mehr konzeptuell und kognitiv basierte SEL-Curriculum. Sie erlauben jedem Kind, seinen Muskel der emotionalen Balance regelmäßig zu trainieren, indem sie üben, präsent zu sein und ein nicht wertendes Gewahrsein in relativ ruhigen Momenten zu entwickeln, und dann mit der Zeit zu lernen ein gewisses Maß an Gelassenheit selbst angesichts stressauslösender und bedrohlicher Situationen beizubehalten. Ein regelmäßig trainierter Achtsamkeitsmuskel, besonders wenn dieses Training spielerisch und mit Leichtigkeit ausgeführt wird, macht es wahrscheinlicher, dass die Kinder unter bedrohlichen und sehr emotionalen Umständen ihre SEL-Strategien abrufen und anwenden können.

Meine erste Begegnung mit Achtsamkeit im Klassenzimmer hatte ich in den frühen 90-er Jahren durch Cherry Hamrick, der Lehrerin einer fünften Klasse, an der Welby Elementary School in South Jordan, Utah. Cherry war eine unerschrockene, höchst kreative, frühe Pionierin dieser Bewegung.[8] Nachdem sie an einem achtsamkeitsbasierten Stressbewältigungsprogramm (MBSR) am LDS Hospital in Salt Lake City teilgenommen hatte, beschloss sie, Achtsamkeit mit ihrer Klasse zu versuchen. Trotz meiner anfänglichen Skepsis entwickelte sich Cherrys teilweise sehr kreative Einführung von Achtsamkeit in ihrer fünften Klasse zu einem sehr erfolgreichen Experiment, das sich über einige Jahre erstreckte. Ich hatte das Privileg, die Schule zu besuchen und ihre Schüler und einige der Eltern kennenzulernen. Offensichtlich war Achtsamkeit dort sehr willkommen und hatte in diesen Jahren einen positiven Einfluss, nicht nur auf diese Klasse, sondern auf die ganze Schule. Eine Anekdote ist mir lebhaft in Erinnerung geblieben: ein Elternteil beobachtete, wie ein Schüler aus Cherrys fünfter Klasse zu einem seiner Geschwister, das sich darüber beschwerte, dass seine Klassenkameraden es ärgerten, sagte: „Nur weil sein Geist flattert, heißt das nicht, dass Deiner auch flattern muss."

Nachdem die Wirksamkeit von Achtsamkeit im Leben und der Gesundheit von Patienten mit einer Reihe von chronischen stressbedingten Krankheiten, sowie Depressionen und Ängsten wissenschaftlich mehrfach belegt werden konnte, finden achtsamkeitsbasierte Programme wie MBSR und MBCT (*Mindfulness-Based Cognitive Therapy*) in zunehmendem Maße auch in der Medizin, dem Gesundheitssystem und bei Psychologen ihre Anwendung. Gleichzeitig halten Achtsamkeit und andere kontemplative Praktiken ihren Einzug bei normalen Studienplänen an

Hochschulen und Universitäten.[9] Wie wir bereits gesehen haben, bietet Achtsamkeit Schülern und Lehrern von Grund- und weiterführenden Schulen eine wirkungsvolle Antwort auf den wachsenden Stress und die vermehrten Herausforderungen, denen Kinder, Lehrer und Schulen ausgesetzt sind, und die insgesamt dem Lernen eher abträglich sind.[10]

Achtsamkeit ins Klassenzimmer zu bringen setzt ganz generell ein beträchtliches Maß an Kreativität und Innovation von Seiten des Klassenlehrers voraus.

Es ist nicht im geringsten ein 08/15-Universalkonzept. Noch ist es eine verdeckte Strategie zur Verhaltensmodifikation, obwohl ein Nebeneffekt durchaus eine wesentlich effizientere Lernatmosphäre sein kann. Was Daniel Rechtschaffen hier anbietet, ist ein effektiver, benutzerfreundlicher Zugang für Klassenlehrer, der betont, dass es den einen, richtigen Weg, Achtsamkeit zu unterrichten, nicht gibt und dass es am besten funktioniert, wenn der Lehrer experimentiert und sein eigenes Leben als Versuchslabor heranzieht, um seine Achtsamkeitspraxis zu erkunden und zu vertiefen. Das Buch bietet eine Reihe von kreativen Optionen und Zugangsweisen für Lehrer jeder Klassenstufe, die den Wunsch haben, diesen Ansatz mit Sorgfalt und Spielfreude in ihr Klassenzimmer zu bringen. Es ist eine Fundgrube der Perspektiven und Übungen, die Lehrer und Administratoren über Jahre hinweg bei ihren Versuchen, Achtsamkeit in die verschiedenen Aspekte des Lehrplans – vom Kindergarten bis zur Oberstufe – zu integrieren, Inspiration und Unterstützung bietet.

Im November 2012 ging ich über einen Fußballplatz, den die Mittelschule und die High School in Camp Zama, dem ausgedehnten Hauptsitz der US-Army in Japan, gemeinsam nützen. Aus dem Nichts hörte ich eine Stimme aus dem Lautsprecher, die vollkommen selbstverständlich verkündete: „Die Glocke läutet nun den Beginn einer achtsamen Minute ein." Ich traute meinen Ohren nicht. Scheinbar wussten alle Schüler, was das bedeutete – sie erhielten bereits Achtsamkeitsunterricht – und fielen eine Minute lang in ein stilles Gewahrsein. Später erfuhr ich, dass der Direktor der Mittelschule selbst diese Ansage gemacht hatte. All dies geschah, weil ein Schulbeirat, Jason Kuttner, der Meinung war, dass es hilfreich sein könnte, Achtsamkeit in den Unterricht einzubauen. Nun wird es in der gesamten Mittelschule eingesetzt und wurde in Teilen der High School ebenfalls vorgestellt. Das ist ein Beispiel dafür, wie die Intention einer einzigen Person Veränderungen in einer ganzen Schule bewirken kann, genau wie Cherry Hamrick es in ihrer Schule tat und so viele andere Lehrer, deren Geschichten in diesem Buch zu finden sind.

Im Dezember 2013 hielt Chris Ruane, ein Parlamentsmitglied Großbritanniens und langjähriger Lehrer in Wales, eine mitreißende Rede im Parlament, die an den Bildungsminister gerichtet war, der direkt vor ihm saß. In seiner Rede, deren Titel „Achtsamkeit in der Schule" war, betonte er die Notwendigkeit, Achtsamkeit in Grund- und weiterführende Schulen in England einzuführen und erklärte, warum alle Klassenlehrer die Möglichkeit haben sollten, eine qualifizierte Schulung in Achtsamkeit zu erhalten.[11] Er nannte einige Programme als Beispiele, darunter auch das „.b" Programm von *Mindfulness in Schools*, einem Projekt der Lehrer Chris Cullen und Richard Burnett. Sie haben einen sehr fantasievollen und äußerst beliebten Zugang entwickelt, um Achtsamkeit in Grundschulen und weiterführenden Schulen in Großbritannien zu unterrichten. Zu ihrer Gruppe gehört auch ein Forschungsprogramm, das mit dem Oxford University Centre for Mindfulness zusammenarbeitet. Es ist nur eines von vielen inspirierenden Achtsamkeitsprogrammen, die Daniel Rechtschaffen vorstellt.

Ob Sie Lehrerin sind oder Erzieher, in der Schuladministration oder der Lehrplanentwicklung arbeiten, das Buch, das Sie in Händen halten, hat das Potential, Ihr Leben, das Leben Ihrer Schüler, das Leben der ganzen Schule sowie das gesamte Bildungssystem nicht nur in Amerika zu verändern. Ich begrüße diese zeitgerechte Veröffentlichung. Möge es eine nützliche und wertvolle Ressource für alle Lehrerinnen und Lehrer sein, denen es ein Anliegen ist, sowohl das innere wie das äußere Lernen zu optimieren und das einzigartige Potential und die Schönheit jedes einzelnen ihrer Schüler zu fördern.

Jon Kabat-Zinn
Berkeley, Kalifornien
31. Januar 2014

Belege

1 Mindful Schools hat seine Arbeitsweise mittlerweile verändert und bietet nun Trainingsprogramme für Achtsamkeit für Lehrer von Grund- und weiterführenden Schulen an, statt Spezialisten in die Klassen zu schicken.

2 Siehe zum Beispiel: http://www.mindfulschools.org/about-mindfulness/stories/-students

3 Siehe: http://lindastone.net/

4 Sonja J. Lupien, Bruce S. McEwen, Megan R. Gunnar und Christine Heim, Effects of stress throughout the lifespan on the brain, behavior and cognition. In: *Nature Reviews Neuroscience*, 2009: 10, 434–445.

5 Goleman, D., *Emotional Intelligence*. New York: Bantam, 1995; siehe auch: http://www.cfchildren.org/advocacy/social-emotional-learning/the-cost-of-emotional-illiteracy-part-1.aspx; vgl. dt. Ders., *Emotionale Intelligenz*. München: Deutscher Taschenbuch Verlag, 19: 2007.

6 Siehe: http://www.cfchildren.org/advocacy/social-emotional-learning/21st-century-skills-vital-for-future-wirkforce.aspx

7 Linda Lantieri, persönliche Kommunikation; siehe auch: Dies., *Building Emotional Intelligence: Technics to Cultivate Inner Strength in Children*. Boulder, CO: Sounds True, 2008. vgl. dt. Dies., *Emotionale Intelligenz für Kinder und Jugendliche*. München: Ariana Verlag, 2009.

8 Siehe: *Mindfulness in the Classroom*. In: Kabat-Zinn, M. und Kabat-Zinn, J., *Everyday Blessings: The Inner Work of Mindful Parenting*, Hyperion, New York, 1997; 2014 (vgl. dt. Dies., *Mit Kindern wachsen*, Arbor-Verlag, Freiburg, 2015). Siehe auch: http://mindfuleducation.org/Mindfulnessintheclassroom-JKZ.pdf

9 Barbezat, D.P. und Bush, M., *Contemplative Practices in Higher Eduation: Powerful Methods to Transform Teaching and Learning*. New York: Jossey-Bass, 2014.

10 Davidson, R., Dunne, J., Eccles, J.S., Engle, A., Greenberg, M., Jennings, P., Jha, A., Jinpa, T., Lantieri, L., Meyer, D., Roeser, R.W. und Vago, D., Contemplative Practices and Mental Trainings: Prospects for American Education. In: *Child Development Perspectives*, 6 (2), 2012, 146–153. Roeser, R.W., Schonert-Reichl, K.A., Jha, A., Cullen, M., Wallace, L., Wilensky, R., Oberle, E., Thomson, K., Taylor, C. und Harrison, J., Mindfulness Training and Reductions in Teacher Stress and Burnout: Results From Two Randomized, Waitlist-Control Field Trials. In: *Journal of Educational Psychology*, 2013, Abstract. Frank, J. L., Jennings, P. A. und Greenberg, M. T., Mindfulness-Based Interventions in School Settings: An Introduction to the Special Issue. In: *Research in Human Development*, 2013, 10:3, 205–210 (DOI:10.1080/15427609.2013.818480; http://dx.doi.org/10.1080/15427609.2013.818480).

11 Siehe: http://theyworkforyou.com/whall/?id=2013–12–10a66.0

Einleitung

Aus irgend einem Grund sah diese eine E-Mail aus dem Weißen Haus anders aus, als der übliche politische Junk, der sonst immer in meinem Posteingang landete. Meine Entscheidung, sie nicht umgehend im Papierkorb zu versenken, sollte sich als durchaus bedeutsam herausstellen. Die Nachricht begann folgendermaßen: „Wir freuen uns, Sie zu einem Runden Tisch mit Mitgliedern der Obama-Administration einzuladen." Sie hatten mich als Vertreter einer Bewegung eingeladen, die sich für „Mindfulness in Education", für „Achtsamkeit in der Schule" einsetzte, um von den erstaunlichen Auswirkungen zu berichten, die wir bei den jungen Menschen durch die Anwendung dieser Praktiken beobachten konnten.

Ehe ich mich versah, wurde ich durch den Eingang des Weißen Hauses geschleust und hatte meinen Platz an einem Tisch zusammen mit strammen Generälen, Beamten des Heimatschutzministeriums, des Gesundheitsministeriums und einer Reihe von anderen Ministerien eingenommen. Schon 20 Jahre zuvor, als ich meine ersten Erfahrungen mit der süßen inneren Stille der Achtsamkeit machen durfte, war ich zu dem Schluss gelangt, dass wir unsere Gesellschaft grundlegend wandeln könnten, wenn es uns gelänge, diese Praxis an kleine Kinder, Patienten und – ja, warum eigentlich nicht? – Politiker weiterzugeben, doch der Gedanke, dass unsere Regierung diesen Schritt wagen könnte, war mir nie gekommen.

Als Familientherapeut und Schulpsychologe begann ich 2006 die transformierende Praxis der Achtsamkeit zu unterrichten, um Kindern mit Ängsten, Impulsivität, Aufmerksamkeitsschwäche und Depressionen zu helfen und sie dabei zu unterstützen, ein glückliches und erfüllendes Leben zu leben. Ich hatte keine Ahnung, dass es bereits eine Bewegung für die achtsame Schule gab. Später hörte ich dann von Projekten wie „Mindful Schools“, die in Schulen in der Nähe der California Bay Area unterrichteten, dem „Mind Body Awareness Project“, einem Projekt für inhaftierte Jugendliche und „Mindfulness without Borders“, die sich an Studenten auf der ganzen Welt richtete. Begeistert davon, dass ich mit meinem Anliegen offensichtlich nicht alleine war, begann ich Achtsamkeit an Schulen in Kalifornien zu unterrichten und half verschiedenen Organisationen dabei, einen auf Achtsamkeit basierten Lehrplan zu entwickeln.

Und nun habe ich einen Job, den ich noch vor zehn Jahren für undenkbar gehalten hätte. Ich fliege um die Welt und berate Verantwortliche diverser Schulsysteme bezüglich der Schaffung achtsamer, emphatischer und inspirierender Lernbedingungen. In der einen Woche bin ich in Thailand und leite eine internationale Konferenz für Lehrer, die Achtsamkeit und sozial-emotionales Lernen in ihr Heimatland bringen wollen; die Woche darauf bin ich bereits in Atlanta an einer K-12 Schule* und trainiere dort mit dem örtlichen Baseballteam Achtsamkeit, Embodiment und Team-Kommunikation; die Woche danach bin ich wieder in Kalifornien, wo ich ein Retreat für Pädagogen leite, die Teilnehmer des einjährigen Lehrgangs am Mindful Education-Institut sind. Glücklicherweise unterrichte ich selbst Achtsamkeit und weiß, dass die kontinuierliche eigene Arbeit an Präsenz, Herzensöffnung und Aufmerksamkeit unabdingbar ist, um gut unterrichten zu können, denn sonst würde meine jetzige Lebensweise doch sehr an mir zehren. Wenn man mich am Flughafen fragt, ob ich geschäftlich oder zum Vergnügen unterwegs bin, antworte ich in der Regel mit einem nachdrücklichen: „Ja!“

---

* In den USA ist *„K-12“* eine weit verbreitete, zusammenfassende Bezeichnung für den primären und sekundären Bildungsbereich Sie wird als „K through 12“ oder „K 12“ ausgesprochen und ist die Abkürzung für „Kindergarten bis 12. Schuljahr“ (Anm. d. Übers.).

Ich unterrichte Pädagogen, administratives Personal und Kinder in den grundlegenden Prinzipien der Achtsamkeitspraxis. Wenn man jemandem beibringen will, wie man Auto fährt, dann setzt man ihn hinters Lenkrad und stellt sicher, dass ihm die wesentlichen Verkehrsregeln bekannt sind. In der Kindererziehung vermitteln wir zwar, wie man sich in dieser Welt bewegt, doch meist überspringen wir dabei die Bedienungsanleitung. Wie funktioniert unser Geist, unser Herz und unser Körper? Wie schulen wir unsere Aufmerksamkeit? Wie gehen wir liebevoll mit uns und anderen um? Selten werden Kindern von Eltern oder in der Schule angeleitet, wie sie die von ihnen vertretenen ethischen Grundhaltungen tatsächlich entwickeln können, denn in der Regel hat auch uns niemand mit dieser unbezahlbaren Praxis vertraut gemacht. So könnten wir den Schluss ziehen, dass unser Glücklichsein ein Zustand ist, der im Großen und Ganzen dem Zufall überlassen bleibt, und nicht etwas, das man wie einen Muskel trainieren und kräftigen kann. Sobald wir selbst zu dieser Einsicht gelangt sind, können wir unsere Schüler in ihrer Aufmerksamkeit, Zufriedenheit und ihren ethischen Werten wirkungsvoll trainieren.

Im Jahre 2008 entschied ich mich, die Mindfulness in Education-Konferenz am Omega-Institut, einem ganzheitlichen Bildungszentrum in Rhinebeck, New York, ins Leben zu rufen. Diese einmal im Jahr stattfindende Konferenz bringt Lehrer wie Daniel Siegel, Jon Kabat-Zinn, Linda Lantieri, Goldie Hawn, Danny Goleman, Susan Kaiser-Greenland und viele andere führenden Persönlichkeiten im Bereich Achtsamkeit und Bildungswesen an einen Tisch. Für mich hat diese Konferenz am Omega-Institut eine besondere Bedeutung, denn ich selbst habe dort meine Achtsamkeits-Lehrzeit verbracht.

Das Omega-Institut wurde 1977 von meinen Eltern Elizabeth Lesser und Stephan Rechtschaffen gegründet. Meine Mutter und mein Vater leisteten Pionierarbeit und machten Meister der Meditation, des Yoga und anderer kontemplativer Traditionen der amerikanischen Öffentlichkeit zugänglich. Meine frühen Kindheitserinnerungen beinhalten Shaolin-Mönche, die auf Schwertklingen balancierten, Yogis, die ihren Körper zu einem Knoten verbiegen konnten, Meditationsmeister, die stundenlang vollkommen regungslos dasaßen, und Lehrer, die in Trance versetzt irgendwelche Aliens channelten. Das alles schien mir völlig normal. Ich befand mich in der Regel mit Freunden hinter der Bühne, wo wir aus Meditationskissen Burgen bauten, und doch muss ich auf irgendeiner Ebene dem, was da gelehrt wurde, zugehört haben.

Ich erinnere mich daran, wie ich mit etwa vier Jahren in das Zimmer meines Vaters spazierte und ihn bewegungslos, mit überkreuzten Beinen auf seinem Bett sitzen sah. Einen Augenblick lang stand ich da, verwirrt. Ich nahm eine Stille wahr, die ich nicht kannte. Obwohl er bloß dasaß und nichts tat, war hier offensichtlich gerade etwas Bedeutsames im Gange.

Ich stand da wie angewurzelt, bis er seine Augen öffnete und mir bedeutete, zu ihm zu kommen. Ich kletterte auf sein Bett und bekam meine erste Lektion in Achtsamkeit. Ich lernte zu beobachten, wie der Atem in mich hinein und aus mir heraus strömte. Bei jedem Einatmen sollte ich zählen: „eins, zwei, drei…" Jedes Mal, wenn meine Aufmerksamkeit sich auf und davon machte, sollte ich zu meinem Atem zurückkehren und wieder von vorne zu zählen beginnen.

Mein Bruder und ich versuchten einen Wettkampf daraus zu machen, um herauszufinden wer länger durchhalten konnte, ohne zu denken. „Ich bin bis 23 gekommen", sagte ich. „Unmöglich, Du lügst!" erwiderte er. Wir merkten schnell, dass es nicht möglich war, die innere Erfahrung des anderen zu überprüfen und es daher vollkommen sinnlos war, um die Wette zu meditieren. Schon bald gaben wir auf und spielten lieber wieder Baseball oder Dame, doch diese erste Berührung mit der Funktionsweise meines Geistes sollte der Beginn einer lebenslangen Forschungsreise sein.

Schon früh fesselten mich grundlegende existenzielle Fragen. Warum war ich hier? Was erwartete mich, wenn ich starb? Ich war eines dieser Kinder, deren Wissensdurst die großen Fragen des Lebens betraf, und die Umgebung, in der ich aufwuchs, schätzte und nährte diesen Forschergeist. Ich hatte das große Glück, dass meine Eltern und die Lehrer am Omega-Institut, diesen frühen, kosmischen Fragen aufmerksam und verständnisvoll begegneten. Doch wenn ich meinen zehnjährigen Schulfreunden Fragen stellte, wie: „Was glaubst du, passiert mit unserem Geist, wenn wir sterben?", erntete ich bloß starre, erschrockene Blicke.

Da ich nicht wusste, wie ich mit meinen Altersgenossen und Lehrern über meine Erfahrungen sprechen konnte, begann ich mich in zwei Persönlichkeitsteile zu spalten. Da gab es mein „soziales Selbst“, das mit meinen Freunden spielte, Samstag Morgens Cartoons schaute und an meinem kleinen Schreibtisch qualvolle Tabellen auswendig lernte. Ich versuchte ein möglichst normales amerikanisches Kind zu sein. Ich setzte mich mit Stift und Papier vor MTV und machte Notizen, was man tun musste, um cool zu sein. In der dritten Klasse gründete ich eine Rap-Gruppe und trug Air Jordan Turnschuhe und Hip-Hop Klamotten, die mir zehn Nummern zu groß waren. Obwohl es meinem sozialen Selbst gelang, in dieser Kultur des Coolseins akzeptiert zu werden, lechzte mein „authentisches Selbst“ danach, integriert zu werden. Die Schule war in jedem Fall ein Ort, an dem mein authentisches Selbst sich wie ein Fremder fühlte, der versucht als Einheimischer durchzugehen. Ich verstand nicht, warum sich kein Mensch in der Schule über die großen Fragen Gedanken machte.

Ich musste mir die ganzheitliche Bildung, nach der sich mein Körper, mein Geist und mein Herz sehnte, aus den unterschiedlichsten Bereichen zusammensuchen. Das Studium der westlichen Philosophie auf dem College nährte meinen Geist, ließen mein Herz und meinen Körper jedoch leer und unbefriedigt zurück. Mein Aufbaustudium in Psychologie erfüllte mein Bedürfnis nach emotionaler und sozialer Weiterentwicklung, vernachlässigte jedoch meinen Körper. Als ich viel Zeit mit indigenen Lehrern in der freien Natur verbrachte, Tai Chi praktizierte und tanzte (sehr viel tanzte), verhalf mir das zu einem vertieften Körpergewahrsein. In dieser ganzen Zeit war meine Achtsamkeitspraxis der Leitstern, der meinen Weg durch Selbst-Gewahrsein erhellte. Mein bisheriges Leben war ein Pfad der Integration, auf dem mein authentisches Ich und mein soziales Ich allmählich zueinander fanden.

Als ich zum Omega-Institut zurückkehrte, um die Mindfulness in Education-Konferenz zu leiten, wurde mir klar, dass ich dieselbe empathische Erziehung, die ich selbst genossen hatte, anderen zugänglich machen wollte. Normalerweise laden wir etwa 300 Lehrer zu einem Wochenende voll inspirierender Vorträge, Übungen und Gemeinschaftsarbeit ein. Bald wurde mir klar, dass ein Wochenende bei Weitem nicht ausreichte, um

Lehrern eine profunde Achtsamkeitspraxis zu vermitteln, sie verinnerlichen und unterrichten zu können. Schließlich leitete ich fünftägige Retreats, die uns ein intensiveres Eintauchen ermöglichten, doch immer noch schien es, die Teilnehmer bräuchten mehr. 2011 rief ich das Mindful Education-Institut ins Leben, eine Lehrerfortbildung, die ein Jahr lang dauerte. So konnte man ein einwöchiges Schweige-Retreat unterbringen und die Teilnehmer hatten die Möglichkeit, ein ganzes Jahr als Gemeinschaft zu verbringen, um das, was sie zusammen gelernt hatten, in ihre Welt zu tragen.

Man kann diese Bewegung weder in einer Wochenendkonferenz, noch in einer einjährigen Ausbildung und auch nicht in diesem Buch zusammenfassen. Ich lade Sie ein auf eine Reise zu einem neuen Paradigma; eines bei dem wir mit unseren Schülern zusammen lernen und lehren, was es erforderlich macht, sich einzugestehen, dass wir alle „work in progress", also in Entwicklung befindlich und unfertig sind. Wie kleine Kinder, die Laufen lernen, indem sie immer und immer wieder hinfallen, biete ich Ihnen meine eigenen unbeholfenen Versuche an, ein Lehrer zu sein, der diesen Namen verdient hat, und lade Sie ein, mit mir in eine Zukunft zu stolpern, die unvorstellbar inspirierend ist. Ich habe in Hunderten von Klassenzimmern auf der ganzen Welt unterrichtet, und doch hatte ich noch nie eine Vollzeitstelle als Klassenlehrer; ich erkenne immer wieder voll Demut, wie viel ich nicht weiß. Ich möchte ein Autor sein ohne autoritär zu sein. In diesem Sinn lade ich auch Sie ein, ein Art Lernkumpan zu werden, statt von oben herab zu unterrichten. Dieses Buch ist eine gemeinsame Reise. Ihr Wissen und Ihre Erfahrung ist etwas, von dem wir alle lernen können. Die Weisheit einer Gruppe ist stets größer als die eines Einzelnen.

Ich kann mit Sicherheit sagen, dass all das, was wir für eine mitfühlende Gesellschaft brauchen, bereits da ist. So, als ob wir uns ein wunderschönes Haus wünschen und neben einem Riesenstapel von Holz und Werkzeug ständen. Ich habe von meiner Tätigkeit als Achtsamkeitslehrer gelernt, dass selbst Vorschulkinder Impulskontrolle, Mitgefühl, Aufmerksamkeit, kommunikative Fähigkeiten und Spannungsabbau erlernen können – alles nötiges Baumaterial für ein gesundes, glückliches und verantwortungsbewusstes Leben. Wir haben die Materialien. Nun liegt es an uns, das Haus zu bauen.

Wie dieses Buch aufgebaut ist

Teil I ist: Warum Achtsamkeit in der Schule wichtig ist. Achtsamkeit in der Schule ist nichts vollkommen Neues. Wir beginnen diese Reise mit einer Einführung in die großartige Arbeit, die auf diesem Gebiet bereits geleistet wird und in den unterschiedlichsten Formen an die unterschiedlichen Bevölkerungsgruppen weitergegeben wird. Dazu müssen wir zunächst einmal die Frage stellen, was Achtsamkeit eigentlich ist. Achtsamkeit hat trotz all ihren modernen Anwendungsformen uralte Wurzeln. Wir haben große Bemühungen unternommen, um die Auswirkungen dieser Praxis auf unseren Geist, unseren Körper und unser Herz durch neueste wissenschaftliche Untersuchungen zu beleuchten. Wir befassen uns damit, wie Achtsamkeit sowohl unsere Schüler als auch uns als Lehrer unterstützen kann.

In Teil II, Beginne bei Dir selbst, lernen wir, dass die eigene Achtsamkeit unumgänglich ist, wenn man Achtsamkeit lehren möchte. Daran führt kein Weg vorbei. Wenn Sie Vater, Mutter, Lehrer, Therapeut und einfach ein Mensch sind, in dessen Leben Kinder eine Rolle spielen, ist das größte Geschenk, das Sie ihnen machen können, Ihre eigene authentische Präsenz. In diesem Sinn ist dieser Abschnitt des Buches dazu gedacht, Ihnen die Kunst der Achtsamkeit nahezubringen, so dass Sie sie dann bei Ihren Schülern anwenden können. Selbst wenn Sie nur diesen Teil des Buches lesen, haben Sie die Möglichkeit Ihr Klassenzimmer zu wandeln. Wir beschäftigen uns auch mit einigen psychologischen Grundlagen, wie wir uns unser selbst bewusst wahrnehmen und Projektionen auf unsere Schüler vermeiden können. Danach lernen wir unseren Körper bewusst zu spüren, unsere Aufmerksamkeit zu fokussieren, Mitgefühl zu entwickeln und achtsam durch den Alltag zu gehen.

In Teil III, Ein achtsames Klassenzimmer schaffen, geht es darum, wie wir diese Lehre von einem inneren Ort des Mitgefühls und der achtsamen Präsenz aus in unser Klassenzimmer bringen können. Wir besprechen, was einen achtsamen Lehrer ausmacht und auf welche Weise wir unsere Praxis mit unseren Schülern anwenden können. Wir betrachten einige essentielle Bestandteile eines achtsamen Klassenzimmers, wie den Gesprächskreis, die Friedensecke und das gemeinsame Treffen von Klassenvereinbarungen.

Wir untersuchen verschiedene Herangehensweisen und die beste sprachliche Umsetzung, um die Inhalte für unterschiedliche Altersgruppen zugänglich zu machen. Wir beschäftigen uns mit der kulturellen Diversität und Integration und wie man Achtsamkeit in einer angemessenen und förderlichen Weise unterrichtet. Wir untersuchen, welche Auswirkungen Stress und Trauma auf die Schüler hat und wie man damit umgehen kann.

Im letzten Abschnitt, Teil IV, Ein Achtsamkeits-Curriculum, stelle ich eine Reihe von Stunden vor, die für unterschiedliche Settings geeignet sind. Wir lernen, wie man den Kindern verständlich macht, was Achtsamkeit ist und wie man die Stunden gestaltet. Diese Lektionen behandeln vier verschiedene Bereiche: Körperbewusstsein, Aufmerksamkeit, Herzensöffnung* und Verbundenheit – und können je nach Alters- und Bevölkerungsgruppe abgewandelt werden. Und schließlich lernen wir, wie man den Schülern dabei hilft, Achtsamkeit in ihren Alltag zu integrieren. Indem wir der Welt unsere Achtsamkeit und unser Mitgefühl entgegenbringen, leisten wir einen Beitrag zu der friedlichen Gesellschaft, nach der wir uns alle sehnen.

Dieses Buch ist eine Einladung zur Selbst-Erkundung; damit wir mit einem weit geöffneten Herzen erwachen für die Welt um uns und zum Wegbereiter für eine völlig neue Art des Seins werden. Ich lade Sie ein, sich mit mir zusammen mutig und engagiert auf den Weg der Hoffnung zu begeben.

---

* Orig. „heartfulness“ parallel zu „mindfulness“ – „Achtsamkeit“, leider lässt das Dt. diese schöne Parallelbildung nicht zu (Anm.d.Verl.).

Die achtsame Schule

Teil I

Warum Achtsamkeit in der Schule wichtig ist

Der Weg der Achtsamkeit

Beginnen wir unsere Erkundung der Achtsamkeit mit einem kleinen Experiment. Beobachten Sie einmal, wie Ihre Augen mit den Buchstaben dieses Textes beschäftigt sind, während Sie lesen. Halten Sie am Ende dieses Absatzes inne und versuchen Sie, die Buchstaben als einfache Formen wahrzunehmen, wie ein Baby, das die verschiedenen Formen voll Staunen durch seine Augen fließen lässt. Entspannen Sie Ihre Augen und Ihren Körper, nehmen Sie den Text wie ein Kunstwerk in sich auf und lösen Sie sich von dem Bedürfnis, den Worten eine Bedeutung beizumessen.

Machen Sie eine kleine Pause, sobald Sie diesen Absatz fertig gelesen haben und achten Sie auf die Geräusche, die Gerüche, die Temperatur um Sie herum, nehmen Sie das Pulsieren Ihres Körpers wahr, ohne diese Erfahrung auf irgendeine Weise zu benennen. Das Geräusch muss nicht als „Heizung", der Geruch nicht mit „Pfannkuchen" benannt werden. Schauen Sie, ob Sie die Sinneswelt um Sie herum ein paar Minuten lang einfach wie eine wunderschöne Sinfonie in sich aufnehmen können.

Um zu verstehen, was Achtsamkeit ist, muss man sie zunächst einmal am eigenen Leib erfahren. Wenn ich das erste Mal vor einer Klasse stehe, frage ich immer, ob irgend jemand schon von dieser „Achtsamkeit" gehört hat. Ich möchte wissen, welche Vorstellung die Schüler davon haben. Früher hatten meine Studenten keine Ahnung, was Achtsamkeit ist. Wenn ich diese Frage heute stelle, gehen fast alle Hände nach oben. Die Antworten, die ich dann zu hören bekomme, reichen von Definitionen, die gut und gerne von einem Gelehrten stammen könnten bis zu: „Ist das nicht das, was Oprah macht?“*

Nachdem ich mich vorgestellt habe und im Gegenzug ein wenig über meine Schüler erfahren habe, lade ich die Klasse ein, eine Minute lang in aufmerksamer Stille zu sitzen. Oft sind die Schüler danach erstaunt, sie sagen Dinge wie „Es war so still, ich glaube ich habe das Summen der Lampen gehört.“ Sie sind begeistert. Sie verbringen das ganze Jahr in diesem Klassenzimmer und haben dieses Geräusch direkt über ihren Köpfen noch nie wahrgenommen. Eine Minute Achtsamkeit und da ist es. Eine meiner Lieblingsübungen besteht darin, mit den Schülern zusammen, achtsam Rosinen zu essen. Die Kinder sagen, dass in diesem kleinen Bissen, so viel Geschmack steckt, wie in einer ganzen Wassermelone. Manchmal fragen sie: „Ist das Zauberei?“ Und das ist es in der Tat. Es ist ein Zauber, der nicht versucht unseren Verstand mit etwas Mysteriösem aber Unwirklichen zu täuschen, sondern uns erfahren lässt, wie ungeheuer mysteriös unsere Realität bereits ist. Ich sage meinen Schülern oft: „Es ist, als ob wir in der Muggelwelt von Harry Potter leben würden und uns plötzlich – durch unsere Achtsamkeit – bewusst wird, dass wir uns eigentlich in der magischen Welt von Hogwarts befinden.“

Eine Reihe von Forschungsarbeiten über Achtsamkeit bestätigen, was Praktizierende bereits seit Tausenden von Jahren wissen. Eine regelmäßige Achtsamkeitspraxis verbessert das Immunsystem, die kognitive Entwicklung, die Aufmerksamkeitsfähigkeit und die Emotionsregulation; sie macht uns zufriedener und mitfühlender. Achtsamkeit ist zu einem Begriff geworden, in Kliniken genau wie in den Vorstandsetagen führender Unternehmen, ja sogar bei den Olympischen Spielen, bei denen wir beobachten können, wie die Sportler sich mit einigen ruhigen, achtsamen Atemzügen, für ihren großen Wettkampf bereit machen. Einige andere Beispiele für den Einsatz von Achtsamkeit in unserem Kulturkreis sind z. B. die wöchentliche Kongress-Meditationsgruppe des Kongressabgeord-

* Oprah Winfrey ist eine bekannte US-amerikanische Talkshow Moderatorin (Anm. d. Übers.).

neten Tim Ryan, das „Resource Center for Mindful Spending" („Kompetenzzentrum für achtsames Geldausgeben") der Großbank JPMorgan Chase und das Weltwirtschaftsforum in Davos, das vor Kurzem mit dem Thema „Mindful Leadership" („Achtsames Führen") eröffnet wurde. Die Zeit für Achtsamkeit ist jetzt.

Wenn Achtsamkeit bei Erwachsenen so gut funktioniert, um wie viel einfacher müsste es dann sein, junge Menschen zu Beginn ihres Lebens in den Prinzipien der Selbstliebe, der inneren Widerstandskraft und der wertfreien Aufmerksamkeit zu schulen, bevor sie einen Panzer des Selbstschutzes um sich herum aufgebaut haben. Wie würde unsere Welt aussehen, wenn jedes Kind die Möglichkeit hätte, zu lernen, wie es gut für sein Herz, seinen Körper und seinen Geist sorgen kann? Die bisherigen Forschungsergebnisse zu diesem Thema bestätigen unsere Hoffnungen: Achtsamkeit verringert bei Jugendlichen die Impulsivität, verbessert ihre schulischen Leistungen und ihre exekutiven Funktionen und steigert ganz allgemein das Wohlbefinden.

Vielleicht denken Sie jetzt, Achtsamkeit sei die neue Wunderdroge. Schließlich wird sie ja als Heilmittel für ADHS, chronische Schmerzzustände, Depressionen, ja für das menschliche Leiden selbst angepriesen. Doch obwohl selbst wissenschaftliche Untersuchungen sie wie eine Wunderpille aussehen lassen, so bleibt doch die Schwierigkeit, dass sich Achtsamkeit nicht ganz einfach mit einem Glas Wasser herunterschlucken lässt; es bedarf regelmäßiger und gewissenhafter Übung, um diese Ergebnisse ernten zu können. Achtsamkeit ist auch kein Betäubungsmittel; wir werden mehr fühlen, nicht weniger. Vielleicht beginnen wir mit einer Achtsamkeitspraxis in der Hoffnung, uns damit im Handumdrehen glücklich und zufrieden zu fühlen. Sehr oft jedoch zwingt sie uns zunächst noch tiefer in unser Unbehagen, unsere Sorgen und Ängste hinein. Achtsamkeit fordert uns auf, das Boot unserer Aufmerksamkeit direkt in den Sturm zu lenken. Wenn wir dann den Muskel unseres Widerstands entspannen und uns dem gegenüber öffnen, was wahr, was hier und jetzt ist, dann eröffnet sich eine völlig neue Art des Lebens und Lehrens.

Wenn wir Achtsamkeit praktizieren, dann geht es nicht darum, etwas nachzubeten, was andere vor uns herausgefunden haben, sondern darum,

Bedingungen zu schaffen, unter denen wir ganz bewusst unsere eigenen Erfahrungen in Herz, Körper und Geist beobachten können. Achtsamkeit zu definieren, ist in etwa so, wie einem Kind zu erläutern, was Spaß bedeutet. Es ist unvergleichlich einfacher, mit ihm ein Spiel zu spielen, und ihm dann – wenn es vergnügt herumtanzt – zu sagen: „Das nennt man Spaß haben." Anstatt Ihnen also zu erklären, was Achtsamkeit ist, werde ich ihnen einige Fragen stellen.

Erinnern Sie sich...

- wie es sich anfühlt, vollkommen in einer Tätigkeit aufzugehen, so dass all Ihre Gedanken in den Hintergrund treten – vielleicht während Sie Sport betreiben, Musik machen oder einer anderen kreativen Tätigkeit nachgehen?
- an eine gefährliche Situation, in der Ihre Sinne geschärft und Ihre Aufmerksamkeit wie ein Laser fokussiert war?
- wie der Blick in die Augen eines Babys, Sie völlig sprachlos vor Liebe und Staunen zurückgelassen hat?
- so tief in eine Geschichte eingetaucht zu sein, dass die Erfolge, das Elend und die Freude eines vollkommen Fremden Ihnen vorkamen wie Ihre eigenen?

In solchen Momenten ist unsere Aufmerksamkeit tief im gegenwärtigen Augenblick verankert, ohne dass unser Geist sich in Vergleichen und Bewertungen verliert. Diese Momente geschärften Gewahrseins entstehen oft spontan, doch wir praktizieren Achtsamkeit, damit wir sie nicht bloß in Ausnahmesituation, sondern auch in unseren alltäglichen Momenten genießen können. Wenn Sie gehen und die Berührung Ihrer Füße auf dem Boden und das Einströmen der audiovisuellen Reize bewusst wahrnehmen, dann gehen Sie achtsam. Wenn Sie autofahren und sich der vorbeiflitzenden Straßenschilder und des Gefühls des Lenkrads in Ihrer Hand bewusst sind, dann fahren Sie achtsam Auto. Das mag einfach klingen, doch überlegen Sie einmal, wie oft Sie schon Ihren Wagen quer durch die Stadt gelenkt haben und die ganze Fahrt über in irgendwelche Gedanken vertieft waren. Achtsam zu sein, könnte Ihnen das Leben retten.

Achtsamkeit ist nicht irgendeine neumodische Erfindung. Es ist nicht nötig, dass Sie diese Achtsamkeit für sich und Ihre Schüler neu entwickeln; wir werden mit ihr geboren. Ja, in gewisser Weise sind Kinder wesentlich achtsamer als Erwachsene. Ein Kind, das mit großen staunenden Augen ein Blatt betrachtet, ist ein großartiges Beispiel für Achtsamkeit. Wenn Babys beginnen, die Welt zu erkunden, dann ist alles neu und wundersam. Natürlich ist 20, 30 oder 40 Jahre später immer noch alles wundersam, doch mit dem Erwachsenwerden hat unser Geist scheinbar gelernt, die wundersamen Dinge banal zu finden. Die Neuropsychologie zeigt, dass das Gehirn eines Säuglings doppelt so aktiv und anpassungsfähig ist, wie das Gehirn eines 18-jährigen. So wie ein Kind beim Guckguck-Spielen denkt, dass die Welt hinter seinen Händen verschwindet, erliegen Erwachsene dem Irrglauben, dass die große weite Welt verschwunden ist, obwohl sie eigentlich nur ihr Gewahrsein eingeschränkt haben. Wir schaffen es tatsächlich in einem Flugzeug zu sitzen, das über schneebedeckte Berggipfel fliegt und – nur gelegentlich von unserem Sudoku-Rätsel aufblickend – uns zu langweilen. Nur allzu leicht verbringen wir unsere Zeit damit, Zukunftspläne zu schmieden, uns Sorgen zu machen oder an irgendwelchen elektronischen Geräten herumzuhantieren, während die Schönheit des Lebens an uns vorüberzieht.

Es ist nie zu spät, dem Geheimnis und dem Rausch unseres Daseins zu verfallen. Achtsamkeit lädt uns ein, zur Kostbarkeit des jetzigen Augenblicks zurückzukehren. Kinder sind im gegenwärtigen Augenblick versunken und mein Anliegen ist es in erster Linie, das helle Gewahrsein, das ja bereits da ist, nicht kaputt zu machen. Zu Beginn sage ich meinen Schülern, dass wir „Achtsamkeit spielen" werden. Es gibt keine Hausaufgaben, keine Tests und man kann überhaupt gar nichts falsch machen. Denn im Laufe unseres Erwachsenwerdens wurde uns eingetrichtert, dass man alle Fragen richtig beantworten muss, um geliebt zu werden. Der achtsame Weg räumt mit einigen dieser alten Überzeugungen auf, damit wir glücklich sein können, so wie wir sind. Achtsamkeit führt uns Erwachsene zurück zur unmittelbaren Begegnung mit dem gegenwärtigen Augenblick, wie ein Niederknien, um dem Jetzt sein Jawort zu geben.

Die achtsame Revolution des Erziehungssystems

Hinter den Gittern seiner Jugendstrafanstalt sitzt der 17-jährige Damon auf seinem Stockbett und spürt die sanfte Bewegung seines Atems. Als ein weiterer wütender Gedanke auftaucht, erinnert er sich an seine Achtsamkeitslektion und bemerkt die Spannung in seinem Körper. Er lächelt dem vorbeiziehenden Gedanken zu und spürt wie sein ganzer Körper sich entspannt. Er nimmt die Weite in seinem Inneren wahr und ein Gefühl von Freiheit, von dem er nicht sicher ist, ob er es je zuvor empfunden hat.

Am anderen Ende der Stadt geht Susan in die Friedensecke ihres Klassenzimmers. Sie spürt ein beklemmendes Gefühl in ihrem Hals und ihrem Herzen – dasselbe Gefühl, das sie jedes Mal beschleicht, wenn eine Klassenarbeit ansteht. Sie setzt sich auf ein gemütliches Kissen, schließt ihre Augen und stellt sich vor, wie sie fest umarmt wird. Ihre Anspannung löst sich und Wärme breitet sich in ihrem Körper aus.

Als Susans Lehrerin Nia auf dem Weg zu einem Treffen mit der Direktorin der Schule ist, erinnert sie sich an die vergangenen Meinungsverschiedenheiten über Disziplin und Bestrafung. Sie nützt ihren achtsamen Atem, um inmitten der wirbelnden Gedanken und Gefühle ruhig und zentriert zu bleiben. Zu ihrer großen Überraschung möchte die Direktorin diesmal einen Rat von ihr. Wie kommt es, dass Nias Klasse in letzter Zeit die besten Arbeiten geschrieben hat und trotz allem, als einzige, nicht gestresst scheint? „Ist es diese Achtsamkeits-Sache? Können Sie uns beibringen, wie man das macht?"

Während Sie diese Worte lesen, trainieren Schüler in Ruanda, Israel, Jamaika, Kanada und den gesamten USA ihren Achtsamkeitsmuskel, sie öffnen ihr Herz der Dankbarkeit und Versöhnung, sie lernen zu entspannen und sich selbst zu lieben. Währenddessen erhalten Lehrer endlich die inneren Ressourcen, die sie so dringend benötigen, sie lernen Mitgefühl mit sich selbst zu haben, ihren Stress abzubauen und weitere unschätzbare Lektionen, die sie an ihre Schüler weitergeben können. Sie finden zu innerer Ruhe und mitfühlender Aufmerksamkeit, die das Unterrichten wieder zu der leidenschaftlichen Berufung werden lässt, die es ursprünglich war. Diese Bewegung nimmt im Herzen jedes einzelnen von uns ihren Ursprung und hat das Potential, die ganze Welt zu verändern.

Möchte nicht jeder von uns – Lehrer, Eltern und Kinder – lieber entspannt als gestresst sein, lieber glücklich als deprimiert, lieber aufmerksam als unaufmerksam? Möchten wir uns nicht alle körperlich, geistig und emotional ausgeglichen fühlen? Natürlich möchten wir das. Es fühlt sich einfach besser an.

Schüler werden tausende Male dazu angehalten, aufmerksam zu sein, aber man sagt ihnen nur sehr selten, wie man das macht. Wir sagen unseren Kindern immer wieder, sie sollen nett zueinander sein, ohne ihnen jemals die leicht verständlichen Übungen zu vermitteln, die Mitgefühl und Versöhnung fördern. Wir halten Schüler dazu an, nicht so impulsiv zu reagieren, wir stecken sie sogar in Jugendstrafanstalten – alles nur weil sie die Unruhe in ihrem eigenen Körper nicht regulieren können. Es gibt Mittel, um Impulskontrolle, Aufmerksamkeit und Mitgefühl zu entwickeln, nur werden sie jungen Menschen sehr selten vermittelt. Achtsamkeit hat sich seit Jahrtausenden als effektives Training für diese Qualitäten erwiesen und die Forschung scheint ihren großen gesundheitlichen Nutzen in zunehmendem Maße zu bestätigen.

Viele im Bildungsbereich tätige Menschen setzen nun auf Achtsamkeit als Gegenmittel zur wachsenden Dysregulation der Jugend in unserer Gesellschaft. Die Statistiken sind beunruhigend und bestätigen die Sorge von Lehrern und Eltern. Ernsthafte psychologische Störungen zeigen sich in immer größerer Anzahl in immer jüngeren Jahren. Das National Institute of Mental Health meldet: „Etwa einer von vier Jugendlichen in den USA erfüllt die Kriterien einer psychischen Störung mit schwerwiegender Beeinträchtigung im Laufe seines weiteren Lebens." (Merikangas, K. R. u.a., 2010) Das können wir an Gesundheitsindikatoren der unterschiedlichsten Bereiche beobachten: Fettleibigkeit, Autismus, Hyperaktivitätssyndrom, Angstzustände, Depressionen, Mobbing – sei es nun auf sozialer, psychologischer oder physischer Ebene, der Trend weist in eine beunruhigende Richtung.

Es ist sicher interessant, was Erziehungsexperten, Entwicklungspsychologen und Neurowissenschaftler dazu zu sagen haben, doch das wichtigste ist wohl, dass wir unseren Kindern zuhören. Unsere Kinder sind das schwächste Glied in dieser Kette, sie sind die verletzlichsten Mitglieder unserer Gesellschaft, sie reagieren auf die Stressoren unserer Welt. Was in unserer Erwachsenenwelt unter den Teppich gekehrt wird, tritt in den Sandkastenspielen unserer Kinder wieder zu Tage. Wenn ich in meiner Praxis mit kleinen Kindern arbeite, dann fordere ich sie auf, in einem kleinen Sandkasten mit meiner Figurensammlung zu spielen. Die Szenarien, die die Kinder darstellen, repräsentieren ihre ungelösten emotionalen Erfahrungen. Ein Kind, das häusliche Gewalt erlebt hat, legt ein Baby in eine Krippe, die von Wölfen umzingelt ist; ein Kind dessen Eltern sich scheiden lassen, nimmt zwei Häuser und stellt dazwischen eine Wand auf. Die Kinder stellen ihre emotionale Verfassung mit Symbolen dar und versuchen sie dann spielerisch zu lösen. Die Stressoren, mit denen Kinder aufwachsen, beeinflussen die Struktur ihres Gehirns und ihres Körpers und somit auch, wer sie für den Rest ihres Lebens sein werden.

Während Kinder die täglichen Nachrichten von Schulmassakern, Kriegen und steigendem Meeresspiegel mitanhören, entwickelt sich ihr Körper und Geist inmitten dieser Unzahl an Stressoren. Wenn das Stresslevel zu hoch wird, reagieren die Kinder mit Dysregulation. Es ist ein Alarmsignal. Ich erkenne dieses Alarmsignal in den ernsten Depressionen und Ängsten meiner jungen Psychotherapiepatienten. Und ich sehe es laut und deutlich, wenn 150 Gymnasiasten mit tosendem Applaus auf ein von mir abgehaltenes Achtsamkeits-Treffen reagieren.

Was hat es mit dieser Achtsamkeit auf sich, werden Sie sich fragen, dass man damit Standing Ovations von Teenagern ernten kann?

Nach einer stillen 10-minütigen Atemübung, stellte eine junge Frau im Publikum eine wichtige Frage: „Ich bin fast eingeschlafen. Was soll ich dagegen tun?" „Sind Sie müde?", fragte ich. „Sobald ich aufhöre, etwas zu tun, breche ich zusammen", sagte sie. Auf meine Frage, was sie denn die ganze Zeit zu tun hätte, verwies sie genervt auf eine lange Liste von Klassenarbeiten, Freizeitaktivitäten und familiären und sozialen Verpflichtungen. Ich antwortete: „Wir alle tun so viel für die Schule, für unsere Eltern oder um vor unseren Freunden cool dazustehen, dass wir tief in unserem Innersten todmüde sind. Nicht die Achtsamkeit macht uns müde, sie zeigt uns nur, wie müde wir eigentlich sind." Der ganz Raum schien unisono zu nicken. „Vielleicht sollten wir den Mittagsschlaf aus der Kindergartenzeit in allen Klassen wieder einführen", schlug ich vor.

Breites Grinsen auf den Gesichtern der Schüler, dann Applaus, Gejohle und schließlich Standing Ovations. Standing Ovations für einen Mittagsschlaf? Diese Schüler und viele andere Schüler in der ganzen Welt sind zutiefst gestresst. Sei es in den Schulen im verarmten Oakland, in denen ich arbeite, oder in progressiven Privatschulen, die Schüler schreien förmlich nach Ruhe. Sie brauchen eine Umgebung, in der ihr Nervensystem, sich entspannen und erholen kann. In meiner Psychotherapiepraxis und auf meinen Reisen zu Schulen auf der ganzen Welt frage ich die Kinder immer, ob sie gerne zur Schule gehen. Traurigerweise blicken mich die meisten verdattert an, so als ob ihnen der Gedanke, man könne gerne zur Schule zu gehen, völlig absurd erscheinen würde.

Selbst heute schrecke ich noch manchmal aus Träumen auf, in denen ich wieder zur Schule gehe und für einen Test nicht vorbereitet bin. Wenn unser Nervensystem in Alarmbereitschaft steht, oder wir von selbstkritischen Gedanken überschwemmt werden, dann funktioniert unser Arbeitsgedächtnis nur mangelhaft und unsere Kreativität und unsere Fähigkeit zur Zusammenarbeit sind eingeschränkt. Bei der achtsamen Erziehung setzen wir voraus, dass uns allen der Keim der besten menschlichen Eigenschaften, wie Mitgefühl, Kreativität, Integrität und Weisheit, innewohnt. Unter diesem Gesichtspunkt bedeutet Erziehung idealer Weise, die Kinder auch im Unterricht so zu behandeln, dass diese wunderbaren schlummernden Eigenschaften erblühen können. Statt einer Atmosphäre von Stress, Konkurrenz und Strafe bemühen wir uns um Akzeptanz, Zuwendung und Ermutigung. Wir beginnen damit, das Kind genau so zu akzeptieren, wie es ist; Diese Art von Aufmerksamkeit unterstützt die Kinder dabei, ihr volles Potential zu erschließen. Wie jeder Lehrer weiß, fällt Lernen leicht, wenn die Schüler sich sicher fühlen und entspannt und aufmerksam sind.

Als die Jugendlichen für einen Mittagsschlaf applaudierten, dachte ich an die Bemühungen, den morgendlichen Schulbeginn im Gymnasium nach hinten zu verschieben. Es scheint für Teenager biologisch gesünder zu sein, etwas später aufzuwachen. Das hat nichts damit zu tun, dass sie faul oder stur sind, sondern entspricht einfach ihrer biologischen Uhr. In diesem Sinne beschlossen zwei Schulen in Minnesota einen späteren Schulbeginn, was zu einer deutlich niedrigeren Schul-Ausfallsrate, weniger Depressionen und besseren Noten führte (Wahlstrom, K., 2002). Jeder Teenager auf der ganzen Welt würde uns sagen, dass es für ihn besser ist, später schlafen zu gehen und später aufzustehen. Wir hätten bloß fragen müssen.

Wenn wir unseren Schülern nicht zuhören, führen wir einen ständigen Kampf gegen sie. Wenn wir auf ihren natürlichen Bewegungsdrang nicht eingehen, müssen wir entweder ständig dagegen ankämpfen oder sie durch Medikamente ruhig stellen, damit sie den ganzen Tag ruhig sitzen bleiben. Wenn wir unseren Schülern keine gesunden Wege zeigen, um schwierige Gefühle auszudrücken, dann werden sie uns letztlich dauernd durch ihr Verhalten frustrieren. Wenn wir ihnen nicht beibringen, wie man aufmerksam ist, bleibt uns nichts übrig, als sie anzuschreien, wenn sie unaufmerksam sind. Unzählige Lehrer haben mir ihr Leid geklagt, weil sie das Gefühl haben, sich in einem Kriegszustand zu befinden, in dem genau die Kinder ihre Gegner sind, denen sie eigentlich helfen wollen.

Jahr für Jahr beobachte ich, wie Lehrer an ihrem ersten Unterrichtstag motiviert und hoffnungsvoll wie ein kleines Kind das Klassenzimmer betreten. Doch traurigerweise sind sie bereits gegen Ende des ersten Schuljahrs vollkommen überlastet und sehnen den letzten Schultag herbei. Die National Commission on Teaching and America's Future berichtet, dass 46 Prozent aller neuen Lehrer in den Vereinigten Staaten ihrem Beruf innerhalb von fünf Jahren wieder den Rücken kehren. „In den Jahren 1987–88 hatte der durchschnittliche Lehrer 15 Jahre Erfahrung, bereits im Jahre 2007–08 waren es nur mehr 1–2 Jahre“ (Black, L. u. a., 2008). Die Ausfallrate der Lehrer ist höher als die der Kinder. Bevor guter Unterricht und effektives Lernen stattfinden kann, müssen wir ein Umfeld schaffen, in dem Lehrer und Schüler nicht nach dem Notausgang suchen müssen. Wir müssen uns um das Innenleben von Lehrern *und* Schülern kümmern.

Die Geschichte der achtsamen Erziehung

Nach dem Zweiten Weltkrieg beauftragte die Weltgesundheitsorganisation den Psychologen John Bowlby die psychische Gesundheit der Kinder in Europa zu untersuchen. In seinem Fachgutachten lesen wir: „Wenn der Säugling und das Kleinkind seine warme, intime und dauerhafte Beziehung zu seiner Mutter (oder einem Muttterersatz) hat, erleben beide Befriedigung und Freude" (Bowlby, J., 1951). Das mag Ihnen nicht besonders bemerkenswert erscheinen; das Schockierende an dieser Aussage ist, dass sie für die Eltern und Lehrer dieser Zeit durchaus revolutionär war. Bowlbys Meinung, dass Kinder Wärme und Zuwendung brauchen, um zu gesunden Erwachsenen heranzuwachsen, wurde heftig angegriffen. Viele waren der Ansicht, solange ein Kind genügend Nahrung und ein Dach über dem Kopf hätte, würde es dem Kind gut gehen. Wenn ein Kind emotional- oder verhaltensauffällig war, wurde das nicht mit möglicher Vernachlässigung oder Missbrauch in Verbindung gebracht. Je mehr auf diesem Gebiet geforscht wird, desto offensichtlicher ist der Zusammenhang zwischen dem emotionalen Umfeld eines Kindes und seiner geistigen und körperlichen Entwicklung, ja selbst seinem beruflichen und privaten Erfolg als Erwachsener.

Natürlich war die Vorstellung einer emphatischen Präsenz beim Unterricht nicht vollkommen neu. Pädagogische Visionäre wie Maria Montessori und Rudolf Steiner traten schon lange vor Bowlbys Studie für sinnlich und emotional zugängliches Unterrichten ein. Wenn wir die Ursprünge unserer Sprache zurückverfolgen, sehen wir, dass das Wort *Lernen* denselben etymologischen Wurzeln entstammt, wie die Begriffe *Spur* und *Erforschen*. Einstmals fand Lernen nicht an rechteckigen Schreibtischen statt, sondern unter freiem Himmel, unter dem unsere Vorfahren ihren Eltern über Stock und Stein folgten und lernten, die Fährten von Reh, Fuchs und Bär zu erkennen. Man lernte nicht *über* Sterne, Tiere und die vier Elemente sondern *von* ihnen. Sein Kind mit zur Arbeit zu nehmen war eine Selbstverständlichkeit. Ursprünglich war Lernen eine ganzheitliche, beziehungsbezogene und rein sinnliche Erfahrung.

Obwohl einigen Lehrern, die Bedeutung ganzheitlichen Lernens schon immer bewusst war, haben die Lehrpläne der öffentlichen Schulen bis jetzt sehr wenig dazu beigetragen, um das volle Spektrum emotionaler, sozialer, physischer und anderer Facetten des „ganzen Kindes“ zu berücksichtigen. In den frühen 80-er Jahren stellte Howard Gardner seine Theorie der „multiplen Intelligenzen“ auf (Gardner, H., 1983). In dieser Theorie beschreibt Gardner neun relativ unabhängige Bereiche der menschlichen Intelligenz, die allesamt gefördert und trainiert werden müssen. Sie sind: die sprachliche, die logisch-mathematische, die musikalische, die bildlich-räumliche, die körperliche, die interpersonale, die intrapersonale, die naturalistische und die existentielle Intelligenz. Wenn wir uns die Bedeutung all dieser meist vernachlässigten Aspekte vor Augen führen, entdecken wir möglicherweise auch in uns selbst Aspekte, die von Eltern und Schule unbeachtet geblieben sind.

Als ein eher interpersonal, intrapersonal, naturalistisch und existentiell denkender Mensch, hatte ich in der Schule immer das Gefühl, nicht klug genug zu sein. Aufgrund des logisch-mathematisch orientierten Schulsystems, in dem ich aufwuchs, dachte ich oft, dass „irgendetwas mit mir nicht stimmt“. Wie viele Kinder, denen – genau wie mir – Auswendiglernen und mathematisches Denken nicht liegen, fühlen sich hilflos, kommen mit dem Stoff nicht zurecht und leben dann jahrelang in dem Gefühl, hinterherzuhinken. Ich empfand es als zutiefst befreiend, als ich bei meinem späteren Studium der Philosophie, Psychologie und Meditation – zu meinem großen Erstaunen – feststellen durfte, dass mir diese Art des Lernens überdurchschnittlich leicht fiel.

Seit Daniel Goleman den Begriff „emotionale Intelligenz" prägte, steht neben dem reinen IQ auch der EQ („Emotionaler Quotient") im Blickpunkt pädagogischer Diskurse. Golemans Arbeit unterstützte die Befürworter des „Sozialen Emotionalen Lernens" (SEL), die schon in den späten 60-er Jahren die wertorientierte Bildungsarbeit in die Schulen brachten. Ausgehend von dem medizinischen Fachbereich des Yale Child Study Center verbreiteten sich die Programme für SEL in den größten amerikanischen Schulbezirken und auf der ganzen Welt. Es stellte sich heraus, dass sie nachgewiesenermaßen Emotionsregulation, Sozialkompetenz und Resilienz fördern und die akademischen Leistungen um 13 Prozent verbessern konnten (Durlak, J. u. a., 2011).

SEL-Programme unterstützen Schüler bei der Entwicklung folgender fünf sozial-emotionaler Kompetenzen:

- Selbstmanagement
- Eigenwahrnehmung
- soziales Bewusstsein
- Beziehungsfähigkeit
- verantwortliches Handeln.

Eine der führenden Visionäre des SEL ist Linda Lantieri, die Direktorin des „Inner-Resilience-Program" und Gründungsmitglied der „Collaborative for Academic, Social and Emotional Learning" (CASEL). Bei einer Konferenz über Achtsamkeit in der Schule am Omega-Institut leitete ich eine Diskussion mit Lantieri, Goleman und dem Neurowissenschaftler, Autor und Professor für Psychiatrie Daniel Siegel. Lantieri und Goleman berichteten ausführlich von ihren ersten Gesprächen 20 Jahre zuvor, aus denen schließlich CASEL hervorgehen sollte. Ich fragte diese beiden Visionäre, die einen grundlegenden Beitrag zum Wandel unseres Verständnisses von Erziehung leisteten, welche Rolle Achtsamkeit in der Zukunft unseres Schulsystems spielen könnte.

Die Antwort war eindeutig. Sie sprachen über die Kernkompetenzen des SEL und erklärten, dass Achtsamkeitsübungen der geeignetste Weg seien, um diese Kompetenzen auszubilden. Siegel fasste alles bisher über SEL und Achtsamkeit gesagte in einem Wort zusammen: *Integration.*

Er erklärte Lantieris und Golemans Aussagen über die Auswirkungen von Achtsamkeit auf Verhalten, Gefühle und Aufmerksamkeit aus dem Blickwinkel der Neurowissenschaft. Er beschrieb, wie Achtsamkeitsübungen die Integration unterschiedlicher Hirnareale fördert und sie durch synaptische Verbindungen vernetzt. Wenn das Gehirn durch Achtsamkeit auf diese Weise vernetzt wird, dann entwickeln sich die fünf Kompetenzen Selbstmanagement, Selbstwahrnehmung, Sozialbewusstsein, Beziehungsfähigkeit und verantwortliches Handeln von alleine.

Statt die Kinder zu ermahnen, doch freundlich, aufmerksam und ausgeglichen zu sein, fördert eine Achtsamkeitspraxis diese Eigenschaften aktiv. Deswegen bezieht der auf Ethik und Wertschätzung basierende Lehrplan vieler SEL-Programme auch Achtsamkeitsübungen mit ein. Deswegen ist Achtsamkeit eine große Bereicherung und Ergänzung für die Weisheit des sozial emotionalen Lernens, der Theorie der multiplen Intelligenzen und anderer bewusster Erziehungsphilosophien. Statt bestehende pädagogische Paradigmen einfach beiseite zu schieben, unterstützt Achtsamkeit die kognitiven, physischen und zwischenmenschlichen Aspekte des Lernens.

Die verschiedenen Ansätze

Viele Jahre lang fragten wir uns als aktive Befürworter von Achtsamkeit in der Schule, wie ein auf Achtsamkeit basierendes Curriculum eigentlich aussehen sollte. Dabei haben sich drei wichtige Herangehensweisen herauskristallisiert, um Kinder und Jugendliche an Achtsamkeit heranzuführen. Viele Schulen, Organisationen, Horte, Jugendstrafanstalten, therapeutische Einrichtungen und andere Institutionen sind dabei, sich diese überaus wertvollen Praktiken zunutze zu machen. Wenn wir uns damit beschäftigen, wie wir ein achtsames Klassenzimmer schaffen können, ist es hilfreich, zu schauen, wie andere an diese Aufgabe herangegangen sind. Die drei wichtigsten Faktoren sind:

- Training und Selbstfürsorge für Lehrer
- direkte Anleitung der Schüler
- Integration in den Lehrplan

Training und Selbstfürsorge für Lehrer

Viele Organisationen konzentrieren sich ausschließlich auf die Entwicklung von Achtsamkeit bei den Lehrern selbst. Diese Ausbildungen unterstützen Lehrer dabei, für sich selbst zu sorgen. Die Idee dahinter ist, dass das Wohlbefinden des Lehrers unmittelbare Auswirkungen auf das Klassenklima und die Schüler hat. Die Programme, die in erster Linie mit den Lehrern arbeiten, gehen davon aus, dass Achtsamkeit eigentlich nur von einem erfahrenen Praktizierenden gelehrt werden kann. Lehrer in diesen Ausbildungen blicken oft frustriert auf andere Achtsamkeitsanbieter, deren Absolventen die Übungen, die sie unterrichten, womöglich nie selbst praktiziert haben. Stellen Sie sich einen Lehrer vor, der auf einen Gong einschlägt und die Kinder anschnauzt, endlich still zu sein und sich zu entspannen. Statt den Kindern ein Weg zu innerer Freiheit zu zeigen, wäre das Gehorsam und Kontrolle unter dem Deckmantel der Achtsamkeit.

Ein solches Training kann ganz einfach in Form einer berufliche Weiterbildung stattfinden, bei der die Lehrer Massagen bekommen und Entspannungstechniken erlernen. Andere Ausbildungen dauern ein ganzes Jahr und beinhalten ein fünftägiges Achtsamkeits-Retreat und ausführliche Unterweisung zu den Themen Körpergewahrsein, emotionale Intelligenz und Schulung des Geistes.

Für sich selbst zu sorgen, ist immer eine gute Idee. Zeit und finanzielle Mittel sind für Schulen immer begrenzt und längere Ausbildungen können teuer und für Lehrer schwer leistbar sein. Deswegen ist es ein wichtiges Anliegen, solche Ausbildungen für alle in der Kinderbetreuung tätigen Menschen so kostengünstig wie möglich anbieten zu können.

Einige Organisationen, die diesem Ansatz folgen: Inner Resilience Programm, CARE for Teachers, SMART in Education und Parler Palmer's Courage and Renewal Programs.

Direkte Unterweisung der Schüler

Viele Organisationen bieten eine direkte Anweisung der Schüler durch erfahrende Praktizierende an. Diese externen Trainer arbeiten in Einrichtungen für jugendliche Straftäter, an Schulen oder in der Nachmittagsbetreuung und unterweisen die Kinder und Jugendlichen dort direkt in Achtsamkeitspraktiken. Wir stellen auch fest, dass immer mehr Schulen eine eigene Stelle für soziales emotionales Lernen und Achtsamkeit schaffen.

Dieser Lehrer geht in die verschiedenen Klassen, um die Schüler in Achtsamkeit zu unterrichten, oft gibt es auch einen eigenen Raum, den Gruppen und Einzelne für ein wenig extra Achtsamkeitszeit aufsuchen können.

Organisationen, die direkte Unterweisung anbieten, beschäftigen meist Lehrer mit langjähriger Erfahrung und Lehrkompetenz, die in der Lage sind, die Praxis auf sehr inspirierende Weise weiterzugeben. Eine tiefgehende Achtsamkeitspraxis zu entwickeln, verlangt große Sorgfalt und diese Praktiken gekonnt zu kommunizieren, ist eine echte Kunst, deswegen ist es wirklich vorteilhaft einen Achtsamkeitslehrer mit viel Erfahrung einzusetzen.

Das Problem mit der direkten Unterweisung ist, dass es diesen großartigen Lehrern zwar oft gelingt, den Schülern völlig neue Sichtweisen zu eröffnen, sie aber die Schule irgendwann wieder verlassen müssen. So bleiben die systemischen Veränderungen oft aus. Aus dem Grund birgt die direkte Unterweisung sogar die Gefahr, dass die Schüler in ihrer gerade entwickelten Authentizität durch ein Umfeld, dem die nötige Bewusstheit fehlt, nicht bestärkt, sondern verurteilt oder unterdrückt werden. Wenn der Klassenlehrer das Konzept der Achtsamkeit nicht mitträgt, dann mag das, was ein Außenstehender vermittelt, in direktem Widerspruch zu dem stehen, wie der Lehrer die Klasse unterrichtet.

Einige Beispiele für Einrichtungen, die diesem Ansatz folgen: Mind Body Awareness Project, Holistic Life Foundation, Mindful Schools, the Lineage Project.

Integration in den bestehenden Lehrplan

Der dritte Ansatz geht davon aus, dass Achtsamkeitsunterricht per se förderlich für die mentale, emotionale und körperliche Entwicklung aller Kinder ist. Das heißt, dass jede Form der Anleitung, die die Kinder lehrt zu atmen, sich ihrer Denkmuster bewusst zu sein und sich in den Körper hinein zu entspannen, unglaublich hilfreich ist, selbst wenn sie von einem Lehrer kommt, der selber keine gründliche Ausbildung durchlaufen hat. Der gesamte Unterricht sollte so bewusst wie möglich gestaltet werden.

Diese Ansicht führte zu einer starken Ausbreitung achtsamkeitsbasierter Lernprogramme für Schüler und Studenten jeden Alters und jeglicher demographischer Zugehörigkeit, von denen einige auch online erworben und ohne jegliche Vorbildung angewandt werden können.

Achtsamkeitsübungen werden zunehmend auch international in SEL-Programme und Schulsysteme integriert. Es gibt viele grundlegende Achtsamkeitskonzepte und -praktiken, die in Anti-Mobbing-Kampagnen, Prüfungsvorbereitungen und anderen Lernprojekten eingesetzt werden.

Einige Beispiele von Organisationen, die diesem Ansatz folgen: Mind Up Curriculum, .b-Curriculum, Learning to BREATHE Curriculum, Stress Reduction Workbook for Teens.

All das oben Genannte

Wie immer hat auch hier nicht die eine Seite recht und die andere unrecht. Wir brauchen einen mehrdimensionalen Ansatz, um diese Praktiken in die Arbeit mit jungen Menschen zu integrieren. Natürlich müssen wir bei der Ausbildung und Anleitung der Lehrer ansetzen. Natürlich ist es hilfreich, erfahrene Lehrer einzusetzen, die uns den Weg weisen und die Achtsamkeits-Bewegung unterstützen können. Natürlich ist die Integration in den alltäglichen Lehrplan unerlässlich, um die Lehrer dabei zu unterstützen, die Praktiken in ihrem unmittelbaren Umfeld umzusetzen. So bekommen selbst Menschen, die sonst nie auf den Gedanken kämen, Achtsamkeit zu praktizieren, einen kleinen Vorgeschmack darauf. Deswegen sollten wir sicherstellen, dass wir Achtsamkeit in bekömmlichen Portionen servieren und sie nicht mit zu schwer verdaulicher Kost überfordern.

Der South Burlington School District in Vermont ist ein gutes Beispiel für ein ganzheitliches Konzept für Achtsamkeit in der Schule. Ich habe etliche mehrtägige Achtsamkeits-Retreats für Lehrer und Administratoren dieses Distrikts geleitet. Sie selbst haben Linda Lantieri und verschiedene andere Experten für die Weiterbildung der Lehrer an die Schulen geholt. Die Lehrer und Schultherapeuten haben Achtsamkeitspraktiken in den Lehrplan ihrer K-12 Schulen integriert, so dass die Kinder jeder Altersstufe von der Volksschule bis zum Schulabschluss davon profitieren können. Ich habe auch direkt in den Klassen ihrer Grundschule, Mittel- und Oberstufe unterrichtet, mit Lehrern, die mir wie ein Schatten folgten, um soviel wie möglich profitieren zu können. Dieser Schulbezirk hat sich dem Wohlergehen seiner Lehrer verschrieben und ihnen die Ressourcen zur Verfügung gestellt, damit die Lehrer das Gelernte auch weitergeben können. Das ist Integration in Aktion.

Die Wissenschaft der Achtsamkeit

Die großen Neurowissenschaftler unserer Geschichte hatten keine bildgebenden Technologien. Also saßen sie still da und beobachteten die vorbeiziehenden Phänomene von Geist, Körper und Herz. Eine der klassischen Achtsamkeits-Techniken, der Bodyscan, ist so eine Art inneres Abtasten. Während des Bodyscans lassen wir unsere Aufmerksamkeit vom Kopf bis in die Zehenspitzen wandern und beobachten dieselben Phänomene wie die Neurowissenschaftler auf ihren Bildschirmen. Als ich begann den Bodyscan zu üben, stellte sich sehr bald eine tiefe Entspannung ein, es fiel mir leichter mich zu konzentrieren und ich fühlte mich emotional ausgeglichener. Ich brauchte keinen Wissenschaftler, um mir zu erklären was da passierte. Ich konnte die Veränderungen durch eine Art inneres Auge wahrnehmen.

Achtsamkeit ist eine „innere Wissenschaft" und wir nutzen unseren Geist, unser Herz und unseren Körper für diese Forschung. Statt einer kalten wissenschaftlichen Studie untersuchen wir unser Innenleben mit Mitgefühl und Zartheit. Diese Erkundigung unseres Inneren kann persönliche Einsichten und mehr Selbstliebe zur Folge haben.

Die andere Form wissenschaftlicher Forschung, die in Labors und akademischen Institutionen betrieben wird, kommt ganz objektiv zu denselben Ergebnissen, die Praktizierende seit tausenden von Jahren beobachten. Neurowissenschaftler, Ärzte und Genetiker zeigen auf, dass Achtsamkeit zu mehr Aufmerksamkeit, Mitgefühl, Zufriedenheit und Entspannung führt und Impulsivität, Angst und andere schwierige Emotionen reduziert.

Im folgenden finden Sie eine kurze Zusammenfassung der für unsere Untersuchung von Achtsamkeit in der Schule relevanten, wissenschaftlichen Forschung. Ich hoffe, dass diese Forschungsergebnisse Sie inspirieren werden Ihre eigene Achtsamkeitspraxis zu entwickeln und Ihr Wissen gegebenenfalls mit Ihren Kollegen zu teilen.

Nachgewiesene Effekte

Die Anzahl wissenschaftlicher Artikel über Achtsamkeit hat sich in den letzten 30 Jahren von einem einzigen im Jahr 1982 zu 397 im Jahr 2011 vervielfacht (Mindfulness Research Guide, 2013).

Als Jon Kabat-Zinn 1979 seine Stress Reduction Clinic im Massachusetts Medical Center eröffnete, fand sich der Begriff *Achtsamkeit* in keinem medizinischen Lexikon. Kabat-Zinn entwickelte an dieser Klinik ein Programm mit dem Namen „Achtsamkeitsbasierte Stressreduktion" (*Mindfulness-Based Stress Reduction – MSBR*), das zu Beginn als unwissenschaftlich abgetan wurde. Wie konnte einfaches Atmen und Selbstliebe für Patienten hilfreich sein?

Kabat-Zinn überredete einige Ärzte, ihre behandlungsresistenten Patienten zu ihm an die Klinik zu schicken. Mit anderen Worten, alle Patienten, bei denen die westliche Medizin am Ende ihrer Weisheit angelangt war, landeten in der Stress Reduction Clinic. Nachdem sie acht Wochen lang Achtsamkeit praktiziert hatten, konnte man bei diesen „behandlungsresistenten" Patienten bemerkenswerte Veränderungen feststellen. Die MBSR-Patienten verzeichneten einen dramatischen Rückgang der Symptome bei Erkrankungen wie Bluthochdruck, Psoriasis und Fibromyalgie. Chronische Schmerzzustände verbesserten sich „wie von Zauberhand" und die Patienten berichteten ganz allgemein über ein gesteigertes Wohlbefinden.

Nach Schätzung der Ärzte kommen 60 bis 80 Prozent ihrer Patienten wegen stressbedingten Problemen in ihre Praxis (Rosch, P., 1997). Migräne, Schlaflosigkeit, Angstzustände, Depressionen und eine breite Palette von Beschwerden sind heutzutage stressbedingt. Trotzdem werden nur drei Prozent der Patienten von ihren Hausärzten in Bezug auf Stress-Management beraten (Nerurkar, Yeh, Birdee und Phillips, 2011).

So wirkungsvoll sich unsere westliche Medizin erweist, wenn wir eine Infektion mit Antibiotika bekämpfen, die uns unter anderen Umständen das Leben gekostet hätte, so kann sie bei vielen ganzheitlicheren Gesundheitsproblemen nicht wirklich helfen. Genau wie unser Schulsystem behandelt unser Gesundheitssystem in den seltensten Fällen den ganzen Patienten. Doch genau wie im Schulsystem können wir auch hier große Veränderungen beobachten. Die medizinische Wissenschaft erkennt langsam, dass die Gesundheit des Patienten von einem Zusammenspiel von Geist, Körper und Herz abhängt.

Die nun folgenden Beispiele zeigen nur einige wenige der bemerkenswerten positiven Effekte von Achtsamkeit auf, die durch Forschungsergebnisse untermauert sind.

- Körper: Achtsamkeit hat eine direkte positive Wirkung auf unsere Gesundheit, sie verringert Schmerzzustände und Bluthochdruck und verbessert die Symptome von Krankheiten wie Psoriasis und Fibromyalgie. Bei einer langfristigen Achtsamkeitspraxis konnte sogar eine erhöhte Aktivität der Telomerase festgestellt werden, ein Enzym in unserer DNA, das mit verzögerter Zellalterung, Langlebigkeit und anderen Gesundheitsfaktoren in Verbindung gebracht wird (Jacobs T. L. u.a., 2011).
- Geist: Die Hirnforschung zeigt einen positiven Effekt von Achtsamkeit auf die Struktur und Funktionsweise unseres Gehirns und somit auch auf Aufmerksamkeitsspanne, räumliches Vorstellungsvermögen, Arbeitsgedächtnis und Konzentration. (Jha, A. P. u.a., 2007; Chambers, R. u.a., 2008; Zeidan, F. u.a., 2010). Achtsamkeit zu praktizieren kann zur vermehrter Durchblutung und Kräftigung von Arealen der Großhirnrinde führen, die für Aufmerksamkeit und emotionale Integration zuständig ist (Davidson, R. J. u.a., 2003). Eine Reduktion von grauer Substanz in der Amygdala und damit einhergehend eine Verringerung von Stress und Angst konnten beobachtet werden (Hölzel, B. K. u.a., 2011).

- Herz: Achtsamkeit fördert das Gefühl von Sicherheit, die Fähigkeit, gehaltvolle Beziehungen eingehen zu können, Erfahrungen anzunehmen ohne die Fakten zu verleugnen, mit schwierigen Emotionen umzugehen und ruhig, belastbar und empathisch zu bleiben (Salmon, P. u. a., 2004) Achtsamkeit als psychologische Intervention ist bewiesenermaßen wirkungsvoll bei Drogenmissbrauch, Stress, Angst, wiederkehrenden depressiven Symptomen und Schlafproblemen. (Baer, R. A. 2003). Achtsamkeitsbasierte Stressreduktion (MBSR) reduziert depressive Symptomatik und steigert das Wohlbefinden wirkungsvoller als Antidepressiva (Kuyken, W. u. a., 2008)
- Verbundenheit: In einer Studie wurden die mitfühlenden Reaktionen beobachtet, als man die Probanden bat, sich eine Szene mit einem Schauspieler auf Krücken anzusehen. Im Beobachtungszeitraum reagierte die Kontrollgruppe während 15 %, die achtsamkeitsgeübten Teilnehmer während 50 % der Zeit mitfühlend. Es scheint, dass Achtsamkeit die Menschen sogar netter macht! (Condon, P. u. a., 2013). Zu guter Letzt verbessert Achtsamkeit auch die Fähigkeit zuzuhören und Musik zu genießen (Diaz, F., 2013). Achtsamkeit macht uns also nicht nur zu liebenswürdigeren Menschen, sie hilft uns auch, unser Leben zu genießen.

Positive Auswirkungen auf Lehrer, Eltern und Betreuungspersonen

Lehrer, Eltern und Erzieher sind in überdurchschnittlichem Maß von Stress und Burnout betroffen. „Mitgefühlserschöpfung" (*Compassion fatigue*) ist ein Begriff, der beschreibt, was passiert, wenn wir uns in unserer Betreuungstätigkeit überfordern, ohne adäquate Unterstützung zu erhalten. Wir versuchen ständig, anderen zu helfen und vergessen dabei, auf uns selbst zu schauen, wir brennen aus, wir sind erschöpft, und das wirkt sich nicht zuletzt auf unsere Leistungsfähigkeit aus.

Es gibt viele Fortbildungen, die die Lehrer in ihrer Achtsamkeitspraxis und Selbstfürsorge unterstützen sollen. Das Stress Management and

Resilience Training (SMART), Cultivating Awareness and Resilience in Education (CARE) und eine wachsende Zahl anderer achtsamkeitsbasierter Programme für Lehrer zeigen vielversprechende Ergebnisse. Eine Gruppe von Lehrern, die sich an der University of California einem achtwöchigen Achtsamkeitstraining unterzog, stellte fest, dass sich ihre Angst, ihr Stress und ihre Depressionen verringert und ihr Mitgefühl und andere positive Gemütszustände vermehrt hatten. Diejenigen, die regelmäßig weitergeübt hatten, konnten diese Effekte auch noch fünf Monate nach Ende des Trainings beobachten. Margaret Kemeny, die führende Autorin der Studie, sagt: „Wir konnten feststellen, dass die Intervention, Gefühle und Verhalten in provokanten Situationen verändern konnte, was wirklich aufregend ist. Es ist wunderbar, wenn jemand sich in einer positiven Situation mitfühlend verhält, doch wenn jemand mit Mitgefühl und weniger Wut reagiert, selbst wenn er provoziert wird, dann ist das noch wesentlich bedeutungsvoller“ (Kemeny, M. u. a., 2012). Die Ergebnisse dieser Studie scheinen aufzuzeigen, dass die Lehrer, die das Training absolviert hatten, angesichts der unvermeidlichen Stressoren des Lehrerberufs ihre emotionale Ausgeglichenheit leichter bewahren konnten und empathischer und weniger impulsiv auf schwierige Situationen reagierten.

Die positiven Auswirkungen eines achtsamen Umfelds

Die neuesten Forschungsergebnisse der Neurowissenschaft, Genetik, Bindungsforschung und Entwicklungspsychologie stimmen darin überein, dass Liebe, Zuwendung und Beständigkeit das Wichtigste für die Entwicklung eines Kindes sind. Die Menge und Qualität der empathischen Zuwendung, die ein Kind erhält, lenkt die Entwicklung seines Gehirns entweder in eine gesunde oder in eine destruktive Richtung. Ein gut funktionierendes, schützendes Umfeld fördert die exekutiven Funktionen des Kindes.

Wie Alison Gopnik in *The Scientist in the Crib* aufzeigt, „beeinflusst alles, was ein Säugling hört, sieht, schmeckt, berührt und riecht, die Vernetzung seines Gehirns“ (Gopnik, A. u. a., 2000). Die Umgebung unserer

Kindheit nimmt Einfluss darauf, welche unserer Nervenbahnen zusammen „feuern“, und somit auch auf den Weg, den wir in unserem Leben einschlagen. Die Forschungsergebnisse zeigen klar, dass ein stark belastendes Umfeld, z. B. durch Vernachlässigung oder Missbrauch, Defizite beim Arbeitsgedächtnis, bei Aufmerksamkeit und Impulskontrolle des Kindes zur Folge hat (Maughan, A. und Cicchetti, D., 2002; O'Connor, T. G. u. a., 2000). Ein Baby ist ein Beziehungswesen. Es braucht die Gesten, die unterschiedlichen Gesichtsausdrücke, das Geplapper und andere Interaktionen, um die zwischenmenschlichen Funktionen seines Gehirns auszubilden. Das Wechselspiel mit den Menschen, die sich um es kümmern, beeinflusst nachhaltig die Architektur seines Gehirns. Wenn Eltern oder Institutionen die grundlegenden zwischenmenschlichen Bedürfnisse des Säuglings vernachlässigen, kann das ernsthafte Schäden des Gehirns, ja sogar eine Störung von Körperfunktionen zur Folge haben. Wie der National Scientific Council on the Developing Child feststellt: „Es besteht ein Zusammenhang zwischen schwerer Vernachlässigung in Familie oder institutionalisiertem Setting und einem erhöhten Risiko für Probleme emotionaler, verhaltensbedingter und zwischenmenschlicher Natur im späteren Leben“ (National Scientific Council on the Developing Child, 2012).

Wenn die frühen Jahre eines Kindes von Geborgenheit, Verlässlichkeit und Fürsorge geprägt sind, kann ein Kind vertrauensvoll und optimistisch in die Welt blicken. Ist das nicht der Fall, wird die Welt zu einem gefährlichen, unberechenbaren Ort, dem man nur mit Misstrauen begegnen kann. In erster Linie ist es das Ausmaß an liebevoller Zuwendung und Fürsorge, die uns als Kind entgegengebracht wird, die uns zwei grundverschiedene Wege einschlagen lässt. Und welcher dieser Wege für uns, für unsere Kinder, ja für die ganze Welt wünschenswert ist, steht außer Frage.

Wenn es uns gelingt, Achtsamkeit, Mitgefühl und Emotionsregulation zu verinnerlichen, erhalten die uns anvertrauten Kinder vielleicht die zwischenmenschliche Nahrung, die sie brauchen, um zu gesunden, glücklichen Erwachsenen heranzuwachsen. Wir kennen das alle: ein Kind fällt hin und sieht fragend zu uns auf, denn es weiß nicht, welche Reaktion wir für angemessen halten. Blicken wir erschrocken zurück, wird das Kind zu weinen beginnen, reagieren wir aufmerksam fokussiert aber ruhig, dann merkt das Kind, dass nichts passiert ist und spielt einfach weiter.

Um noch einen Schritt weiter zu gehen, führte Joe Campos vom University of California Berkeley Infant Studies Center ein Experiment durch, in dem Kleinkinder ihre Mütter sehen konnten und auf sie zu krabbelten, bis sie eine visuelle Klippe erreichten (Campos, J. u. a., 1970).

Tatsächlich war die Vertiefung mit einer Glasplatte bedeckt, über die die Kinder ganz einfach krabbeln konnten, doch es sah aus wie ein gefährlicher Abgrund. Einige Mütter sollten das Kind lächelnd und voll Zuversicht anblicken, andere kalt und ausdruckslos bleiben. Die Kinder, deren Mütter ausdruckslos geblieben waren, erstarrten vor dem „Abgrund", während die Kinder, die in das ermunternde Gesicht ihrer Mutter blickten, einfach über das Glas krabbelten – wie auf Wolken.

Stellen Sie sich vor, wie schön es gewesen wäre, wenn Ihre Eltern und Lehrer keine ihrer irrationalen Ängste oder unerfüllten Bedürfnisse auf Sie übertragen hätten. Stellen Sie sich vor, Ihre Freunde und Ihre Familie könnten Sie genau so sehen, wie Sie sind, ohne Sie verändern zu wollen oder ihre Ängste und Wünsche auf Sie zu projizieren. Nehmen Sie einen Augenblick lang wahr, wie Ihr Körper auf eine Welt voller Ermutigung und Vertrauen reagieren würde. Nun stellen Sie sich vor, wie sich so eine Welt für Ihre Kinder und Ihre Schüler anfühlen würde.

Welche Auswirkungen Achtsamkeit auf unsere Schüler hat

Mit Hilfe neurowissenschaftlicher und entwicklungspsychologischer Erkenntnisse können wir die Auswirkungen und den Nutzen eines Achtsamkeitstrainings auf das Leben unserer Kinder besser verstehen. Betrachten wir zu Beginn einmal die Dreiteilung unseres Gehirns: das instinktive Reptiliengehirn, das emotionale limbische System oder Säugetiergehirn und den kreativen und logischen Neocortex. Die Weiterentwicklung unseres Gehirns erfolgte jeweils auf dem Gerüst der vorherigen evolutionären

Entwicklungsstufe. Es gibt tatsächlich auch heute noch einen Teil in uns, dem es, wie einer Eidechse, in erster Linie ums Überleben geht, einen Teil, der einem hochentwickelten sozialen Wesen entspricht, wie es z.B. ein Hund ist, und diesen relativ jungen Teil des Gehirns, der die *New York Times* liest, während er an einem Espresso nippt. Sogar kleine Kinder können dieses Konzept verstehen. Im Rahmen ihres Achtsamkeitstrainings lernen sie, wie die Neurowissenschaft ihr Verhalten und ihre Entscheidungen beeinflusst.

Das ältere Reptiliengehirn und das Säugetiergehirn motivieren uns durch Lustgefühle und Angst und haben seit Jahrtausenden zu unserem Überleben beigetragen. Durch die Evolution sind wir nun an einen Punkt angelangt, an dem der Neocortex unser Gehirn umhüllt und mittlerweile 80 Prozent seines Volumens umfasst. Obwohl der Neocortex mittlerweile einen Großteil unserer Gehirnmasse ausmacht, übt der alte Teil immer noch einen erheblichen Einfluss aus. Ihr rationales Gehirn mag sehr wohl wissen, dass eine Tüte Eis nicht gesund ist, doch wie oft übernimmt das Reptiliengehirn gerne die Kontrolle und Sie essen das Eis trotzdem? Unser Gehirn hat etwas von einem Familienausflug. Wenn wir wütend oder verstimmt sind, ist es oft der Babyanteil in uns, der hinterm Steuer landet, und der Erwachsene in uns dreht auf dem Rücksitz durch. Es ist überhaupt nicht notwendig diesen Babyteil loszuwerden; wir müssen nur lernen, unseren Erwachsenenanteil ans Steuer zu setzen und das Baby sicher in seinem Autositz zu verstauen. Wir können keinen dieser Teile loswerden, das wollen wir auch gar nicht, denn sie alle zusammen sind es, die uns zu einem vollständigen, gesunden menschlichen Wesen machen.

Daniel Siegel, der Co-Autor von „The Mindful Brain", schrieb ausführlich über die Rolle von Achtsamkeit in der Integration des Gehirns eines Kindes. In „Achtsame Kommunikation mit Kindern" schreibt er:

„Wir wollen unseren Kindern dabei helfen, integrierter zu werden, damit sie ihr ganzes Gehirn in einer koordinierten Weise nutzen können. Wir wollen z. B. dass sie horizontal integriert sind, damit die Logik der rechten Gehirnhälfte gut mit den Emotionen der linken Gehirnhälfte zusammenarbeiten kann. Wichtig ist auch, dass sie vertikal integriert sind, damit die höheren, weiter entwickelten Teile ihres Gehirns, durch die sie ihr Handeln überdenken können, gut mit den niedereren Teilen zusammenarbeiten, denen es eher um Instinkt, Bauchgefühl und Überleben geht" (Siegel, D. und Bryson, T., 2013).

Indem wir Achtsamkeit praktizieren, können wir lernen, diese verschiedenen Teile des Gehirns zu integrieren und innere Konflikte zu schlichten. Es gibt ein grundlegendes neurowissenschaftliches Prinzip: „Nervenzellen, die zusammen feuern, verbinden sich." Auf Grund neuester Erkenntnisse über neuronale Plastizität – das ist die Fähigkeit der Verbindungen in unserem Gehirn, sich im Laufe unseres Lebens zu verändern und anzupassen – wissen wir jetzt, dass unser Gehirn durch gesunde mentale Gewohnheiten stärkere und gesündere neuronale Verbindungen bilden kann. Achtsamkeit trainiert unser Gehirn darin, so zu reagieren, wie wir es wollen, statt auf eine vorgegebene, reflexartige, vom Reptiliengehirn bestimmte Weise. Besonders hartnäckig sind solche Reaktionen in Situationen, die mit Stress oder Konflikten zu tun haben. Wenn ein Kind zum Beispiel gelernt hat auf Angst mit Gewalt zu reagieren, kann Achtsamkeit ihm dabei helfen, sich seines gewohnheitsmäßigen Verhaltens und der zugrundeliegenden Gefühle bewusst zu werden und schließlich die Reaktion auf eine positive, konstruktive Weise zu verändern.

Studien zeigen, dass langjährige Achtsamkeitspraktizierende tatsächlich einen dickeren präfrontalen Kortex besitzen, das ist die Gehirnregion, die für die exekutiven Funktionen (EF) zuständig ist. Entwicklungsneurowissenschaftler, die die Auswirkungen von Achtsamkeit auf die exekutiven Funktionen untersucht haben, sagen: „Achtsamkeitsbasierte Interventionen, die darauf abzielen, uns unserer Gedanken, Emotionen und Handlungen bewusster zu werden, verbessern nachweislich bestimmte Aspekte exekutiver Funktionen, wie Aufmerksamkeit, kognitive Kontrolle und emotionale Regulation" (Tang, Y. u. a., 2012). Das heißt, dass Schüler durch Achtsamkeit lernen können, während des Unterrichts besser aufzupassen, ihre Emotionen zu regulieren und größere Sozialkompetenz zu entwickeln. Durch achtsames Atmen, Gehen und Übungen, die das Mitgefühl fördern, können Kinder die neuronalen Verbindungen bilden, die ein gesundes Leben begünstigen.

Obwohl Achtsamkeit in der Schule ein sehr junges Gebiet ist, gibt es eine Vielzahl von Studien über die Auswirkungen von Achtsamkeit im Klassenzimmer, in Jugendstrafeinrichtungen und anderen Jugendzentren. Ein Großteil dieser Forschung steckt noch in den Kinderschuhen, doch die Ergebnisse weisen in die vielversprechende Richtung, die wir alle erhoffen. Positive Eigenschaften, wie emotionale Selbstregulation, Mitgefühl, Aufmerksamkeit und die exekutiven Funktionen verbessern sich, während destruktive Tendenzen, wie Impulsivität, Gewalt und Stress reduziert werden. Es bedarf noch vieler Studien, um herauszufinden, welche Praktiken für welches Alter am wirksamsten sind, doch hier ist eine Auswahl dessen, was wir bereits wissen:

- Ein 24-wöchiges Achtsamkeitstraining mit einer Gruppe von Erst-, Zweit- und Drittklässlern führte zu verbesserter Aufmerksamkeit und einer signifikanten Verbesserung von ADHS-Symptomen (Napoli, M. u. a., 2005).
- Ein in Belgien abgehaltenes Achtsamkeitstraining für Schüler zielte darauf ab Depressionen zu verringern. Die Ergebnisse legen nahe, dass Achtsamkeits-Programme in der Schule dazu beitragen können, Depressionen bei Jugendlichen zu verringern und zu verhindern (Raes, F. u. a., 2013).
- Ein für Jugendliche adaptiertes achtsamkeitsbasiertes Stressreduktionsprogramm führte bei den Teilnehmern nach Eigenangaben zu einer Reduktion von Angst, Depressionen und körperlicher Stresssymptomatik, sowie zu mehr Selbstvertrauen und verbesserter Schlafqualität (Biegel, G. M. u. a., 2009).
- In Jugendstrafeinrichtungen ergab eine Studie eine signifikante Reduktion von Feindseligkeiten und emotionalem Unbehagen bei den Inhaftierten nach einem Achtsamkeitstraining. Diese inhaftierten Jugendlichen konnten nach dem Training ihre zwischenmenschlichen Beziehungen und ihre schulischen Leistungen verbessern und ihren Stress reduzieren (Sibinga, E. u. a., 2011).

- Eine bahnbrechende Studie zeigte, dass „das Achtsamkeitstraining sowohl das Leseverständnis (um etwa 16%) wie auch die Arbeitsgedächtniskapazität verbesserte, und gleichzeitig das Auftreten störender Gedanken während des Lesetests und der Messung des Arbeitsgedächtnisses verringerte" (Mrazek, M., 2013).

Diese Ergebnisse erlauben erste Schlüsse darauf, in welchem Ausmaß Achtsamkeit zu einem glücklichen, gesunden und erfolgreichen Leben unserer Schüler beitragen kann. Von einem ergebnisorientierten Standpunkt aus freut es uns natürlich, dass praktizierte Achtsamkeit schulische Leistungen verbessern und Verhaltensauffälligkeiten verringern half. Was mich jedoch noch mehr begeistert, ist, dass Kinder durch Achtsamkeit lernen, sich wohl in ihrer eigenen Haut zu fühlen, sich selbst zu vertrauen und Mitgefühl mit der Welt um sie herum zu haben. Noch mehr als auf bessere schulische Leistungen, hoffe ich auf eine Generation von Schülern, die Mitgefühl mit sich selbst und anderen entwickeln. Wenn die Beziehungen zu unseren Bezugspersonen unsere Entwicklung als Kind ausschlaggebend beeinflussen, dann könnten unsere Kinder ja noch integriertere Persönlichkeiten werden als wir, und deren Kinder wiederum integrierter und wir befänden bereits auf dem Weg zu einer friedlichen, integrierten Gesellschaft.

Die Ursprünge der Achtsamkeit

Genau wie unser Atem nicht uns gehört, ist auch Achtsamkeit weder dem Christentum, noch dem Buddhismus oder dem Taoismus zuzuschreiben. Wo und wann immer der Menschen gelebt hat, war es unerlässlich für ihn, aufmerksam zu sein; sei es beim Jagen, um Werkzeug oder Kleider herzustellen oder einer intellektuellen Tätigkeit nachzugehen. Mitgefühl brauchten wir immer schon, um zusammen in Harmonie leben zu können und unser Leben zu genießen. Menschen aus allen Kulturkreisen haben mit dieser Weisheit die großen Fragen des Lebens gestellt. Diese allgemein gültigen Praktiken wurden über Jahrtausende hinweg entwickelt – oder, so könnte man sagen, sie haben uns entwickelt.

Im Laufe der Geschichte wurde Meditation von religiösen und kulturellen Traditionen auf der ganzen Welt dazu genutzt, um Authentizität, Güte und Einsicht zu fördern. Viele religiöse Traditionen wenden sich dazu an ihre spezifischen Gottheiten und verwenden Visualisationen, Mantras oder Gebete. Für unseren Zweck werden wir keine Begriffe aus anderen Kulturen oder Religionen verwenden, obwohl solche Praktiken durchaus auch Vorteile bringen können. Die Schönheit der Achtsamkeit für unsere moderne Welt liegt darin, dass wir dazu nichts brauchen als unseren Atem, unseren Körper, unseren Geist und unser Herz.

Jede Kultur und jede Religion hat ihre eigenen Achtsamkeitspraktiken. Wenn Sie sich einer Tradition zugehörig fühlen, dann empfehle ich durchaus, mit diesen Praktiken zu experimentieren. Die Gebete,

Meditationen und Andachtsformen, die sich in jeder Tradition finden, können dazu genutzt werden, um Aufmerksamkeit, Mitgefühl und ein Gefühl der Verbundenheit mit allen Dingen zu entwickeln. Die Achtsamkeitspraktiken, die ich in diesem Buch vorstelle, können die Praktiken der Tradition, der sie sich zugehörig fühlen, durchaus unterstützen. Konzentration und ein offenes Herz können für die Gebete eines Christen, die Übungen eines Yogis und die intellektuellen Fragen eines Atheisten förderlich sein.

Ich habe mehr als einmal die Erfahrung gemacht, dass Eltern oder Lehrer Bedenken äußerten, ich und meine Kollegen würden an den Schulen Buddhismus lehren. Jedes Mal, wenn das passierte, habe ich die Eltern oder Lehrer eingeladen, sich selbst ein Bild zu machen und unserem Unterricht beizuwohnen. Nachdem sie dann gesehen hatten, dass wir nichts tun, außer den Schülern beizubringen zu atmen, sich zu entspannen und emotionale Ausgeglichenheit zu finden, gab es keine weiteren Beschwerden mehr. Ja einige dieser Eltern und Lehrkräfte sind nun Verfechter von Achtsamkeit in der Schule geworden. Achtsamkeitsbasierte Lehrpläne und Schulungen haben ihren Platz an katholischen Schulen, jüdischen Schulen, Quaker-Schulen und vielen anderen öffentlichen und privaten schulischen Einrichtungen gefunden.

Trotzdem ist die Trennung von Kirche und Staat gerade im schulischen Kontext ein durchaus berechtigter Vorbehalt. In der buddhistischen Tradition verwendet man viel Zeit, darauf, Achtsamkeit und liebende Güte zu entwickeln. Viele Buddhisten haben ihren eigenen Geist eingehend studiert und das, was sie daraus gelernt haben, als Leitlinien weitergegeben. Achtsamkeit ist zwar nicht nur dem Buddhismus zuzuschreiben, doch die moderne Lehre der Achtsamkeit wurde durchaus von den Gelehrten und Praktizierenden dieser Tradition beeinflusst. Nehmen wir einen passenden Vergleich: Kaffee stammt ursprünglich aus Äthiopien und wurde dort seit Jahrtausenden getrunken, bevor er seine Reise nach Ägypten und den Mittleren Osten antrat und nun die Tassen von Kaffeetrinkern auf der ganzen Welt füllt. Die Wirkung, die Kaffee hat, ist universell und wird von Christen, Moslems und Juden gleichermaßen geschätzt. Die Wirkung einer Achtsamkeitspraxis ist um einiges sanfter, doch sie ist ebenso universell. Und genau wie Sie durch Kaffeegenuss nicht zum Äthiopier werden, macht eine Achtsamkeitspraxis Sie nicht zum Buddhisten.

Viele Anleitungen, die Sie in diesem Buch finden, werden seit Generationen in buddhistischen Ländern angewendet. Wie Sie sehen werden, gibt es jedoch in den Praktiken, die Sie in diesem Buch finden, keinerlei religiösen Bezug. Sie sind ein säkulares Angebot an Sie, um Ihre eigene Achtsamkeit zu ergründen, völlig ungeachtet Ihres religiösen Hintergrunds. Falls die Übungen Ihnen nutzlos erscheinen oder mit Ihrer Art zu leben im Widerspruch stehen, besteht keinerlei Notwendigkeit sie weiterhin zu machen. Manche Menschen lieben den Effekt von Kaffee und andere hassen ihn. Wenn Sie die Art und Weise, wie Achtsamkeit auf Sie wirkt, mögen, dann wenden Sie sie einfach an, dazu braucht man nirgends Mitglied zu sein. Man könnte es Präsenz nennen, Fokus, Zeit für sich, ja Sie können es auch Tempelhüpfen nennen, wenn das Ihren Schülern gefällt. Solange die Praktiken mit einer gewissen Integrität gelehrt werden, bleibt der Kern derselbe.

Teil II

Beginne bei Dir selbst

Gut für sich selbst sorgen

Ein erheblicher Teil der von mir geleiteten Lehrerkurse besteht aus einer stillen Achtsamkeitspraxis, im Sitzen, im Gehen, ziehen wir unsere Aufmerksamkeit vom hektischen äußeren Treiben ab und wenden uns der Stille und der Innenschau zu. Ob es nun zwei Stunden der Stille im Rahmen eines eintägigen Trainings sind, oder ein fünftägiges Schweige-Retreat als Teil einer einjährigen Ausbildung. Ich will, dass die Lehrer Achtsamkeit am eigenen Leib erleben. Wenn Sie selbst Achtsamkeit und Mitgefühl entwickeln, wird sich das unausweichlich auf Ihre Arbeit mit Kindern auswirken. Das ist das schönste Geschenk, das Sie ihnen machen können: sie mit mitfühlender Achtsamkeit wahrzunehmen.

Susan, eine Teilnehmerin meines einjährigen Achtsamkeitsprogramms, kam am zweiten Tag des Schweige-Retreats zu mir, sie war nervös und bat mich um ein Gespräch. Wir machten einen Spaziergang zwischen den Eichen in der kalifornischen Sommersonne. „Ich glaube Nancy macht eine schwere Zeit durch", sagte sie über eine andere Teilnehmerin.

„Eigentlich möchte ich zu ihr hingehen und sie fragen, ob alles in Ordnung ist. Es fühlt sich nicht richtig an, einfach sitzen zu bleiben."

„Wie würde es sich anfühlen", fragte ich, „wenn Du Nancy ihre Traurigkeit einfach lässt und es nicht zu Deiner Aufgabe machst, ihr diese Traurigkeit abzunehmen?"

Als ich das sagte, schossen Susan die Tränen in die Augen und sie begann zu weinen. „Es würde sich so traurig anfühlen. Nancy quält sich, meine Schüler zu Hause sind in solch einer fürchterlichen Situation, ich habe das Gefühl, völlig die Kontrolle zu verlieren."

Während sie weinte, half ich ihr dabei, ihre eigenen Gefühle zu spüren, statt sich auf den Kummer anderer zu konzentrieren. Ich bat sie, ihrem eigenen Herzen Fürsorge und Unterstützung zukommen zu lassen. „Kannst Du Dich in diesem Moment mit all Deiner Fürsorge Deiner eigenen Traurigkeit und Angst zuwenden?", fragte ich. Tränen rannen ihr übers Gesicht, als sie ihre Hände an ihr Herz hielt und insgesamt weicher zu werden schien.

Am Ende des Retreats kam Susan mit tiefer Ruhe in ihren Augen zu mir und sagte, dass sie sich seit dieses Augenblicks zwischen den Bäumen vorstelle, dass sie ihr Herz wie ein Baby halten würde. „Sobald wir die Stille beendet hatten, sprach ich mit Nancy und sie sagte mir, sie sei gar nicht traurig. Ich nehme an, da war einfach so viel Traurigkeit in mir, dass ich sie auf sie projiziert habe. Es ist ein wunderbares Gefühl, mir selbst all die Fürsorge entgegenzubringen, die ich normalerweise für andere aufbringe. Es ist, als ob ich mir selbst den Apfel aufs Pult legen würde, den ich mir immer von den Kindern gewünscht habe."

Wenn wir unsere chaotischen Klassenzimmer unbedingt in Zimmer voller engelsgleicher Kinder verwandeln wollen, die uns jeden Morgen knackige Äpfel aufs Pult legen, dann werden wir uns auf eine lange frustrierende Zeit des Wartens gefasst machen müssen. Es ist großartig, eine Vision von Frieden und Harmonie zu haben, doch wir müssen alle dort beginnen, wo wir sind. Wir geben alles, weil wir unseren Kindern helfen wollen, und merken dabei nicht einmal, wie angespannt und erholungsbedürftig wir selbst sind. Welcher Lehrer würde eine Mathematikstunde geben, wenn er selbst nicht multiplizieren kann?

Viele Lehrer, Therapeuten und Eltern kommen mit großem Enthusiasmus zu mir und fragen, wie sie Achtsamkeit einsetzen können, um ihre Kinder zu *retten*. Wenn wir sehen, wie unsere Kinder in dieser Welt leiden und einen ersten Eindruck von Achtsamkeit als Gegenmittel bekommen, dann sind unsere mitfühlenden Herzen nicht zu halten. „Vielleicht kann ich damit ja alles in Ordnung bringen!" Falls das der Grund ist, warum Sie dieses Buch gekauft haben, dann ist das sehr lobenswert, doch zunächst bitte ich Sie, Ihr Tempo ein wenig zu drosseln und tiefer in ihr eigenes Herz hinein zu lauschen. Wann immer jemand seine Begeisterung über Achtsamkeit in der Schule zum Ausdruck bringt, frage ich ihn: „Praktizieren Sie selbst Achtsamkeit?“

In seinen achtsamkeitsbasierten Stress-Reduktions-Retreats fragt Jon Kabat-Zinn oft: „Warum sind Sie hier?“ Dann hakt er nach und fragt: „Warum sind Sie wirklich hier?“ Und sicherheitshalber noch einmal: „Warum sind Sie wirklich, ich meine *wirklich* hier?“ Sie mögen wahrheitsgemäß antworten: „Ich bin hier, weil so viele Kinder ADHS haben und Achtsamkeit ihnen dabei helfen kann, sich besser zu konzentrieren“, oder: „Ich wünsche mir für meine Kinder die inneren Ressourcen, um mit den brutalen Computerspielen und anderen schädlichen Medien besser umgehen zu können.“ Das sind gute, ehrliche Antworten, doch wenn Sie sich fragen, warum Sie dieses Buch wirklich, ich meine wirklich wirklich *wirklich* lesen, dann bitte ich Sie, nach Ihren eigentlichen Motiven zu suchen.

Was wollen Sie an sich selbst verändern, um die jungen Menschen, die sich in Ihrer Obhut befinden, besser führen zu können? Wenn Sie hoffen, dass Ihre Kinder sich zu einer bestimmten Art von Mensch entwickeln, was hält Sie davon ab, selbst zu solch einem Menschen zu werden? Jedes mal wenn Sie sich selbst solch eine Frage stellen, ist das ein Geschenk an Ihre Schüler, ein wesentlich wertvolleres Geschenk als jegliche Information, die Sie ihnen anbieten könnten. Information ist im Unterricht unerlässlich, doch Transformation ist es, aus der Reife und Weisheit entsteht. Wenn Sie sich auf dem Pfad des persönlichen Wachstums befinden, dann leben Sie Ihren Studenten die eigentliche Bedeutung von Achtsamkeit vor.

Um Kindern Achtsamkeit beizubringen, müssen wir das tun, was Susan tat. Sie begann bei sich selbst. Sobald wir aufhören, alles nach außen zu projizieren, und bei uns selbst beginnen, dann ist das bereits vorgelebte achtsame Erziehung.

Als Ehe- und Familientherapeut führe ich oft Gespräche mit Eltern, die ihren Sohn oder ihre Tochter mitbringen und sagen: „Mein Kind ist verhaltensauffällig. Können Sie das in Ordnung bringen?“ Ich frage dann nach der Beziehung der Eltern und anderen Faktoren aus der Familie. In der Regel wird sehr schnell klar, dass dieses Kind der „identifizierte Patient“ der Familie ist, und es sich eigentlich um ein systemisches Problem handelt. Etwas in der Familiendynamik läuft falsch und das „Problemkind“ bringt es lediglich zum Ausdruck. Wenn die Eltern Eheprobleme haben, sage ich normalerweise: „Der beste Weg, um Ihrem Kind zu helfen, ist, wenn Sie beide zur Paartherapie gehen.“ Die Eltern sind dann oft erstaunt, wie schnell die Probleme des Kindes gelöst sind, sobald sie sich den zugrundeliegenden Konflikten in ihrer Ehe stellen. Sobald diese Strukturen gestärkt sind, kann das Kind sich entspannen und aufhören durch sein Verhalten Alarm zu schlagen. Wie innerhalb der Familie werden emotionale Probleme und Verhaltensauffälligkeiten auch in Schulen verschärft, wenn wir Erwachsene nicht für uns selbst sorgen und auf die zwischenmenschliche Dynamik an unserem Arbeitsplatz achten.

Achtsame Erziehung zieht unsere Aufmerksamkeit ab von allem, was wir in dieser Welt verändern möchten, und richtet sie nach innen. Statt die enorme und unlösbare Aufgabe auf uns zu nehmen, die Welt um uns herum zur Ruhe zu bringen, lernen wir, das wilde Geplapper in unserem eigenen Kopf wahrzunehmen und damit umzugehen. Unseren Geist zu beruhigen ist zwar auch keine leichte Sache, doch trotzdem noch wesentlich machbarer, als die Welt um uns herum zum Stillstand zu bringen. Statt die Kinder auf dem Spielplatz zu einem friedlichen Zusammenspiel bewegen zu wollen, beginnen wir damit, wahrzunehmen, wie nervös uns dieses Chaos macht. Wenn wir lernen, die Spannung in unserem Körper bewusst zu erleben und die Enge in unserer Brust und den beschleunigten Atem wahrzunehmen, dann können wir auch eine Achtsamkeitspraxis erlernen, um uns zu entspannen und gut für uns selbst zu sorgen. Dann wird es uns gelingen, die Stille inmitten des Sturms zu finden, selbst wenn am Spielplatz wieder mal gestritten wird und in der Klasse weiterhin Chaos herrscht (und das wird es). Ohne dass sich irgend etwas im Außen verändern muss, können wir die Orientierungshilfe sein, die unsere Schüler brauchen. Statt auf den Frieden in der Welt zu warten, können wir uns einfach entspannen und die Welt um uns herum mit unserer inneren Ruhe anstecken.

Das Wie, Wo und Wann der Achtsamkeit

Einst brachte eine Mutter ihren Sohn zu Mahatma Gandhi und bat ihn, dem Kind eine Standpauke darüber zu halten, wie ungesund es sei, zu viele Süßigkeiten zu essen. Gandhi bat sie in zwei Wochen wiederzukommen. Zwei Wochen später kam sie mit ihrem Sohn wieder und Gandhi hielt einen eindringlichen Vortrag darüber, wie schlecht Süßigkeiten für unseren Körper und Geist sind. Die Mutter war dankbar, doch auch verwirrt: „Warum haben Sie ihm das nicht vor zwei Wochen gesagt?“, fragte sie. „Nun, damals habe ich selbst zu viele Süßigkeiten gegessen“, antwortete Gandhi.

Genau wie Gandhi können wir nicht Wasser predigen und Wein trinken. Legen Sie jetzt einmal Ihre Lehrerkluft ab und schauen Sie, ob Sie sich hinter eines dieser kleinen Pulte quetschen können. Nun sind Sie an der Reihe, Schüler zu sein und einige unerlässliche Lektionen in Sachen Achtsamkeit zu lernen. Es gibt eine innere Wissenschaft des Geistes, die wir erkunden können, wenn wir beginnen, mit unserem Bewusstsein und unserer Selbstwahrnehmung zu experimentieren. Stellen Sie sich vor, Sie würden sich selbst unter einem Mikroskop betrachten. Wenn Sie sich einer Achtsamkeitspraxis verpflichten, werden Sie wahrscheinlich irgendwann bemerken, dass Sie fokussierter werden. Wenn Sie sich einer Praxis zur Öffnung Ihres Herzens verpflichten, werden Sie vermutlich mehr Mitgefühl verspüren. Sie können wissenschaftliche Artikel darüber lesen, wie Achtsamkeit das Gehirn beeinflusst, doch sind Sie an der Reihe, Ihr eigenes inneres Experiment zu starten. Und verlassen Sie sich dabei nicht auf mich – schauen Sie selbst, wie Achtsamkeit auf Sie wirkt.

Wann

Um eine Achtsamkeitspraxis aufzubauen ist es wichtig, achtsame Momente in den Alltag einzuplanen. Vielleicht haben Sie in Ihrem ausgefüllten Tagesplan nur 15 Minuten Zeit, um in Stille zu sitzen. Das ist völlig in Ordnung. Falls Sie die Zeit und die Bereitschaft haben, versuchen Sie einmal täglich 40 Minuten zu sitzen, oder auch zweimal. Morgens oder abends könnte ein guter Zeitpunkt sein, oder wann immer Sie ungestört sind. Finden Sie heraus, welche Zeit für Sie am geeignetsten ist und bleiben Sie dann jeden Tag dabei. Manchen Menschen hilft es, diese Momente ganz offiziell in ihren Terminkalender einzutragen. Besonders zu Beginn einer Praxis müssen wir uns oft offiziell dazu verpflichten, damit sie im Laufe der Zeit zu einer Gewohnheit werden kann.

Wenn Sie fragen, *wann* man Achtsamkeit übt, lautet die Antwort: immer. Wir legen eine Zeit für das achtsame Sitzen und Gehen fest, doch unser Ziel ist es, eine Haltung mitfühlender Präsenz in jedem Augenblick unseres Lebens entwickeln zu können. Wir versuchen diese Präsenz auszudehnen und so für immer längere Zeiträume achtsam zu sein. Um diese kontinuierliche Präsenz zu entwickeln, kann man sich Achtsamkeits-Erinnerungen setzen. Das Läuten der Schulglocke könnte Ihr Zeichen sein, drei achtsame Atemzüge zu nehmen. Erinnern Sie sich vor Beginn jeder Stunde daran, Ihren Kindern liebevolle Gedanken zu senden. Jedes Mal, wenn Sie bemerken, dass Sie zerstreut oder irritiert sind, können Sie zu einigen bewussten achtsamen Atemzügen zurückkehren. Der richtige Zeitpunkt ist immer jetzt.

Wo

Suchen Sie sich für Ihre Achtsamkeitspraxis einen ruhigen Platz, an dem Sie so ungestört wie möglich sind. Sie können an diesem Platz Gegenstände oder Bilder aufstellen, die Sie beruhigend finden oder besonders mögen. Selbst wenn es sich nur um die Ecke eines Zimmers handelt, kann es ein richtiger Wohlfühlort werden. Auch in Ihrem Klassenzimmer können Sie solch eine spezielle Ecke einrichten. Sie könnten zum Beispiels ganz einfach eine Vase voll Blumen in eine Ecke des Zimmers stellen und sich daran erinnern, ein paar Mal pro Tag in diese Ecke zu gehen, um einige Augenblicke lang still zu sitzen und zu atmen. Erinnern Sie sich daran innezuhalten und den Duft der Blumen zu riechen.

Wenn Sie fragen, *wo* Sie Achtsamkeit praktizieren können, lautet die Antwort: überall. Obwohl es hilfreich ist, sich einen speziellen Ort zu suchen, dient dieses Training nur dazu, es uns später auf dem Spielfeld leichter zu machen. Einer der besten Übungsplätze ist die Natur. Gehen Sie am Strand spazieren, in den Bergen, oder auf einer Straße, die mit Bäumen bepflanzt ist. Suchen Sie sich einige Orte in Ihrer Umgebung, die Ihnen als Achtsamkeits-Erinnerung dienen. Wenn es Ihre Eingangstür und die Stufen sind, die hinauf zu Ihrer Schule führen, dann rufen Sie sich jedes Mal, wenn Sie die Tür öffnen, achtsam in Erinnerung, die Türklinke bewusst in Ihrer Hand zu spüren, und wenn Sie die Stufen hinaufgehen, spüren Sie, wie Ihre Beine Sie von Stufe zu Stufe tragen. Wenn Sie das Licht des Gewahrseins auf jede Erfahrung Ihres Lebens werfen, dann wird sehr bald Ihre ganze Welt in diesem Licht erstrahlen.

Wie

In diesem Abschnitt werde ich Ihnen vier Achtsamkeitsübungen vorstellen. Wir werden lernen, Körpergewahrsein, Aufmerksamkeit, Herzensöffnung und ein Gefühl der Verbundenheit zu entwickeln. Ich empfehle Ihnen, mindestens einen Monat lang zumindest einmal täglich zu üben, um die Wirkung auf Ihren Körper, Ihren Geist, Ihr Herz und Ihre

Beziehung zur Welt beurteilen zu können. Verpflichten Sie sich dazu, jeden Tag zu sitzen, und sehen Sie es nicht als Selbstdisziplin, sondern als Geschenk an sich selbst.

Irgendwann wird unsere Achtsamkeitspraxis zu einer Heimatbasis, zu der wir gerne zurückkehren, doch anfangs kann es sein, dass sie uns wie ein weiterer lästiger Punkt auf unserer Erledigungsliste erscheint. Versuchen Sie diese Zeit als Gelegenheit zu sehen, um Ihren Geist zu entschleunigen und sich in Ihr Herz fallen zu lassen. Und wenn Sie gerade absolut keinen anderen Nutzen an Ihrer Achtsamkeitszeit finden, dann sehen Sie es einfach als eine Zeit, in der Sie ausnahmsweise einmal nichts anderes tun müssen. Sie müssen nicht ans Telefon gehen, nicht auf Ihre Schüler, ja nicht einmal auf ihre nervenden Gedanken reagieren. Dies ist Ihre Zeit.

Wenn Sie fragen, *wie* Achtsamkeit praktiziert wird, dann lautet die Antwort: wie auch immer Sie können. Klassischer Weise wird Achtsamkeit im Sitzen, Gehen, Stehen und Liegen gelehrt. Das deckt die meisten Positionen ab, die wir tagtäglich einnehmen. Sie können achtsam joggen, Ski fahren, tanzen, vor der Kasse in der Schlange stehen, in Ihrer Badewanne liegen oder in einem Café sitzen. Achtsamkeit tritt in den unterschiedlichsten Erscheinungsformen auf. Irgendwann können wir dann in jeder Haltung und in allem, was wir tun, achtsam sein, doch um diese Fähigkeit zu entwickeln, beginnen wir mit Übungen im Sitzen und Gehen.

Wir werden Aufmerksamkeit, Herzensöffnung und Verbundenheit im Sitzen üben. Dabei ist es wichtig sich daran zu erinnern eine entspannte aber fokussierte Haltung einzunehmen. Sitzen Sie aufrecht, mit einem Gefühl von Vornehmheit, wie ein König oder eine Königin. Lassen Sie Ihren Körper gleichzeitig bewusst auf der Erde ruhen. Je nachdem was für Sie bequem ist, können Sie auf dem Boden oder auf einem Sessel sitzen, oder sich, falls notwendig, auch hinlegen.

Welche Haltung Sie auch einnehmen, erinnern Sie sich an die zwei unverzichtbaren Säulen der Achtsamkeit: Fokus und Entspannung. Die erste Säule unserer Achtsamkeitspraxis ist unsere fokussierte Aufmerksamkeit. Die Achtsamkeitspraxis verfeinert unsere Aufmerksamkeit und verankert uns im gegenwärtigen Moment. Wenn wir uns einer Achtsamkeitspraxis verpflichten, dann kräftigen wir damit unseren „Aufmerksamkeitsmuskel“. Doch wenn wir uns nur auf die Fokus-Säule stützen, kann es passieren, dass wir zu gestresst und perfektionsorientiert an die Übungen herangehen.

Da kommt uns die zweite Achtsamkeits-Säule zu Hilfe: die Entspannung. Achtsame Entspannung ebnet uns den Weg, um wertfrei und mitfühlend zu betrachten und im Fluss sein zu können. In unserer Achtsamkeitspraxis lernen wir anzunehmen, was immer sich zeigt: Glück, Traurigkeit, Schmerz, Freude, blauer Himmel und Regen. Wir lassen uns vom Fluss mitreißen und nehmen die Welt genauso an, wie sie ist – und uns selbst ebenso.

Wenn wir uns nur treiben lassen, kann es natürlich passieren, dass wir Schwierigkeiten bekommen, unseren Lehrplan einzuhalten, doch unsere erste Säule, unser klarer Fokus, hilft uns, den vielen echten Verpflichtungen in unserem Leben nachzukommen. Hier ist eine kurze Übung, die dazu gedacht ist, sich mit den zwei Säulen der Achtsamkeit zu verbinden.

Übung für Fokus und Entspannung

Während Sie diese Worte lesen, wo immer Sie auch gerade sind, nehmen Sie das Gewicht Ihres Körpers wahr und spüren Sie, wo er den Boden unter Ihnen berührt. Welche Aufgaben Sie auch zu erfüllen haben, über welche vergangenen oder zukünftigen Dinge Sie sich auch immer gerade den Kopf zerbrechen, lassen Sie Ihren gesamten Körper für diesen kurzen Augenblick einfach schmelzen. Entspannen Sie mit dem nächsten Ausatmen Ihren ganzen Körper, so als ob Sie in einem warmen Bad säßen. Fokussieren Sie Ihre Aufmerksamkeit mit dem nächsten Einatmen und richten Sie Ihr Rückgrat sanft auf. Richten Sie Ihre ganze Aufmerksamkeit auf Ihren Atem und Ihren aufgerichteten Körper. Sie können sich bei jedem Ausatmen entspannen und bei jedem Einatmen bewusst fokussieren. Versuchen Sie einige Minuten lang so zu atmen, aufrecht beim Einatmen und loslassend beim Ausatmen. Versuchen Sie nun einige Minuten lang gleichzeitig entspannt und aufgerichtet zu sitzen. Schauen Sie, ob es Ihnen gelingt, zur selben Zeit vollkommen fokussiert und vollkommen entspannt zu sein. Ihre Muskeln können sich entspannen, während Sie Ihre Aufmerksamkeit auf Ihren Atem fokussieren.

Versuchen Sie während des Tages so oft wie möglich zu dieser Übung zurückzukehren. Sie können Sie auch etwas abwandeln, während Sie vor der Klasse stehen. Richten Sie Ihre Aufmerksamkeit einfach auf Ihre Füße, spüren Sie, wo diese den Boden berühren, entspannen Sie Ihren Körper und fokussieren Sie gleichzeitig Ihre Sinne. Als Lehrer wissen wir, dass wir unsere besten Momente im Unterricht erleben, wenn sich Fokus und kreativer Flow die Waage halten.

Körpergewahrsein kultivieren

Während einer Stunde in einer dritten Klasse erhielt ich eine unmissverständliche Lektion über die Notwendigkeit, Achtsamkeit von unserem Körpergewahrsein aus anzugehen. Wir hatten uns nach etlichen Wochen gemeinsamer Arbeit angewöhnt, jede Stunde mit einem Glockenzeichen und fünfminütigem, stillen Atmen zu beginnen. In den ersten gemeinsamen Achtsamkeitsstunden waren die Schüler sehr leicht abzulenken gewesen, doch im Laufe der Zeit hatten sie Gefallen an den Übungen gefunden und waren mittlerweile durchaus mit einem gewissen Ernst bei der Sache. Eines Tages, nach vier oder fünf Wochen gemeinsamer Arbeit, saßen wir gerade auf dem Boden und atmeten, als ich ein Rascheln hörte, aufblickte und sah, wie eine Schülerin mit ihren Heften und Papieren herumspielte. Ich merkte, dass diese Geräusche die anderen Schüler irritierten und spürte, wie sich in meiner Kehle ein leichtes Unbehagen zu manifestieren begann. Dann beobachtete ich, wie sie an einer Dose Büroklammern herumnestelte und diese schließlich vom Tisch auf den Linoleumboden beförderte, auf dem die Dose samt Inhalt mit einem klirrenden Geräusch landete.

Natürlich blickten nun alle anderen Schüler auf und als ich sie gerade auffordern wollte, sich wieder auf ihren Atem zu konzentrieren, merkte ich, dass ich sowohl die unangenehme Energie im Raum, wie auch meinen eigenen Ärger unter Kontrolle bringen wollte. Mein Herz ging auf und ich nahm die fast greifbare Spannung im Raum wahr, der dieses Mädchen Ausdruck verliehen hatte, die wir jedoch alle spüren konnten. Ich wandte mich dem Mädchen zu und sagte: „Ich merke, dass Du Dich ziemlich viel bewegst. Bis jetzt warst Du immer sehr ruhig während unserer Atemübungen. Was ist denn heute anders? Brauchst Du irgend etwas?“ Noch im selben Atemzug sage sie: „Mir fällt es so schwer, still zu sitzen. Können wir diese Schüttel-Still-Übung noch einmal machen?“

In einer früheren Stunde, in der die Klasse ziemlich unruhig gewesen war, hatte ich mit ihnen eine Übung gemacht, bei der wir uns immer wieder schüttelten und dann vollkommen still wurden. Die natürliche Energie der Kinder zu unterdrücken, ist wirklich das Letzte, was ich möchte. Wenn die Schüler das Gefühl haben, sich schütteln zu müssen, dann sollen sie das gerne tun, wenn sie das Gefühl haben, ihre Wut ausdrücken zu müssen, ebenso. Was immer für den Körper richtig ist, kann auf gesunde Weise angenommen und ausgedrückt werden.

„Das ist eine gute Idee“, sagte ich. „Lasst uns unseren Körper schütteln und dann ganz still werden. Danach können wir die achtsame Atemübung wiederholen.“ Wir machten die Schüttel-Still-Übung einige Male, saßen danach fünf Minuten lang bei unserer Atemübung und genossen das Gefühl, nun wirklich zur Ruhe gekommen zu sein. Diese Schülerin hatte wesentlich besser als ich selbst gespürt, was die Klasse in diesem Augenblick wirklich brauchte. Sie wusste, dass ihr energetisches System noch nicht bereit war, still zu sitzen und dass sie erst mit ihrem Körper in Kontakt treten musste, bevor sie irgend etwas anderes tun konnte. Das Unbehagen, das ich in meinem Körper bemerkt hatte, war ein Hinweis darauf, die hektische Energie im Raum nicht unbeachtet zu lassen. Wenn wir genau hinhören, hat uns jede Erfahrung etwas zu sagen. Als ich mein eigenes Unbehagen neugierig betrachtete und mich daran erinnerte, auf meine Schüler zu hören, konnte ich meinen vorgefassten Plan loslassen und mich für das öffnen, was in diesem Augenblick tatsächlich nötig war.

Unser Körper birgt einen großen Schatz an Weisheit, zu dem wir jedoch oft die Verbindung verlieren. Unser Körper ist unser Fahrzeug in diesem Leben, nicht nur um unser Gehirn von einem Ort zum anderen zu tragen, sondern auch als Hilfsmittel, um mit der Welt in Verbindung zu treten. Unser Körper ist es, in dem wir unsere Emotionen spüren und unsere Gedanken denken. Unsere Sinne sind dazu da, um uns Informationen zu liefern. Es ist ein weit verbreitetes Missverständnis, dass es ein Ziel einer Achtsamkeitspraxis sei, die Schwierigkeiten unseres menschlichen Körpers hinter uns zu lassen. Das ist nicht der Fall. Es ist eine wunderbare Sache, sich mit seinem Körper anzufreunden und sich darin zu Hause zu fühlen, auch wenn uns der Rücken wehtut, unser Herz traurig ist oder wir gerade eine ganze Palette an unangenehmen Körperempfindungen wahrnehmen. Ja, unsere Aufmerksamkeit auf diese schwierigen Empfindungen in unserem Inneren zu richten, bringt uns das Wissen, das nötig ist, um zu lernen und zu heilen.

Die einfachsten Wege, um Körpergewahrsein zu entwickeln, sind oft die besten. Gehen Sie spazieren, gehen Sie surfen, tanzen oder arbeiten Sie in Ihrem Garten – Im Grunde genommen können Sie alles tun, was Ihnen Spaß macht, wenn Sie es mit einem vertieften Bewusstsein für Ihren Körper tun. Andere Praktiken, die sich gut dafür eignen, sind Yoga, Tai Chi, Aikido und andere Kampfkünste und Bewegungsformen. Viele dieser Praktiken basieren darauf, Bewusstheit für den eigenen Körper zu entwickeln, oft mit dem Atem als zentralem Bestandteil.

Körpergewahrseinsübung: Achtsames Gehen

Vorbereitung

Suchen Sie sich zuerst einen ruhigen Ort, an dem Sie ungestört sind. Das kann im Haus aber auch draußen in der Natur sein. Wählen Sie eine kurze Distanz, z. B. zehn Schritte, um auf dieser Strecke achtsames Gehen zu praktizieren. Wenn wir achtsames Gehen praktizieren, ist unser Bestimmungsort hier und unser Ziel jetzt.

Übung

Nehmen Sie wahr, wie die Schwerkraft Sie behutsam auf der Erde hält. Nehmen Sie wahr, welche Empfindungen Sie gerade in Ihrem Körper spüren, welche Gefühle gerade in Ihnen lebendig sind und in welchem Zustand sich Ihr Geist befindet.

Gehen Sie zu Beginn sehr langsam, damit Sie jede Bewegung Ihres Körpers spüren können. Richten Sie Ihre Aufmerksamkeit auf die Auf- und Abwärtsbewegung Ihrer Füße, wie sie gegen den Boden drücken und sich dann in die Luft heben. Seien Sie neugierig auf die Bewegungen und beobachten Sie aufmerksam, wie sich bei jedem Schritt Ihre Hüften, Ihre Schultern und Ihr Kopf neigen, wie jeder einzelne Teil Ihres Körpers sich anspannt und entspannt und balancierend zur Vorwärtsbewegung beiträgt.

Machen Sie etwa zehn Schritte, bevor Sie stehen bleiben, dann spüren Sie einen Augenblick lang den Atem in Ihrem Körper, drehen Sie sich achtsam um und gehen Sie zehn Schritte zurück. Wie Sie sehen, gehen wir nirgends hin. Wir versuchen nicht, irgendwo anders hinzugelangen, sondern üben, mit jedem einzelnen Schritt im gegenwärtigen Augenblick anzukommen, anzukommen, anzukommen.

Anschließende Reflexion

Möglicherweise merken Sie nach zehn Schritten, dass Sie die ganze Zeit über Ihre Steuererklärung nachgedacht haben. Ärgern Sie sich nicht darüber. Nehmen Sie einfach wahr, dass Ihr Geist immer versucht, sich mit irgend etwas anderem zu beschäftigen, als mit dem, was hier und jetzt geschieht. Nachdem Sie sich das bewusst gemacht haben kehren Sie sanft zu den Empfindungen Ihres Körpers in Bewegung zurück. Sie können auch zu sich selbst sagen: „Ich habe mich wieder einmal in Zerstreuung verloren, danke für eine weitere Möglichkeit zu meinem Körper, meinem Herzen und dem gegenwärtigen Augenblick zurückzukehren." Sie erinnern sich: unsere mitfühlende Einstellung spielt eine entscheidende Rolle.

Zusätzliche Hinweise und Ratschläge

- Achtsames Gehen lässt sich wunderbar draußen in der Welt praktizieren: ein langer Spaziergang in der Natur, den Wind spüren, das Singen der Vögel hören und die Farben der Welt sehen. Erinnern Sie sich daran, sich nicht zu beeilen. Nehmen Sie sich die Zeit, um alle Botschaften wahrzunehmen, die Ihre Umgebung Ihnen sendet.
- Wenn Gehen für Sie durch eine Verletzung oder Behinderung schwierig ist, kann man diese Übung auch ganz leicht machen, ohne einen Fuß vor den anderen zu setzen. Nehmen Sie wahr, wie Ihre Hand ganz langsam den Rollstuhl bewegt, oder wie sich Ihre Arme heben und senken. Es geht darum unsere Aufmerksamkeit auf unseren Körper und unsere unmittelbare Umgebung zu richten und nicht darum von einem Ort zum anderen zu gelangen.
- Andere Beispiele für Körpergewahrseinspraktiken sind Qi-Gong, Yoga, Pilates, Tanz oder jede körperliche Aktivität, bei der die Aufmerksamkeit auf unsere Sinneswahrnehmungen gelenkt wird. Einige Praktizierende finden, dass achtsames Gehen den Einstieg zur Achtsamkeit erleichtert, weil Stillsitzen sich anfangs für sie so unbequem anfühlt. Falls das auf Sie zutrifft, können Sie immer achtsam Gehen statt zu Sitzen. Nutzen Sie die Zeit zwischen Ihren Stunden oder wann immer Sie 15 Minuten Zeit haben, um aus Ihren kreisenden Gedanken auszusteigen und sich durch achtsame Bewegung in Ihrem Körper zu verankern.

Aufmerksamkeit kultivieren

Wir können mit unseren Augen, unseren Ohren, unserem Tastsinn, unserem Atem, unserem Geschmackssinn fokussieren – ja wir können sogar die Natur des Denkens selbst ins Zentrum unserer Aufmerksamkeit stellen. Wenn Sie etwas wahrnehmen können, dann können Sie auch Ihre Aufmerksamkeit darauf richten. Welches Phänomen wir auch wählen, um unser Gewahrsein darin zu verankern, die Praxis an sich bleibt im Grunde dieselbe. Wir verankern unseren Geist in einem Bereich unseres Erlebens und beobachten dann die Wellen, die uns ablenken, uns in die eine oder andere Richtung ziehen. Dann lassen wir uns vom Anker wieder zum Objekt unserer Aufmerksamkeit zurückbringen. Wenn wir bemerken, dass wir abgelenkt waren, tun wir es sanft, ohne uns darüber zu ärgern. Wir sehen es einfach als eine weitere Gelegenheit, um voll und ganz präsent zu sein.

Sie können Metaphern verwenden, die Ihnen dabei helfen, sich nicht ablenken zu lassen, so wie die Vorstellung vorbeiziehender Wolken oder eines vorbeifahrenden Zugs, auf den wir nicht aufspringen. Ich habe in vielen High-School Mannschaften Achtsamkeitspraktiken unterrichtet. Bei Baseballteams sage ich zum Beispiel: „Während Ihr Euch achtsam auf Euren Atem konzentriert, könnt Ihr einen vorbeiziehenden Gedanken einfach wahrnehmen wie einen Wurf außerhalb der Strike-Zone. Ihr verspürt vielleicht das Bedürfnis auszuholen, doch Ihr lasst den Gedanken einfach vorbeiziehen und konzentriert Euch auf Euren Atem." Wenn ich mit kleinen Kindern arbeite, lasse ich sie oft ihre Augen schließen und ihre Gedanken-Schmetterlinge mit einem Netz einfangen.

Wenn wir die Möglichkeiten erkunden, unseren Geist zu festigen, ist es oft sehr hilfreich, sich gewissenhaft zu konzentrieren, aber trotzdem nicht zu streng mit sich zu sein. In vielen von uns sitzt ein strenger innerer Schulmeister, der uns eins auf die Finger gibt, wenn wir etwas nicht ganz richtig machen. Unser innerer Lehrer spielt eine wichtige Rolle beim Fokussieren der Aufmerksamkeit, doch genau wie wir unsere Kinder mitfühlend unterrichten, müssen wir auch mitfühlend mit uns selbst sein.

Unser Geist ist voll wirbelnder Gedanken, besonders in unserer heutigen medienerfüllten Zeit. Sobald wir uns auch nur eine Minute lang hinsetzen, erleben wir, was uns vorkommt wie eine Flut an nicht zu bremsendem Gedankenkram.

Achtsamkeit hilft uns, das Gleichgewicht, die Geduld und die Aufmerksamkeit zu entwickeln, die wir brauchen, um den Sumpf unseres geistigen Chaos zu durchwaten. Wir sind aufmerksam ohne zu werten und beobachten, wie all die Gedanken, Gefühle und Empfindungen vorbeiziehen, als ob wir auf einem Felsen in einem Fluss säßen und das plätschernde Wasser um uns herum und an uns vorbei fließt.

Durch das Kräftigen unseres Aufmerksamkeitsmuskels können wir eine Wachheit entwickeln, durch die wir uns weniger oft und weniger intensiv in einem Strom an wertenden und angsterfüllten Gedanken verlieren. Durch unsere beständige Präsenz bilden wir neurale Verbindungen, die unsere Reaktivität verringern und uns dabei unterstützen, unser Herz für alle vorbeiziehenden Phänomene offen zu halten. Ohne uns in den Wellen zu verlieren, lernen wir, geankert zu bleiben und gekonnt zu navigieren.

Aufmerksamkeitsübung: Achtsames Atmen

Vorbereitung

Setzen Sie sich hin und nehmen Sie eine Haltung ein, die sowohl aufrecht und vornehm als auch entspannt und liebevoll ist. Spüren Sie in Ihren Köper, der groß und aufrecht dasitzt, während Sie Ihre Muskeln sanft schmelzen lassen.

Übung

Richten Sie Ihre Aufmerksamkeit in dieser aufrechten Sitzposition auf die Empfindungen Ihres Atems in Ihrem Bauch. Beobachten Sie mit aufmerksamem Interesse Ihr Einatmen und Ihr Ausatmen.

Lassen Sie den Atem ganz natürlich aus- und einfließen. Versuchen Sie nicht, ihn zu verändern. Ist der Atem flach oder tief, angespannt oder entspannt, kurz oder lang? Nehmen Sie den Atem genauso, wie er ist; wenn er flach ist, dann lassen Sie ihn flach sein, wenn er angespannt ist, dann betrachten Sie diesen angespannten Atem mit liebevoller Aufmerksamkeit.

Schauen Sie, ob Sie sowohl die aufrechte Aufmerksamkeit als auch das entspannte Gefühl, die Dinge genau so sein zu lassen, wie sie sind, beibehalten können, während Sie Ihren Atem beobachten.

Ihr Geist wird unweigerlich abschweifen. Sobald Sie bemerken, dass Sie an andere Dinge denken, kehren Sie einfach zu Ihrem Atem zurück. Es hat keinen Sinn, sich deswegen zu ärgern oder zu kritisieren. Die Tatsache, dass Sie es bemerkt haben, bedeutet bereits, dass Sie aufmerksam sind und das sind gute Neuigkeiten, denn jetzt können Sie wieder zu Ihrem Atem zurückkehren.

Bleiben Sie mit Ihrer Aufmerksamkeit bei den Empfindungen Ihres Atems. Vielleicht können Sie auch eine liebevolle Beziehung zu Ihrem Atem aufbauen und die Atembewegungen genießen. Nehmen Sie die Feinheiten des Atemkreislaufs wahr. Lassen Sie den Atem zu einem Faden werden, dem Sie folgen, während Sie beobachten, wie sich die Erfahrung des gegenwärtigen Augenblicks entfaltet.

Anschließende Reflexion

Wenn wir Achtsamkeit praktizieren, betrachten wir unseren Geist wie in einem Spiegel. Was wir darin erblicken, kann ein aufgebrachter Geist oder ein ruhiger Geist sein – eben genau der Gemütszustand, in dem wir uns gerade befinden. Der Sinn von Achtsamkeit besteht nicht darin, unsere Gedanken loszuwerden oder in einen Zustand vollkommener Glückseligkeit zu verfallen. Die Intention einer Achtsamkeitspraxis ist, sich der Wahrheit bewusst zu werden. Wenn ihr Geist also voller Gedanken und ihr Herz schwer ist, dann ist es aus Perspektive der Achtsamkeit ein Erfolg auf ganzer Linie, wenn Sie Ihre Übungszeit damit verbringen, diese ganze Aufregung einfach zu betrachten. Statt einen bestimmten Geisteszustand herstellen zu wollen, um glücklich zu sein, können wir einfach besonders nett zu uns sein und unseren Geist genau so annehmen, wie er ist.

Herzlichkeit kultivieren

Das Ziel der Herzensöffnung oder Herzlichkeit ist es, eine mitfühlende Präsenz, ein bedingungslos offenes Herz zu entwickeln, vergleichbar mit dem, was wir empfinden, wenn wir ein süßes Baby sehen. Wir lernen dann, dieses Mitgefühl auf uns selbst und alle anderen Wesen, ja selbst die nervtötenden, auszudehnen. Liebe und Fürsorge für ein strahlendes und glucksendes Baby zu empfinden, ist keine große Sache, doch einen hingebungsvollen Trotzanfall mit offenem Herzen zu überstehen, ist schon eine Herausforderung.

Wir weiten unser Mitgefühl aus, indem wir immer mitfühlender uns selbst gegenüber werden. Wenn wir unser eigenes Herz betrachten, dann blickt uns da manchmal ein glückliches Baby, andere Male jedoch ein durch und durch trotziges Kleinkind entgegen. Durch unsere Praxis lernen wir, die Freude, die Liebe, die Dankbarkeit und andere heilsame Eigenschaften in uns zu nähren und schwierige Emotionen wie Wut, Eifersucht, Angst und Trauer mit liebevoller Aufmerksamkeit zu betrachten.

Wenn man kleine Kinder auffordert, sich selbst liebevolle Gedanken zu senden, dann umarmen sie sich fest und wünschen sich selbst Glück, Geborgenheit, Gesundheit und Frieden. Sie sagen nicht: „Ich bin nicht sicher, ob ich das alles überhaupt verdiene“, oder: „Gibt es nicht jemanden, der das mehr verdient als ich?“ Sie lächeln einfach und senden sich liebevolle Gedanken. Wenn man sie fragt, was sie sich sonst noch wünschen, sagen sie Dinge wie: „Möge jeder Tag mein Geburtstag sein“, oder: „Möge nie wieder jemand gemein sein". Die meisten kleinen Kinder haben noch nicht gelernt, ihr Herz zu schützen.

Achtsamkeit des Herzens beginnt mit der radikalen Praxis, uns daran zu erinnern, wie leicht wir unsere Herzen geöffnet haben, als wir noch im Kindergarten waren. Als Erwachsener haben wir bereits viele Schichten eines emotionalen Panzers um uns errichtet. Dafür hatten wir gute Gründe; wir wollten uns vor der unsanften Realität schützten. Doch wenn wir unser Herz mit einem Panzer einschließen, schränken wir leider auch unsere Fähigkeit ein, Liebe zu geben und zu empfangen und verlieren schließlich die Verbindung zu uns selbst.

Wenn ich Teenagern Herzensöffnung näher bringen will, dann finden sie das oft kitschig, lahm oder gefühlsduselig. Dann spreche ich mit den Schülern darüber, wie traurig ich es finde, dass wir es cool finden, gemein zueinander zu sein und uns gegenseitig schlecht zu machen. Ich frage sie: „Warum findet Ihr es uncool, liebevoll und verletzlich zu sein? Wir wollen doch alle gemocht werden, warum ist es dann kitschig, freundlich zueinander zu sein? Haltet Ihr es nicht für eine jämmerliche Strategie, andere schlecht zu machen, um gemocht zu werden?"

Das führt meist zu einer faszinierenden Diskussion. Sobald wir einmal ehrlich zugegeben haben, dass wir alle so angenommen werden wollen, wie wir sind, dann frage ich: „Wer hat jetzt Lust auf ein wenig Gefühlsduselei?" Ich habe die Erfahrung gemacht, dass dieses Gespräch das Interesse und die Neugier der Teenager weckt. Es eröffnet den Schülern einen Weg, die Kraft zu begreifen, die in ihrer Verletzlichkeit steckt. Meiner Erfahrung nach macht sich Entspannung im ganzen Raum breit, wenn die Schüler den Mut finden, den anderen einen authentischen Teil von sich selbst zu zeigen. Jeder möchte seinen Panzer ein klein wenig öffnen und die wahren Gefühle seines Herzens mit den andern teilen können. Ein Schüler beginnt und die anderen folgen lawinenartig. So wird Verletzlichkeit zu einem mutigen Akt, der Respekt verdient und nicht Schikane oder Abwertung.

Als Lehrer und Menschen, die mit Kindern arbeiten, wissen viele von uns genau, wie man für andere sorgt, doch oft haben wir vergessen, wie wir gut für uns selbst sorgen können. Wir sagen den Kindern, sie sollen nett zueinander sein, doch wenn wir unseren eigenen Geist betrachten, sehen wir, wie grausam wir zu uns selbst sind. Unaufhörlich richten wir über uns, vergleichen uns mit anderen und machen uns schlecht. Um wirklich mitfühlend mit anderen sein zu können, müssen Sie sich um die Person kümmern, die Ihre Liebe und Fürsorge am allermeisten verdient: Sie selbst. Das bedarf auch keiner komplizierter Nachforschungen. Nehmen Sie einfach die aufrichtige Zuneigung, die Sie für Ihre Kinder empfinden und senden Sie sie an sich selbst.

Die folgende Übung zur Herzensöffnung greift auf diese Qualität zurück: auf das Mitgefühl, das Sie für Ihre Schüler empfinden. Sie können lernen, mit sich selbst Mitgefühl zu haben. Wenn wir beginnen, Mitgefühl mit uns selbst zu entwickeln, stoßen wir möglicherweise auf Selbstverurteilungen, Scham und einschränkende Glaubensmuster. Statt unsere schwierigen Gefühle einfach entsorgen zu wollen, erhellen wir sie mit dem Licht des Mitgefühls, das unseren inneren Panzer zum Schmelzen bringt. Wir lernen, das weinende und trotzige Kind in uns in den Armen zu halten. Mit einem integrierten, emotionalen Selbst können wir unser Mitgefühl, unsere Vergebung und unsere Liebe in die Welt tragen. Wir versuchen nicht, die Welt zu verändern, sondern verkörpern Mitgefühl und lieben die Welt, wie sie ist.

Übung für die Achtsamkeit des Herzens: Liebevolle Wünsche

Vorbereitung

Finden Sie eine bequeme Sitzposition, in der Sie gut entspannen können.

Übung

Richten Sie Ihre Aufmerksamkeit auf Ihre Brust und Ihr Herz. Schauen Sie, welche Gefühle und Empfindungen Sie dort vorfinden. Versuchen Sie nicht, irgend eine bestimmte Erfahrung zu machen, lassen Sie sich einfach mit Ihrem Gewahrsein in Ihrem Herzen nieder.

Sobald Sie sich entspannt und konzentriert fühlen, stellen Sie sich ein Kind vor, das Ihnen am Herzen liegt, ein Kind, das in Ihnen liebevolle Gefühle auslöst. Sehen Sie dieses Kind vor Ihrem inneren Auge und beobachten Sie, was Sie in Ihrem Herzen fühlen. Vielleicht bemerken Sie ein glückliches, mitfühlendes, zärtliches oder irgendein anderes wohlwollendes Gefühl.

Richten Sie nun folgende Wünsche an das Kind, entweder in Gedanken oder laut, und bleiben Sie mit Ihrer Aufmerksamkeit bei Ihrem Herzen.

- Mögest Du glücklich sein.
- Mögest Du Dich sicher und geborgen fühlen.
- Mögest Du gesund sein.
- Mögest Du in Frieden leben.

Wiederholen Sie diese Wünsche einige Male und bleiben Sie mit Ihrer Aufmerksamkeit bei Ihrem Herzen.

Nun richten Sie diesen liebevollen Blick auf sich selbst. Senden Sie diese wohlwollenden Wünsche mit derselben liebevollen Güte an sich selbst und achten Sie darauf, wie das Ihren Körper verändert.

- Möge ich gesund sein.
- Möge ich mich sicher und geborgen fühlen.
- Möge ich gesund sein.
- Möge ich in Frieden leben.

Wenn Sie sich bereit fühlen, gehen Sie mit Ihrer Aufmerksamkeit einige Atemzüge lang zu den Empfindungen in Ihrem Herzen zurück, diesmal ohne die Sätze zu sagen. Sitzen Sie einfach und nehmen Sie wahr. Wenn Sie bereit sind, öffnen Sie sanft Ihre Augen.

Anschließende Reflexion

Wir haben uns zu Beginn dieser Übung ein Kind vorgestellt, für das wir ganz leicht Liebe und Fürsorge empfinden können. Wir müssen nicht viel tun, um unser Herz zu öffnen – wir stellen uns ein liebenswertes Kind vor und unser Herz reagiert. Sobald wir unser Herz geöffnet haben, können wir diese Zuwendung nach innen richten und uns selbst diese liebevolle Akzeptanz senden. Das ist Balsam für unser Herz.

Wenn wir uns selbst liebevolle Zuwendung senden, dann laden wir damit die Batterie unseres Herzens auf. Von dieser emotionalen Fülle aus können wir auch anderen wesentlich leichter liebevolle Zuwendung zuteil werden lassen. Wir können jedem unserer Schüler, bevor sie in die Klasse kommen, in unserer Vorstellung diese liebevollen Gedanken senden. Herzensöffnung auf fortgeschrittenem Niveau bedeutet, liebevolle Gedanken an Kollegen, Schüler und Familienmitglieder zu senden, die uns auf die Nerven gehen, oder selbst an die, gegen die wir ernsthaften Groll hegen. Wenn wir den Kreis unseres Mitgefühls ausdehnen, lernen wir zu vergeben und das Leiden der anderen zu verstehen.

Verbundenheit kultivieren

Bei dem Treffen der britischen psychoanalytischen Gesellschaft 1940, schockierte der berühmte Psychologe Donald Winnicott die psychoanalytische Gemeinschaft mit seiner Aussage: „So etwas wie einen Säugling gibt es nicht." Jede Mutter oder jeder Vater mögen vernünftigerweise fragen: „Was ist dann dieses Ding, das ich 20 Mal am Tag füttern muss?" Winnicott wollte damit sagen, dass es ein Baby außerhalb der Kontextes der Menschen, die für es sorgen, nicht geben kann. In einer gesunden Beziehung zwischen Neugeborenem und Bezugsperson gibt es eine Art Symbiose. Die zwei werden zu einer untrennbaren Einheit. Sie könnten sagen, auch eine Mutter existiert nicht, denn auch eine Mutter existiert niemals außerhalb der Kontextes Ihres Kindes. Genauso existiert ein Schüler nicht ohne einen Lehrer, oder ein Lehrer nicht ohne einen Schüler.

Wenn wir unseren Blick öffnen, dann sehen wir, dass es auch einen Menschen nicht gibt. Niemand hat je existiert ohne die Sonne, ohne Wasser, ohne die Bäume, die den Sauerstoff abgeben, den wir atmen. Jedes Lebewesen hängt untrennbar von anderen Wesen ab. Dieses Bewusstsein – das Bewusstsein der gegenseitigen Abhängigkeit – kann unsere Art in dieser Welt zu leben grundlegend wandeln.

Genauer betrachtet bietet die Wissenschaft eine wesentlich mystischere Erklärung unserer Existenz, als ein Romanautor sie sich je ausdenken könnte. Irgendwann kam es im reinen Nichts zu einem Urknall, bei dem

Atome im nahezu unendlichen Raum verteilt wurden. Die Bausteine, aus denen heute alles vom Stein bis zum menschlichen Gehirn gemacht ist, bestehen aus denselben atomaren Teilchen. In Fachbereichen von der Molekularbiologie bis zur Astrophysik entdeckt die moderne Wissenschaft ständig wie wundersam verknüpft unsere Welt ist. Von den großen Vorgängen im Universum bis hin zur perfekten Symbiose der einzelnen Moleküle in unserem Körper, – überall finden wir Beweise für eine tiefliegende, gegenseitigen Abhängigkeit aller Dinge.

Mit einem forschenden Blick werden Sie diese Verbundenheit erkennen. Setzen Sie sich einfach ruhig in die Natur und betrachten Sie mit offenem Interesse, was sich so um Sie herum abspielt. Wenn Sie genau genug hinhören, dann wird es Ihnen vorkommen, als ob die ganze Welt plötzlich erwacht. Der Wind, der durch die Bäume rauscht, der trällernde Ruf des Spatzen, eine große Vielfalt von subtilen Geräuschen in Ihrem Ohr. Wenn Sie einige Zeit lang zuhören, dann wird Ihnen vielleicht bewusst, dass die Welt schon die ganze Zeit wach war und dass Sie selbst es waren, der geschlafen hat, abgelenkt, gefangen in irgendwelchen Dramen Ihres Geistes. Es ist egal, wann Sie innehalten oder wann Sie sich erinnern, Ihr Atem ist immer da. Er wartet auf Sie. Die Welt um Sie herum und in Ihnen drin winkt Ihnen zu und lädt Sie ein, mit ihr zu feiern.

Verbundenheits-Übung: Nach außen und nach innen hören

Vorbereitung

Setzen Sie sich in einer ruhigen Umgebung bequem und aufrecht hin, schließen Sie langsam die Augen.

Übung

Richten Sie Ihre Aufmerksamkeit auf Ihren Atem, folgen Sie den Empfindungen in Ihrem Bauch, während Sie ein- und ausatmen. Machen Sie das einige Minuten lang und kehren Sie mit Ihrer Aufmerksamkeit zum Atem zurück, wenn Sie abschweifen.

Richten Sie nun Ihre Aufmerksamkeit nach außen, indem Sie achtsam auf die Geräusche in Ihrer Umgebung hören. Lassen Sie die Geräusche bei Ihren Ohren ankommen. Wo beginnt und wo endet dieses Geräusch? Hören Sie einige Minuten lang mit fokussiertem Interesse zu. Jedes Mal wenn Sie sich in Gedanken verlieren, kehren Sie zu den Geräuschen zurück. Nehmen Sie wahr, dass Sie sich in einem Feld von Klängen befinden, die auftauchen und wieder verschwinden.

Nun kehren Sie zu Ihrer inneren Welt zurück, indem Sie wieder Ihren Atem spüren. Hören Sie einige Minuten lang auf die inneren Empfindungen Ihres Körpers beim Ein -und Ausatmen.

Nun wechseln Sie wieder ins Außen und hören Sie einige Minuten lang auf die Geräusche um Sie herum. Öffnen Sie Ihr Gewahrsein sowohl für entfernte Geräusche als auch für die kleinen Geräusche in Ihrem Körper.

Nehmen Sie nun alle Phänomene innen und außen wahr: Gedanken, Empfindungen, Geräusche, Gerüche, Gefühle. Statt sich auf eine Sinneswahrnehmung zu konzentrieren, öffnen Sie Ihr Gewahrsein für alle Sinne gleichzeitig.

Wenn Sie bereit sind, öffnen Sie langsam Ihre Augen und nehmen Sie die Welt um sich herum mit derselben erweiterten Präsenz in sich auf. Schauen Sie, ob Sie diese offene Präsenz mit in Ihren Tag nehmen können.

Anschließende Reflexion

In dieser Übung pendeln wir mit unserer Aufmerksamkeit zwischen innerer und äußerer Welt hin und her und nehmen mit allen unseren Sinnen gleichzeitig wahr. Diese Übung hilft uns dabei, uns der Beziehung zwischen Innen- und Außenwelt bewusst zu werden. Wir sehen, wie Einflüsse von außen unseren inneren Zustand beeinflussen und unser innerer Zustand unser Handeln und unsere Beziehung zu anderen beeinflusst.

Wir beginnen unsere Achtsamkeitspraxis im Inneren, wir lernen unseren Körper zu entspannen, unseren Geist zu sammeln und zu konzentrieren und uns um unser Herz zu kümmern. Wenn wir das getan haben, können wie die Verbundenheitsübungen dazu nutzen, um die mitfühlende Achtsamkeit, die wir entwickelt haben, in die Welt zu tragen.

Emotionale Intelligenz kultivieren

Um zu Unterrichten, um ein Kind großzuziehen oder eine enge Beziehung zu führen ist ein gewisses Maß an emotionaler Reife unumgänglich. Viele unserer Handlungen (wir könnten fast sagen die meisten) werden von unbewussten Motiven gelenkt. In uns wirken unterschwellige Kräfte, die uns nicht bewusst sind und doch unser Verhalten beeinflussen, ganz besonders in den Beziehungen zu anderen. Stellen Sie sich Ihre innere Welt wie ein Klassenzimmer voller Schüler vor. Da gibt es all diese inneren Teile: den inneren Klassenclown, den inneren Lieblingsschüler des Lehrers, den inneren Vorzugsschüler, den inneren Rebellen. Wenn wir nicht jeden dieser Teile in uns bewusst wahrnehmen und lernen, ihren Bedürfnissen gerecht zu werden, dann herrscht in unserem inneren Klassenzimmer ständiger Unfrieden. Wir müssen erst lernen, in unserem Geist einen achtsamen, wertschätzenden Lehrer zu bestellen, jemanden der unser inneres Klassenzimmer im Auge behält und für es sorgt. Nur dann können wir selbst der mitfühlende Lehrer werden, der wir gerne sein wollen.

Alle unsere inneren Teile sind der natürliche Ausdruck dessen, was wir authentisch sind. Babys sind in dem einen Moment glückselig und im nächsten wutentbrannt. Die emotionalen Wellen der Kindheit fließen ungehindert bis sie auf die Ängste und Unsicherheiten der Lehrer und Eltern treffen. Unsere nächsten Bezugspersonen und unsere Lehrer prägen die Art und Weise, wie wir zu unserem inneren Klassenzimmer stehen.

Sie haben von ihren Lehrern und Eltern gelernt, welche Teile akzeptabel und welche inakzeptabel sind, und diese Botschaften an uns weiter gegeben. Das Kind spaltet diese Teile dann ab, denn es stellt fest, dass man seinen authentischen Ausdruck abschwächen oder verändern muss, um geliebt zu werden. Das ist die Geburtsstunde der *Verdrängung*, der Prozess, bei dem wir unser authentisches Selbst vor der Welt verstecken und eine Rolle entwerfen, um unsere grundlegenden Bedürfnisse gedeckt zu bekommen. Als ein lebendes Wesen beschließen wir, dass es sicherer ist, für ein falsches Selbst geliebt zu werden, als für ein authentisches ungeliebt zu bleiben. Wenn wir zum Direktor geschickt werden, weil wir zu dumm sind und zu viel Energie haben, dann lernt unser Klassenclown-Teil, dass er nicht akzeptiert wird, und wir entwickeln Selbstkritik, einen strengen inneren Schuldirektor, der uns sagt, dass dieser fröhliche und ausgelassene Teil nicht erlaubt ist und zensiert werden muss.

Eines der unvermeidlichen Nebenprodukte der Verdrängung ist eine unbewusste Strategie, die man *Projektion* nennt. Um Projektionen zu verstehen, denken Sie einfach an die Tage, an denen Sie nach einem Morgen, der besser nicht hätte laufen können, das Klassenzimmer betreten, alle Schüler lächeln und jeglicher Ärger einfach an Ihnen abprallt. Ein anderes Mal, wenn Sie sich belastet und bedrückt fühlen, betreten Sie das Klassenzimmer und alle Schüler scheinen Ihnen absichtlich auf die Nerven zu gehen, Ihre Kollegen sind rücksichtslos und alle Kinder im Flur mutieren zu kleinen Monstern! Im Gegensatz zu den glücklichen Tagen, an denen Sie Ihre rosarote Brille tragen, taucht unsere Angst die Welt in dunkle Farben. Wenn Sie sich noch nie mit dem Phänomen Projektion auseinandergesetzt haben, dann mag Ihnen das merkwürdig erscheinen, doch schon bald werden Sie bemerken, dass, wie Anaïs Nin sagt, „wir die Dinge nicht so sehen, wie *sie* sind, sondern so wie *wir* sind."

Insbesondere wenn uns die Erfahrungen in unserem Inneren unangenehm sind, projizieren wir Dinge ins Außen. Viele von uns sind in Familien aufgewachsen, in denen die Eltern uns sagten, dass sie uns liebten, wenn wir freundlich waren, und nicht, wenn wir wütend waren. „Wenn du deinem Ärger Ausdruck verleihen willst", so hieß es, „dann geh auf dein Zimmer." Mit anderen Worten: wenn du dem wütenden

Teil in dir Ausdruck verleihst, dann wird dir die Liebe entzogen. Unter diesen Umständen lernen wir, aus gutem Grund, unsere Wut zu unterdrücken, um die Liebe und Zuneigung zu erhalten, die wir brauchen, um zu gesunden menschlichen Wesen heranzuwachsen.

Sigmund Freud, der Vater der Psychoanalyse, sagte einmal: „Gefühle, die nicht ausgesprochen werden, verschwinden nicht einfach. Sie liegen gewissermaßen lebendig begraben unter der Oberfläche und kommen später in hässlicher Form wieder zum Vorschein." Die inneren Teile, die wir nicht annehmen und immer wieder zum Büro unseres inneren Schuldirektors schicken, gelten als Störenfriede, doch je mehr wir versuchen sie loszuwerden, desto mehr Dampf machen sie uns. Unsere Innenwelt besteht darauf, erlebt zu werden. Wenn wir ständig versuchen, schmerzhaften oder unangenehmen Erfahrungen aus dem Weg zu gehen, dann werden diese schmerzhaften Erfahrungen durch die Menschen um uns gespiegelt. Sie schleichen sich davon und projizieren sich auf die Außenwelt, damit es uns vorkommt, als würden sie jemandem anderen gehören. Was wir als zu schmerzhaft empfinden, um es in uns zu akzeptieren, projizieren wir nach außen.

Für Menschen, die mit Kindern arbeiten, ist es dringend notwendig, sich dieser Projektionen bewusst zu sein. Sagen wir, Sie hatten frühmorgens einen Streit mit Ihrer besseren Hälfte. Sie kommen in die Schule und obwohl Sie sich unsicher und gereizt fühlen, entscheiden Sie sich Ihrer Schüler wegen, ein fröhliches Gesicht aufzusetzen und Ihre Gefühle zu unterdrücken. Das mag eine zeitlang gut gehen, doch jedes Mal, wenn ein Schüler irgend etwas fallen lässt oder ein wenig länger braucht, um etwas zu verstehen, ist da dieser unterschwellige Ärger. Da wäre es doch ein Leichtes, auf irgendeinen Schüler zu projizieren, er würde Sie absichtlich ärgern. Die Wahrheit jedoch ist, dass die Schüler wahrscheinlich gerade ihre eigenen schwierigen emotionalen Erfahrungen machen und nicht wissen, wie sie damit umgehen sollen.

Genau da setzt unsere Achtsamkeitspraxis an. Wenn die Klasse sich nicht beruhigen will und wir merken, dass wir in negative Projektionen abgleiten, können wir lernen, diese Emotionen in unserem Körper als Sinneswahrnehmung zu spüren. Statt unseren frustrierenden Gedanken nachzuhängen, können wir in unseren Körper hineinspüren und uns darüber klar werden, welche erlernten, gewohnheitsmäßigen Reaktion das Chaos im Klassenzimmer in uns hervorruft.

Durch Achtsamkeit erwerben wir die Fähigkeit, unsere hektischen Gedanken zu beobachten, ohne in diesen Sog hineingezogen zu werden. Wann immer Sie bemerken, dass Ihr Geist auf das Hamsterrad schwieriger Gedanken aufgesprungen ist, können Sie darauf wetten, dass sich irgendwo in Ihrem Körper eine Emotion befindet, die Ihr Gehirn gerne loswerden möchte, indem es versucht einen Ausweg zu finden. Wenn Sie über den morgendlichen Streit nachgrübeln, dann wollen Sie sich vielleicht die perfekten Gegenargumente zurechtlegen, um verstanden zu werden. Der wahre Grund für das Grübeln liegt in einem unangenehmen Gefühl, wie Wut oder Traurigkeit, und wir suchen nach einer perfekten Strategie, die diese Erfahrung verändern könnte.

Das nächste Mal, wenn Sie merken, dass Ihr Geist sich im Kreis dreht, machen Sie einen Bodyscan und schauen Sie, wo Sie diese Spannung oder Emotion spüren können. Diese körperliche Erfahrung ist ein direkter, greifbarer Ort, zu dem Sie Ihre liebevolle Achtsamkeit und Ihren entspannenden Atem lenken können. Statt gedanklich nach einem Ausweg zu suchen, schauen Sie, ob Sie Ihren Weg „hineinspüren" können. Statt nach den perfekten Argumenten Ausschau zu halten, mit denen Sie den anderen dazu bringen Sie zu verstehen, können Sie genau in diesem Augenblick Ihrem eigenen Herz Verständnis und Zuwendung entgegenbringen.

Wenn Sie Ihre Aufmerksamkeit darin verankern, die Empfindung in Ihrem Körper zu spüren, statt sich in wütenden oder missgünstigen Gedanken zu verlieren, dann „ziehen Sie Ihre Projektionen zurück". Unsere Projektionen zurückzuziehen bedeutet Verantwortung zu übernehmen und unsere eigenen Emotionen *in Besitz zu nehmen*. Wir lernen für alle unsere Teile zu sorgen und jeder Persönlichkeit in unserem inneren Klassenzimmer Raum zu geben. Vielleicht finden Sie da einen Teil, der sich fühlt wie ein Dreijähriger, der gerade einem Trotzanfall erliegt. Statt zu versuchen, diesen Teil wegzuschließen oder jemand anderen für ihn verantwortlich zu machen, können wir lernen, uns um diese Anteile mit bedingungsloser Liebe zu kümmern.

Wenn wir unsere Projektionen zurückziehen und unsere eigenen Emotionen in Besitz nehmen, dann sehen wir die Welt, wie sie ist, und nicht mehr so, wie wir sie uns zurechtgedacht haben. Auf diese Weise entwickeln wir, was man *Einsicht* nennt. Das Klassenzimmer treibt Sie zum Wahnsinn, also nehmen Sie sich einen Augenblick Zeit, um zu spüren, was in Ihnen vorgeht. Sie erinnern sich, dass Sie in der Früh einen Streit mit Ihrem Partner hatten und sich schon den ganzen Tag gereizt fühlen. Sie stellen fest, wo Sie die Spannung in Ihrem Körper spüren, atmen in dieses unangenehme Gefühl hinein und entspannen Ihren Körper beim Ausatmen. Indem Sie sich Ihrer eigenen Gefühle bewusst sind, gewinnen Sie die Einsicht, die nötig ist, um Ihre Schüler so zu sehen, wie sie sind, statt sie durch die Brille Ihrer eigenen Frustration zu betrachten. Einsicht erlaubt uns zu erkennen, welche Teile unserer Erfahrungen Projektionen und welche reale Erfahrungen sind. Wenn wir beginnen, allen Raum in uns wirklich zu bewohnen, verlieren wir das Bedürfnis, so viel zu projizieren und sind in der Lage, uns in unseren Beziehungen bewusster zu verhalten.

Wenn Sie bemerken, dass sich die Dramen in Ihrem Leben verringern, ist das ein klares Zeichen dafür, dass Sie auf diesem Weg Fortschritte machen. Natürlich kann Achtsamkeit keine Tragödien verhindern, doch vielleicht fällt Ihnen auf, dass Sie manche Dinge weniger persönlich nehmen. Wenn ein Baum auf Ihren Weg fällt, gehen sie ja auch nicht davon aus, dass der Baum absichtlich umgefallen ist, weil er Sie ärgern will. Sie nehmen das Ereignis nicht persönlich; genauso könnten Sie das störende Verhalten einiger Schüler sehen. Unangenehme Gefühle, die man nicht persönlich nimmt, verschwinden auch leichter und so sind Sie in der Lage, Ihren Tag mit Humor und Souveränität zu bewältigen.

Ich habe es bereits erwähnt und ich sage es noch einmal: Es ist erstaunlich, wie sich die Welt um uns herum zu wandeln scheint, wenn wir mit einer Achtsamkeitspraxis beginnen. In meiner einjährigen Lehrerausbildung beginnen wir mit einem Schweige-Retreat, danach folgen Monate der inneren Arbeit und persönlichen Praxis. Nach Monaten dieser inneren Arbeit, ohne dass je darüber gesprochen wurde, wie man diese Praktiken an Kinder weitergeben könnte, frage ich die Teilnehmer, inwiefern sich ihre

Klassen verändert haben. In der Regel werde ich dann buchstäblich von E-Mails überschwemmt, in denen von Veränderungen einzelner Schüler und ganzer Klassen die Rede ist, ohne dass auch nur eine einzige Intervention stattgefunden hat. Diese Veränderungen sind das Nebenprodukt der inneren Arbeit, die die Lehrer an sich geleistet haben.

Kinder haben feine Antennen für ihre Lehrer und sie verlassen sich darauf, dass wir ihnen bei der Selbstregulation helfen. Jeder Sporttrainer weiß, wie sehr seine Ermutigungen einem frustrierten Spieler weiterhelfen können. Unsere Kinder blicken zum Spielfeldrand, um zu sehen, wie sie sich in unseren Augen machen. Wenn ein Kind sich wirklich wahrgenommen fühlt, wenn es das Gefühl hat, dass sein Lehrer wirklich an ihm interessiert ist, dann kann es seinen eigenen Wert erkennen. Das macht es nicht nur zu einem besseren Schüler, sondern fördert auch sein Selbstbewusstsein und sein Mitgefühl.

Unsere Aufmerksamkeit, Inspiration und Zufriedenheit ist es, die unsere Kinder dabei unterstützt, Ihren Weg zu einem gesunden Leben in dieser Welt zu finden. Wenn wir unser Herz öffnen, erzeugen wir dadurch eine neurobiologische Reaktion, die auch die Schüler einlädt, sich zu öffnen, sich zu entspannen und ihre kreative Authentizität erblühen zu lassen.

Übung zum Zurückziehen von Projektionen: Das Projektions-Tagebuch

Vorbereitung

In dieser Übung lernen wir, bewusst wahrzunehmen, wenn wir Menschen beurteilen, unsere Projektionen dann zurückzuziehen und mit unseren Emotionen zu arbeiten. Dazu brauchen Sie ein *Projektions-Tagebuch,* das Sie immer bei sich tragen. Wenn Sie merken, dass Sie über jemanden urteilen, dass Sie eifersüchtig sind oder in einer hartnäckigen Gedankenschleife über jemanden anderen feststecken, schreiben Sie die Worte auf, die Ihnen durch den Kopf gehen. Wenn Sie zum Beispiel merken, dass

Sie denken: „dieser Schüler ist eine derartige Nervensäge", dann schreiben Sie auf: „Dieser Schüler ist eine derartige Nervensäge."

Für die ganze Übung brauchen Sie jeweils etwa fünf Minuten. Falls Sie gerade keine Zeit haben, die ganze Übung durchzuführen, wenn Ihnen der Projektions-Gedanke durch den Kopf geht, dann schreiben Sie einfach nur den Gedanken auf und machen die restliche Übung später.

Übung

Wenn Sie bemerken, dass sie innerlich über jemanden urteilen, notieren Sie das in Ihrem Projektions-Tagebuch.

Nehmen Sie wahr, welche Emotionen mit dem Gedanken, den Sie gerade niedergeschrieben haben, verbunden sind. Wut, Traurigkeit, Angst oder was auch immer. Machen Sie eine Liste aller Emotionen, die Sie entdecken.

Welche Körperempfindungen stecken in diesen Emotionen? Spüren Sie eine Anspannung, Unsicherheit, Hitze, Kälte oder irgendeine andere Empfindung? So könnte zum Beispiel Traurigkeit aus einem Gefühl der Enge in der Kehle und einer Schwere im Herzen bestehen.

Selbst wenn die Emotionen und Empfindungen wirklich unangenehm sind, können Sie sie einige Momente lang einfach wahrnehmen, ohne sie abschütteln zu wollen. Stellen Sie sich vor, die Emotionen und Empfindungen wären ein weinendes Baby, das Sie in Armen halten. Halten Sie nun einige Augenblicke lang beim Einatmen Ihre Emotionen liebevoll und entspannen Sie Ihren ganzen Körper beim Ausatmen. Bleiben Sie etwa eine Minute lang bei diesem entspannenden Atem.

Scannen Sie danach Ihren ganzen Körper noch einmal und machen Sie eine Liste der Emotionen und Empfindungen, die Sie jetzt wahrnehmen.

Achtsame Kommunikation kultivieren

Wenn wir Achtsamkeit praktizieren, entwickeln wir ein besseres Verständnis dafür, wer wir hinter unseren alltäglichen Rollen und Gesten wirklich sind. Wir können uns mit uns selbst entspannen, ohne irgend etwas für irgend jemanden sein zu müssen. Sobald wir mit anderen in Kontakt treten, wird diese authentische Präsenz jedoch auf eine Probe gestellt. Vielleicht stellen Sie fest, dass Sie nach Ihren Achtsamkeitsübungen mehr Gelassenheit und innere Ruhe verspüren, doch es reicht ein einziges Wort Ihres Partners oder ein kleiner Streit zwischen zwei Schülern, um Sie auf die Palme zu bringen. Es ist außerordentlich wichtig, dass wir lernen, wie wir uns in den Beziehungen zu unseren Mitmenschen achtsam verhalten können, insbesondere, wenn wir die Verantwortung für Kinder tragen, für die wir eine gewisse Vorbildfunktion haben.

Menschen sind Beziehungswesen. Von frühester Kindheit an lernen wir Bindungen zu unseren Bezugspersonen aufzubauen, durch die wir uns sicher und geborgen fühlen. Schon sehr früh begutachten wir unsere Umgebung und lernen von ihr, wie wir uns verhalten und ausdrücken müssen, um akzeptiert zu werden. Wir lernen die Regeln der interpersonellen Verbindungen, lange bevor wir sprechen lernen.

Wenn wir unser Verhalten als Erwachsene betrachten, werden wir sehen, dass diese frühen interaktiven Blaupausen noch immer die Art und Weise bestimmen, wie wir Beziehungen führen. Vielleicht lächeln wir unsicher, obwohl wir traurig sind, vielleicht lachen wir, obwohl wir nervös sind, weinen, wenn wir eigentlich wütend sind, oder plustern uns auf, wenn wir Angst haben und uns hilflos fühlen. Achtsamkeit hilft uns zu erkennen, welche unserer Verhaltensweisen in erster Linie dazu dient, anderen zu gefallen und uns selbst zu schützen.

Achtsame Kommunikation beginnt damit, dass wir uns in unserer authentischen Präsenz verankern. Wir sehen dann, was passiert, wenn wir zulassen, genau so zu sein, wie wir in diesem Augenblick eben sind, ohne die Situation durch gewohnte Masken oder Verhaltensweisen zu überspielen. Wenn wir das versuchen, dann löst das oft ein gewisses Unbehagen aus. In vergangenen Phasen unseres Lebens, in denen wir enttäuscht oder angegriffen wurden, weil wir uns authentisch verhielten, haben wir einen Schutzwall um uns errichtet. Unsere Tore wieder zu öffnen bedeutet auch wieder verletzlich zu werden. Wenn wir dabei nicht vorsichtig und überlegt vorgehen, können wir uns frische Wunden zuziehen. Wir brauchen Freunde und Mitmenschen, bei denen wir lernen können, unsere Beziehungen und unsere Art zu kommunizieren neu zu gestalten.

Wir haben alle ein grundlegendes Bedürfnis nach Glück, Verbundenheit und Sinnhaftigkeit. Es handelt sich um ein universelles menschliches Bedürfnis, das man ernst nehmen sollte. Doch die Strategien, die wir entwickelt haben, um dieses Bedürfnis zu befriedigen, bringen uns leider allzu oft in Schwierigkeiten. Vielleicht verhalten wir uns gemein, um geliebt zu werden, oder verbergen unsere wahren Gefühle, weil wir uns so sicherer fühlen. Diese Strategien können irgendwann einmal durchaus funktioniert haben, doch nun sind sie zu einer Gewohnheit geworden und wir fühlen uns damit möglicherweise wie eine Fliege, die immer und immer wieder gegen dieselbe Glasscheibe fliegt. Wir sollten uns überlegen, ob es nicht einen besseren Weg gibt, um diese Bedürfnisse zu decken.

Mike Rice, der Cheftrainer der Basketballmannschaft der Rutgers University in New Jersey, wurde gefeuert, nachdem ein Video von ihm veröffentlicht wurde, auf dem zu sehen war, wie er seine Spieler rempelte, Bälle nach ihnen warf und sich über sie lustig machte. Nachdem Rice für sein Verhalten öffentlich verurteilt worden war, sagte der Leiter der „Positive Coaching Alliance", Jim Thompson: „Ich bin froh, dass die Medien einsehen, wie furchtbar dieses Benehmen ist, doch was nicht gesagt wird, ist, was für eine armselige Strategie solch ein erniedrigendes und missbrauchendes Verhalten ist. Es ist nicht nur schlichtweg nicht richtig, es ist auch schlechtes Training und bringt nicht die gewünschten Ergebnisse." Generationen von jungen Sportlern versuchte man durch Schikane und Härte zu erbitterten Wettkämpfern heranzubilden. Man wandte diese Taktik nicht an, weil sie Ergebnisse brachte, sondern weil man damit ganz einfach den Vorbildern der Vergangenheit folgte. Nun machen wir die Erfahrung, dass positives Training nicht nur die Psyche unterstützt, sondern auch zum Erfolg führt. Achtsame Kommunikation ist nicht einfach nur nett, sondern auch effektiv.

Achtsame Kommunikation hilft uns, alte, schädliche Muster zu durchbrechen. Wir lernen unsere eigentlichen Intentionen erkennen und gewinnen Klarheit über die Auswirkungen unseres Handelns auf andere. So mag es zum Beispiel durchaus unsere Absicht sein, den Schülern zu helfen, doch tatsächlich bewirken wir, dass sie sich unfähig und machtlos fühlen. Achtsamkeit macht uns zu Kommunikationswissenschaftlern. Wir erkennen, welche Auswirkungen, das was wir sagen und tun, bei den Schülern tatsächlich hat.

Lernen Sie Ihren Schülern und Kollegen wirklich aufmerksam zuzuhören. Wir unterstützen unsere Schüler, indem wir mit ihnen kommunizieren, von ihnen lernen, was sie eigentlich brauchen, und welche Strategien diesen Bedürfnissen am ehesten entgegenkommen. Während wir unsere Fähigkeit achtsam zuzuhören entwickeln, entsteht ganz von selbst ein Verständnis für zwischenmenschliche Zusammenhänge. Gesehen und verstanden zu werden ist für uns alle zutiefst erfüllend. Die Gesellschaft von Menschen, bei denen Ihr eigenes Bedürfnis gesehen und gehört zu werden gestillt wird, sollte Ihnen gerade in der Zeit, in der Sie das Zuhören üben und lernen, besonders gut tun. Achten Sie darauf, wie verschiedene Beziehungen, Umgebungen und Umstände auf Sie wirken, und suchen sie vorzugsweise Situationen auf, in denen Sie sich angenommen, respektiert und geliebt fühlen.

Achtsame Kommunikation – Übung: Halte inne, reflektiere, sprich aus Deinem Herzen

Vorbereitung

Wenn Sie das nächste Mal in eine Meinungsverschiedenheit geraten, versuchen Sie einen Moment lang innezuhalten und zu reflektieren. Nutzen Sie diese Übung, um auf achtsame Weise zuhören und reagieren zu können.

Übung

Nehmen Sie sich Zeit, um zu spüren, welche Auswirkungen dieser Konflikt auf Ihren Körper hat. Fühlen Sie sich wütend, traurig, angespannt oder nicht geerdet?

Spüren Sie das Gewicht in Ihren Fußsohlen, entspannen Sie sich, fühlen sich in der Erde verwurzelt.

Nehmen Sie wahr, wie Ihr Atem ein- und ausströmt, schauen Sie, ob Sie beim Einatmen eine Spannung wahrnehmen können und entspannen Sie sich beim Ausatmen.

Versuchen Sie zu erkennen, dass Sie sich möglicherweise hinter Ihrer eigenen Überzeugung, recht zu haben, verschanzt haben. Das ist ganz natürlich und passiert uns allen, doch schauen Sie trotzdem, ob Sie Ihren Blickwinkel einen Augenblick lang loslassen können.

Selbst wenn Ihnen viele Gedanken durch den Kopf gehen, während die oder der andere spricht, versuchen Sie, ob Sie wirklich zuhören und seine oder ihre Worte aufnehmen können, ohne dass Ihre eigenen Gedanken Ihnen dabei in die Quere kommen.

Statt zu überlegen, was Sie erwidern könnten, während die oder der andere spricht, versuchen Sie wahrzunehmen, wie Ihr Herz auf das, was Ihr Gegenüber sagt, reagiert. Wenn Ihr Gegenüber fertig ist, machen Sie einige achtsame Atemzüge und schauen Sie, wie sich Ihr Herz und Ihr Körper anfühlt. Geben Sie keine Ratschläge und urteilen Sie nicht. Machen sie Ich-Statements über das, was in Ihnen vorgeht. Wenn Sie etwas sagen, versuchen Sie direkt aus Ihrem Herzen heraus zu sprechen.

Anschließende Reflexion

Eine der wichtigsten Fähigkeiten bei der achtsamen Kommunikation ist die Bereitschaft, unrecht zu haben. Möglicherweise erkennen Sie, dass eine durch und durch wohlgemeinte Unterrichtsweise, die Sie seit Jahren praktizieren, den gegenteiligen Effekt hat. Statt sich selbst deswegen zu ärgern und zu kritisieren, sehen Sie es als Gelegenheit, Ihre Strategie zu ändern. Lernen Sie aufgrund direkter Erfahrungen zu agieren, statt von Annahmen auszugehen.

Achtsamkeit in unserer modernen Welt

In meiner psychotherapeutischen Praxis sehe ich die Auswirkungen der modernen Technologien und Medien und der stetig wachsenden Geschwindigkeit unserer Zeit auf das Nervensystem meiner Patienten. In den ersten Monaten, in denen Sam, ein 13-jähriger Patient, zu mir in die Praxis kam, sprach er – meist in rasantem Tempo – fast ausschließlich über das Videospiel Zelda. Zuerst versuchte ich ihn dazu zu kriegen, mir über seine Familie, die Schule oder wenigstens irgend etwas anderes als Zelda zu erzählen, doch dann ließ ich los und versuchte mich, so gut es mir möglich war, für diese Welt, in die er eingetaucht war, zu interessieren.

Nach einigen Monaten voller stundenlanger Downloads über magische Schwerter und gefährliche Kerker veränderten sich unsere Sitzungen plötzlich. Sam kam herein, sah mir das erste Mal direkt in die Augen und sagte: „Ich weiß, dass ich mich vor allem verstecke, wenn ich Computerspiele spiele. Aber was bleibt denn sonst noch? In der Schule machen sich alle über mich lustig, meine Eltern streiten ununterbrochen, mein Bruder will nie Zeit mit mir verbringen, was soll ich denn sonst tun?" Ich war tief betroffen und Sam weinte, während er über sein Gefühl der Isolation sprach. Von diesem Zeitpunkt an sprudelten seine Gefühle seine Eltern und die Schule betreffend nur so aus ihm heraus. Sam wurde bewusst, dass die Videospiele der einzige Ort waren, an dem er sich stark, mit anderen verbunden und glücklich gefühlt hatte. Er lernte sich diesen schwierigen Gefühlen zu stellen, sie zu kommunizieren und sich durch seine Verletzlichkeit schließlich stärker zu fühlen.

Viele von uns haben ähnliche Erfahrungen wie Sam gemacht. Wir haben ein grundlegendes Bedürfnis nach Verbundenheit, nach Sinnhaftigkeit und Freude, und wenn solche Erfahrungen in unserem Leben fehlen, dann suchen wir sie vielleicht online, auf unserem Handy oder im Fernsehen. Obwohl auch diese Dinge ihre Berechtigung haben, so sind sie doch meist nicht in der Lage, uns wirklich so zufrieden zu stellen, wie die emotionale und geistige Nahrung, nach der wir uns eigentlich sehnen. Zu entschleunigen und sich wieder mit seinem Körper und Herzen zu verbinden kann uns anfangs durchaus wie ein radikaler Akt vorkommen. Eine gängige Praxis einiger japanischer Mönche besteht darin, sich an eine geschäftige Straßenecke zu setzen, mitten unter die Menge hastender, schwatzender Menschen, hupender Autos und flitzender Fahrräder. Sie üben, inmitten dieses Getöses von technisiertem Leben unverwüstliche Stille zu finden. Statt sich in ein Kloster zurückzuziehen, sitzen sie da, wo die Strömung am stärksten ist, und zeigen uns allen, dass es auch anders geht. In uns allen ist eine Stille, die trotz piepender Textnachrichten, Hausaufgaben und Lehrerkonferenzen immer da ist. Sie können sich jetzt in diesem Moment fragen: „Ist die Stille, nach der ich suche, nicht bereits hier?“

Wenn Sie tief in Ihr Inneres blicken, dann werden Sie sehen, dass die Stille, nach der Sie sich sehnen, bereits da ist. Doch mit großer Wahrscheinlichkeit ist da auch eine ganze Menge Chaos. Zumeist merken wir sehr bald nachdem wir mit einer Achtsamkeitspraxis begonnen haben, wie hektisch es in unserem Kopf zugeht und wie viele unangenehme Emotionen und Körperempfindungen wir mit uns herumtragen. Wir spüren eine Unruhe in unserem Körper und würden am liebsten jede Minute auf die Uhr schauen, um zu sehen, wann die Übungszeit endlich vorbei ist. Es ist, als ob wir die Notbremse eines Zuges ziehen und er langsam, quietschend und keuchend zum Stehen kommt. Wenn wir innehalten und unseren Blick nach innen lenken, dann sehen wir all die Gefühle, die wir so lange vernachlässigt und geleugnet haben.

Stellen Sie sich vor, Sie wären eine Pflanze, die mehr oder weniger Wasser, Sonne oder Dünger braucht. Wir würden einer Pflanze nicht vorwerfen, dass sie verwelkt, wenn sie nicht gegossen wird. Genauso wenig können wir uns selbst einen Vorwurf machen, dass wir uns emotional ausgelaugt fühlen, wenn wir unsere Zeit in Räumen mit grellem Neonlicht absitzen und nicht wirklich für uns und unseren Körper sorgen. Vielleicht sollten Sie Ihre Freunde öfter sehen oder einfach weniger arbeiten. Im Allgemeinen fühlen wir uns gesünder, wenn wir weniger Stress haben und mehr Zeit mit Freunden und in der freien Natur verbringen.

Zu Hause haben meine Frau und ich ab 18 Uhr eine Sperrstunde fürs Internet vereinbart. Ich esse wenig weißen Zucker, trinke selten Alkohol und musste, zu meiner Betrübnis, zur Kenntnis nehmen, dass ich Milchprodukte einfach nicht vertrage. Ich musste auf viele Sachen verzichten, als mir bewusst wurde, welche Wirkung sie auf mich haben. Ich nenne es den „Fluch der Bewusstheit". Je bewusster Sie werden, umso klarer wird Ihnen, wie die Dinge auf Sie wirken. Der Nachteil ist, dass Sie möglicherweise herausfinden, dass Sie – so wie ich – nie wieder Eis essen können. Das ist traurig, doch mit der Entscheidung wirklich für mich selbst zu sorgen, habe ich einen Weg eingeschlagen, der mir ein Ausmaß an innerer Verbundenheit und Gesundheit beschert, die ich für alles Eis der Welt nicht eintauschen würde. Dieser Weg der Achtsamkeit kann revolutionär sein.

Um uns selbst zu finden, müssen wir möglicherweise gegen den Strom der Zerstreuung schwimmen. Wir können mutig sein und das tun, was Sam tat, als er zugab, dass er Videospiele spielte, weil sein Leben so unbefriedigend war, und er so versuchte, seine Bedürfnisse erfüllt zu bekommen. Er hat nicht aufgehört Zelda zu spielen, so wie wir nicht alles aufgeben müssen, was uns Vergnügen bereitet, doch er hat Kontakt mit seiner Unzufriedenheit aufgenommen und gelernt seine Bedürfnisse auch fern des Computerbildschirms zu stillen.

Erinnern Sie sich an das großartige Paradoxon: wenn wir unserer Verletzlichkeit und unserer Überlastung ins Auge blicken, lernen wir besser für uns zu sorgen und authentischer zu leben. Das können wir nicht alleine. Wir brauchen dafür Unterstützung und Bedingungen, unter denen unsere Bewusstheit und unsere Verbundenheit wachsen können.

Ein guter erster Schritt wäre sich bewusst zu machen, welche Auswirkungen verschiedene Freunde, Orte und Situationen auf uns haben.

- Wie fühlen Sie sich bevor und nachdem Sie ferngesehen haben?
- Wie fühlen Sie sich vor und nach einer Mitarbeiterkonferenz?
- Wie fühlt es sich an, in der Natur spazieren zu gehen und wie, in einem Raum ohne Fenster zu sitzen?
- Welche Auswirkungen haben verschiedene Lebensmittel, die Sie zu sich nehmen, auf Ihren Körper und Ihren Geist?

Diese Experimente sind eine gute Vorbereitung, um sich irgendwann einmal für andere, förderlichere Rahmenbedingungen in Ihrem Leben entscheiden zu können. Das kann ein durchaus beängstigendes Unterfangen sein. Wenn wir uns die Zeit nehmen, unser Tempo zu drosseln und Dinge bewusst wahrzunehmen, müssen wir uns möglicherweise eingestehen, dass wir etwas verändern sollten. Vielleicht fällt Ihnen jetzt auf, dass Ihr Klassenzimmer dunkel und deprimierend ist und ein bisschen frischen Wind nötig hat. Vielleicht merken Sie, dass Sie all Ihre Energie in Beziehungen stecken, die Sie emotional auslaugen, während Sie andere Freunde und Aktivitäten, die Sie glücklich machen, vernachlässigen. Bitte treffen Sie nicht auf der Stelle irgendwelche lebensverändernden Entscheidungen. Nehmen Sie zunächst einmal einfach wahr, was diese Dinge mit Ihnen machen.

In diesem Abschnitt haben wir gelernt für uns selbst zu sorgen, unsere eigene Achtsamkeitspraxis zu entwickeln und diese Praxis in unserem Leben umzusetzen. Sobald wir unser eigenes positives inneres Klassenzimmer etabliert haben, ist es an der Zeit, uns damit vertraut zu machen, wie wir diese Qualitäten an unsere Schüler weitergeben können. Das wird auch unsere Schüler stärker und gesünder machen. Vergessen Sie nicht, dass die Grundlage, um Achtsamkeit zu unterrichten, immer in unserer eigenen Achtsamkeitspraxis liegt.

Teil III

Das achtsame Klassenzimmer

Der wesentliche Beitrag eines Lehrers mag ganz plötzlich und anonym im Leben des Enkels irgendeines ehemaligen Schülers sichtbar werden. Schließlich hat ein Lehrer nichts als seinen Glauben und der Schüler im Gegenzug nichts anzubieten, als Zeugnis abzulegen.

Wendell Berry

Niemand mag einen Achtsamkeits-Prediger, doch alle lieben einen achtsamen Lehrer. Immer und immer wieder höre ich von Lehrern, die sich einer Achtsamkeitspraxis verschrieben haben und nun von Administratoren und anderen Lehrern gefragt werden, was sie denn anders machen, warum sie einen zufriedeneren und entspannteren Eindruck machen und wieso der Unterricht so reibungslos abläuft. Und das alles, bevor dieser Lehrer auch nur eine einzige achtsamkeitsbasierte Unterrichtsstunde gehalten hat!

Betrachten Sie Ihr eigenes Leben. Falls Sie Ihre Übungen seit längerem gewissenhaft befolgen, haben Sie ohne Zweifel einige Veränderungen bemerkt, innerlich und äußerlich. Mit Ihrer eigenen Achtsamkeitspraxis als Grundlage haben die Veränderungen in Ihrem Unterricht bereits begonnen. Mitgefühl, Authentizität, Bescheidenheit, Beständigkeit und Fröhlichkeit – all diese Eigenschaften können durch die Achtsamkeitspraxis, wie sie im vorigen Abschnitt beschrieben wurde, gestärkt werden. Viele der besten menschlichen Eigenschaften können durch eine konsequente Achtsamkeitspraxis entwickelt werden.

In diesem Teil untersuchen wir, wie wir das Fundament unserer eigenen Achtsamkeitspraxis nutzen können, um ein Klassenumfeld zu schaffen, das achtsamem Unterrichten und Lernen zuträglich ist.

Was einen achtsamen Lehrer ausmacht

Die nun folgenden positiven Qualitäten entstehen ganz von selbst, wenn man konsequent einer Achtsamkeitspraxis nachgeht. Sie müssen sich nicht bemühen mitfühlend zu handeln; durch eine Praxis der Herzensöffnung entsteht dieses Mitgefühl ganz von selbst. Oft sind es Stress und mangelnde Unterstützung, die der Entfaltung dieser Eigenschaften im Wege stehen. Natürlich kennen wir alle verschiedene Ausprägungsformen dieser positiven Eigenschaften aus unserem Alltag. Ich hoffe, dass Sie im Laufe der Zeit mehr und mehr solcher Augenblicke erleben werden. Diese flüchtigen Momente des Mitgefühls, der Aufmerksamkeit und Authentizität können dauerhafter Bestandteil Ihres Unterrichts werden, wenn Sie Ihrer Achtsamkeitspraxis sorgfältig nachgehen.

Mitgefühl

Die Praxis der Herzensöffnung fördert unser Mitgefühl den Schülern und uns selbst gegenüber. Die Art und Weise, wie wir unser Wissen weitergeben, ist immer beziehungsbezogen, deswegen haben der Grad an Lieblosigkeit oder Fürsorge, mit der wir es anbieten, einen großen Einfluss darauf, wie Informationen aufgenommen und integriert werden. Intelligenz gepaart mit liebevoller Zuwendung bringt unseren Schülern den größten Nutzen.

Wenn wir merken, dass ein Schüler lustlos, zerstreut oder unwillig ist, dann können wir unsere Achtsamkeit dazu nutzen, um den Schüler im Schüler zu sehen. Statt nur auf seine äußeren Handlungen zu schauen, bleiben wir bei unserem Vorsatz und sehen uns das Verhalten des Kindes genauer an, denn möglicherweise liegen ihm Angst, Aggression oder Schmerz zugrunde. Fragen wir uns, welches grundlegende Bedürfnis dieser Schüler zu decken versucht und welche Strategien er dazu anwendet. Durch unser Mitgefühl können wir adäquat auf die komplexen Bedürfnisse dieses Kindes reagieren und ihm die Zuwendung zukommen lassen, die es möglicherweise dringend benötigt.

Verständnis

Durch eine Achtsamkeitspraxis können wir den Blick auf uns selbst und unsere Schüler vertiefen. Wenn wir Achtsamkeit praktizieren, beginnen wir unsere Gedanken und emotionalen Muster zu beobachten und uns selbst besser zu verstehen. So erkennen wir auch, wie leicht es ist, der Welt unsere eigenen Mutmaßungen, Bewertungen und Vorurteile überzustülpen.

Nur allzu oft stecken wir unsere Schüler in irgendwelche Schubladen und vergessen, den Menschen vor uns jeden Tag mit frischem Blick zu begegnen. Wir haben keine Ahnung, was sich tatsächlich im Kopf, im Herzen und im Körper eines anderen Menschen abspielt. Wenn wir uns unserer Mutmaßungen bewusst werden, dann öffnet uns das die Augen, was wiederum unser Herz öffnet, was wiederum Fürsorge und tragfähige Beziehungen zur Folge hat. Wenn wir echtes Interesse für andere entwickeln, dann machen wir unseren Schülern das Geschenk, wirklich wahrgenommen zu werden. Dann wird die Welt auch für uns um vieles schöner und interessanter.

Grenzen

Durch Achtsamkeit nehmen wir bewusster wahr, wie die Welt uns und wir die Welt beeinflussen. Wenn wir unser inneres Stress-Barometer ablesen, lernen wir Grenzen zu setzen und für uns selbst zu sorgen. Langsam erkennen wir, wenn wir uns zu sehr verausgabt haben und wann die erstaunliche Kraft des Wörtchens *Nein* angebracht ist. Wir entwickeln das Urteilsvermögen, um zu erkennen, wenn Schüler oder Kollegen ihre schwierigen Emotionen auf uns projizieren. Statt uns in ein Drama verwickeln zu lassen, können wir ihrem Schmerz mit Mitgefühl und Verständnis begegnen. Durch das respektvolle Setzen von Grenzen lernen wir, für unser eigenes Herz zu sorgen und unser Leben auf eine Art zu gestalten, die uns gesund und glücklich und unseren Unterricht effektiv und nachhaltig macht.

Gerade beim Setzen von Grenzen muss man achtsam sein, denn einfache Regeln, nach denen jeder das tun muss, was der Lehrer sagt, weil das eben so ist, sind nicht wirklich empfehlenswert. Wir wollen ständig mit unserem Inneren und den Bedürfnissen der Schüler in Kontakt bleiben, um die angemessenen Grenzen zu erkennen. Damit Vertrauen und Geborgenheit in einer Klasse wachsen können, brauchen Kinder respektvolle Grenzen. So lernen sie auch selbst, wie man solche Grenzen setzt. Richtig gesetzte Grenzen engen einen Schüler nicht ein, genau wie eine Leinwand den Künstler nicht einengt. Ja, gerade Grenzen bieten den Schülern einen Raum, in dem sie sich sicher genug fühlen können, um kreativ zu sein, zu lernen und zu gedeihen. Manchmal müssen wir als externer Neocortex für die Kinder fungieren und ihnen zeigen, wir man Emotionen reguliert.

Aufmerksamkeit

Viel wurde bereits über die Epidemie des Aufmerksamkeitsdefizit-Syndroms unserer Jugend geschrieben. Von einem anderen Blickwinkel aus könnte man sagen, dass ein gewichtiger Grund für ADS bzw. ADHS (Aufmerksamkeitsdefizit-Hyperaktivitäts-Syndroms) am Mangel an Aufmerksamkeit liegt, der unserer Jugend entgegengebracht *wird*. Wir leben in demselben Zeitalter der Reizüberflutung, in der auch unsere Schüler aufwachsen. Um unseren Schülern qualitätvolle Aufmerksamkeit zuteil werden zu lassen, müssen wir selbst lernen zu entschleunigen und auf die Bedürfnisse unserer Kinder zu achten.

Ein wesentlicher Nutzen einer konsequenten Achtsamkeitspraxis besteht darin, dass wir lernen unsere Aufmerksamkeit zu fokussieren. Statt uns in Gedanken zu verlieren, dehnen wir die Momente aus, in denen wir wirklich im Hier und Jetzt präsent sind. Wenn wir wirklich anwesend sind, können wir auch die individuellen Bedürfnisse der Schüler besser erkennen. Die Schüler fühlen sich wahrgenommen und wir als Lehrer fühlen uns kompetenter. So können wir das verzweifelte Gefühl, unser Ziel erreichen zu müssen, hinter uns lassen und unsere Klassenzimmer in eine Werkstätte der Gegenwärtigkeit verwandeln, in der wir gemeinsam unsere Aufmerksamkeit kultivieren.

Intention

Als Lehrer haben wir die klare Absicht, zur gesunden Entwicklung unserer Schüler beizutragen. Zu diesem Zweck sollten wir uns den Unterschied zwischen Intention und Erwartung vor Augen führen. *Intentionen* sind unabdingbar. Unsere *Erwartungen* jedoch sind in der Regel unsere eigenen Projektionen, von dem, was wir denken, dass es die Schüler brauchen. Erwartungen hindern uns daran, dem sich ständig wandelnden Selbst der Schüler gegenüber präsent zu bleiben. Wenn wir aus einer Erwartung heraus unterrichten, werden wir zwangsläufig enttäuscht und entmutigt und verpassen wichtige Gelegenheiten, zum Leben unserer Schüler und der Klasse beizutragen. Wenn wir mit klaren Intentionen unterrichten und lernen, auf Veränderungen flexibel zu reagieren, können wir unsere Schüler und die Klasse als Ganzes von einem Augenblick zum nächsten unterstützen.

Wenn Sie in einem Kanu den Fluss hinunterpaddeln, dann ist es entscheidend, dass Sie wissen, wohin Sie fahren. Sie haben die Intention, in diese bestimmte Richtung zu fahren. Es gehört zur Natur eines Flusses, dass er Sie in verschiedene Richtungen treiben wird, bevor Sie den angestrebten Punkt erreichen. Wir wissen, dass das zum Kanufahren dazugehört. Genauso flexibel muss ein achtsamer Lehrer auf die Strömungen im Klassenzimmer reagieren, während er gleichzeitig seinen Fokus mit der Intention, Wissen zu vermitteln, nicht aus dem Auge verliert. Unsere Vision ist nur so gut wie unsere Fähigkeit, sie an die Welt, aus der sie entstanden ist, anzupassen. Ein wunderbare Frage, die Sie sich selber stellen können, ist: „Dient diese Intervention dem Wohl des Schülers oder mir selbst?"

Authentizität

Es ist ohne Zweifel wichtig, sich andere hervorragende Lehrer anzusehen und von ihren Strategien zu lernen, doch am Ende des Tages sind diejenigen die inspirierendsten Lehrer, die wirklich sie selbst sind. Die Botschaft der Achtsamkeit lautet, dass Sie perfekt sind, genau so wie Sie sind. Das müssen wir verinnerlichen, bevor wir es anderen beibringen können. Wenn wir uns selbst akzeptieren, brauchen wir nicht mehr so viel Zeit und Energie, um unsere Verletzlichkeit zu verbergen oder uns zu bemühen, jemand anderer, besserer zu sein. Den Schülern diese Transparenz vorzuleben kann für viele befreiend und inspirierend sein.

Wenn Lehrer in der Lage sind, ihre eigene Menschlichkeit zuzugeben, dann betreten die Schüler einen Raum, in dem es sicher ist, man selbst zu sein.

Während unserer Achtsamkeitspraxis können wir uns unsere wildesten Fantasien eingestehen, unsere chaotischen Emotionen und unsere schwerfälligen Körper. Statt wie gewohnt unsere Peinlichkeiten zu vertuschen und gestresst nach Perfektion zu streben, können wir die Sau rauslassen, zusammen lachen und in einer nicht wertenden Gemeinschaft entspannt genießen. Statt nach Sündenböcken zu suchen und sich gegenseitig zu beschuldigen, kann die Klasse lernen mitsamt ihrer Fehler in Leichtigkeit und Fürsorge präsent zu sein. Solange dadurch niemand bloßgestellt wird, ist Humor ein wunderbares Mittel, um unsere Herzen zu öffnen. Humor, der uns unsere Menschlichkeit vorführt, statt auf Kosten anderer zu agieren, gibt uns die Sicherheit, wir selbst sein zu können, so albern und unfertig das auch sein mag.

Wesentliche Bestandteile eines achtsamen Klassenzimmers

Wir haben in unserem Klassenzimmer ein sicheres, respektvolles und aufrichtiges Umfeld geschaffen, das den Gedanken, Gefühlen, Zweifeln, Frustrationen und allem anderen, was gerade vorgehen mag, Raum gibt. Was immer wir bemerken, ist so, wie es ist, und das ist okay. Nach unserer geführten Sitzmeditation haben die Kinder immer die Möglichkeit, ihre Erfahrungen zu teilen. Dass sie in der Lage sind, so vieles auszudrücken, bewegt mich jeden Tag.

JENNY HARVEY, LEHRERIN EINER ERSTEN KLASSE

Im Folgenden finden Sie einige Empfehlungen, wie Sie Achtsamkeit in der Schule oder in Ihrer Jugendeinrichtung integrieren und so ein Umfeld schaffen können, das der inneren Verbundenheit, der emotionalen Gesundheit und sozialen Kompetenz zuträglich ist. Denken Sie jedoch daran, dass systemische Veränderungen immer effektiver sind, als einzelne Übungen mit einer bestimmten Klasse. Die beste Wirkung erzielt man, wenn die gesamte Schule einbezogen wird, auch die Familien in mitfühlender Erziehung geschult werden und die Gemeinschaft, in die wir unsere Kinder entlassen, die Eigenschaften, die wir durch Achtsamkeit entwickeln, auch weiterhin unterstützt.

Ein achtsamer Morgen

Vergessen Sie Ihre eigene Achtsamkeitspraxis nicht, bevor Sie in den Tag starten. Es wäre wunderbar, wenn Sie in Ihrem Arbeitsumfeld eine Gruppe finden würden, mit der Sie jeden Tag 10 bis 30 Minuten sitzen könnten. Sie könnten zum Beispiel gemeinsam eine Übung zur Herzensöffnung machen und sich und Ihren Schülern liebevolle Wünsche senden. Verbinden Sie sich mit Ihrem offenen Herzen, Ihrer Aufmerksamkeit und Ihrer Ausgeglichenheit, bevor der tägliche Wirbel beginnt.

Schauen Sie, ob Sie alle ankommenden Schüler mit Ihrer unmittelbaren Aufmerksamkeit und einer innerlichen Zuwendung begrüßen können. Bemühen Sie sich jeden Schüler wahrzunehmen, ohne ihn in irgendeine Schublade Ihrer Erwartung zu stecken. Denken Sie so gut Sie können daran, dass die größte Bedeutung des Unterrichts in der Beziehung liegt – Ihre emotionale Erreichbarkeit und Ihre mitfühlende Präsenz unterstützen die Lernfähigkeit des Kindes.

Achtsame Momente einplanen

Ein offizieller achtsamen Moment zu Beginn des Tages fördert den Zusammenhalt der Gruppe und hilft allen, sich sicherer zu fühlen und aufmerksamer zu sein. Dieser achtsame Augenblick kann unterschiedlich gestaltet werden. Sie könnten eine von Ihnen ausgewählte Achtsamkeitsübung machen, wie achtsames Atmen, Hören oder Bewegen. Sie könnten auch ganz einfach gemeinsam in Stille sitzen. Es ist auch ein guter Zeitpunkt, um ein Sprechsymbol herumzureichen und sich kurz über ein Thema auszutauschen. Dieses Sprechsymbol kann ein Stock sein, ein Knetball oder jeder andere Gegenstand, den man hält, während man spricht und alle anderen dem Sprechenden zuhören. Falls die ganze Schule, Schüler und Lehrer morgens gemeinsam in Stille sitzen oder ein achtsames Schulmeeting abhalten können, wäre das natürlich wunderbar, je mehr desto besser.

Achtsame Augenblicke sind auch hilfreich, wenn in der Klasse gerade große Unruhe herrscht oder eine Situation emotional aufgeladen ist oder war, wie eine Meinungsverschiedenheit oder ein Streit zwischen den Schülern. Es ist sehr hilfreich, die Schüler selbst um einen achtsamen Klassenmoment bitten zu lassen, vor einem Test zum Beispiel oder wann immer es eine Menge Stress gibt.

Auch kurz vor Unterrichtsende oder nach der Pause sind gute Zeitpunkte für einen Augenblick der Achtsamkeit. Achtsamkeitsübungen können Übergänge erleichtern, indem Sie die Schüler im Laufe des Tages immer wieder an einen Ort der Stille zurückbringen.

Friedensecke

Linda Lantieri war die Wegbereiterin des Konzepts der Friedensecke, das mittlerweile in Schulen auf der ganzen Welt eingesetzt wird. Eine Friedensecke ist ein sicherer, fürsorglicher, fest zugeordneter Platz im Klassenzimmer oder an einem anderen Ort im Schulgebäude. Am besten wäre es, diesen Ort zusammen mit den Schülern auszusuchen. In diesen Ecken können sich Gegenstände befinden, die man in die Hand nehmen und mit denen man spielen kann, Malsachen oder beruhigende Musik auf einem MP3- Player. Die Ecke wird mit Kissen, Stoffen und anderen angenehmen Materialien dekoriert.

Die Schüler gehen selbst in diese Ecke. Dies ist kein Ort, an den ein Schüler von einem Lehrer geschickt wird; man kann dahin gehen, wann immer man will. Die Schüler gehen in die Friedensecke, wenn sie sich unausgeglichen fühlen und kommen zurück, wenn sie wieder bereit sind zu lernen. Die meisten Lehrer sagen, dass die Schüler in die Friedensecke gehen, unmittelbar bevor sie ihrem Ärger oder ihrer Frustration freien Lauf lassen würden und nicht lange dort bleiben. Alle Lehrer, mit denen ich gesprochen habe, sagen, dass ihre Schüler nicht mehr als 5 oder 10 Minuten in der Friedensecke bleiben und diesen Ort nicht dazu benutzen, um Unterrichtsstunden zu schwänzen.

Es besteht auch kein Grund, es bei einer Friedensecke zu belassen. Wir können das ganze Klassenzimmer und die ganze Schule friedlich gestalten. Achten Sie auf die Bilder, das Licht und die Sitzordnung in

Ihrer Klasse. Setzen Sie sich einmal auf den Stuhl der Kinder und schauen Sie, wie sich diese Lernumgebung anfühlt. Was könnte zur Entspannung Ihres Nervensystems beitragen und Sie zum Lernen motivieren? Fragen Sie auch die Kinder. Die Schüler haben manchmal wundervolle Ideen, wie man das Klassenzimmer gestalten kann und diese Form des Dialogs vermittelt den Kindern das Gefühl, dass ihr Wohlergehen wichtig ist.

Achtsame Sprache verwenden

Sobald die Schüler erste Erfahrungen mit dem Achtsamkeitstraining gesammelt haben, kann man einige grundlegende Begriffe einführen. Vorschläge für solche Stunden finden Sie in dem Abschnitt der Achtsamkeitslektionen und Übungen. In diesen Stunden lernen die Schüler, ihre Empfindungen, Emotionen und Gedanken in Worte zu fassen. Ein Achtsamkeits-Wortschatz hilft den Schülern, klar über ihr Inneres sprechen und sich den anderen besser mitteilen zu können.

Die Schüler lernen, was es bedeutet ihren achtsamen Körper aufzuwecken. Ein achtsamer Körper heißt, dass wir auf die Empfindungen unseres Körpers achten und uns des Raums um uns bewusst sind. Es bedeutet auch, dass wir uns der zwei Säulen der Achtsamkeit bewusst sind: Fokus und Entspannung. Man kann die Schüler auch auffordern ihren „achtsamen Körper aufzuwecken“, bevor sie auf eine Exkursion oder in die Pause gehen, damit sie daran denken, vorsichtig und aufmerksam zu sein.

Ein weiterer Kerngedanke ist der Atemanker. Der Atemanker ist eine Fokussierungsübung, in der wir darauf achten, wie sich unser Atem in unserem Bauch anfühlt. Wir sagen den Schülern, dass der Atemanker ihnen hilft, sich wieder ruhig und gesammelt zu fühlen, selbst wenn es im Augenblick gerade ziemlich chaotisch zugeht in ihrem Leben. Wenn die Schüler ihren Atemanker einmal kennen, dann können Lehrer oder auch andere Schüler sie daran erinnern, wann immer es zu einer stressigen oder belastenden Situation kommt. Der Schulleiter könnte sogar über Lautsprecher ansagen, dass sich in Anbetracht der Tatsache, dass diese Woche eine Menge Prüfungen sind, alle daran erinnern sollen, dass sie ja ihren Atemanker haben, wann immer sie ihn brauchen.

Herzensöffnung und Herzensverbundenheit sind weitere Begriffe, die für die Schüler hilfreich sind. Sie beziehen sich auf Achtsamkeitspraktiken, bei denen man sich auf positive emotionale Zustände wie Freude und Mitgefühl konzentriert und lernt, bewusst mit schwierigen Emotionen wie Wut und Trauer umzugehen. Wenn die Schüler lernen, liebevolle und fürsorgliche Gedanken zu senden, dann können wir sie immer wieder zu ihrer Herzensöffnung zurückführen, wenn heikle Dinge in der Klasse vorgehen oder jemand besonders emotional wird.

Viele Lehrer sprechen in ihrem Unterricht darüber, wie unser Gehirn funktioniert. Sie beschreiben das Reptiliengehirn, das Säugetiergehirn und den Neocortex. Das Reptiliengehirn ist der Teil unseres Gehirns, der für unser Verlangen, unsere Sehnsüchte, Abwehrreaktionen und viele instinktive Reaktionen verantwortlich ist. Das Säugetiergehirn ist der Sitz unserer Emotionen und lenkt einen Großteil unseres Beziehungsverhaltens. Der Neocortex steuert unser logisches Denken und ist in der Lage, den Rest des Gehirns zu regulieren, wie der Kapitän eines Schiffes. Die Amygdala ist der Teil des Gehirnes, von dem unsere Impulsivität ausgeht. Ich habe Schüler oft sagen hören: „Meine Amygdala ist schuld", oder: „Mein Ochsenhirn wollte Tom den Ball wegnehmen, aber mein Neocortex hat es verhindert."

Vereinbarungen treffen

Gleich ob Sie in einer Schule, in einer Jugendstrafanstalt oder als Psychotherapeut arbeiten, es ist in jedem Fall ungeheuer wichtig, gemeinsam Vereinbarungen zu treffen. Um einen sicheren Rahmen zu schaffen, in dem die Schüler sich wohlfühlen, ihre Gefühle mitteilen und sie selbst sein können, laden wir sie ein, mit uns zusammen in einem demokratischen Prozess, Vereinbarungen zu treffen. Diese Praxis der Gruppenentscheidungen ist an sich schon eine erstaunliche gemeinschaftliche Lernerfahrung. Regeln, die gemeinsam beschlossen wurden, stoßen meist auch auf weniger Widerstand.

Natürlich wird es immer Regeln geben, die vom Lehrer aufgestellt werden und nicht zur Diskussion stehen. Es ist wichtig, diese Regeln zu erklären. Alle Regeln sollten dazu dienen, eine sichere, inspirierende Atmosphäre zu schaffen, eine einfache Erklärung sollte also reichen, um den Zweck einer Regel zu erklären. Wenn es die Regel gibt, dass niemand in der Klasse angegriffen oder verletzt werden darf, dann ist das ganz leicht damit zu erklären, dass Ihnen die Sicherheit aller Schüler am Herzen liegt und Sie wollen, dass alle dazu beitragen, dass man in der Klasse lernen, sich entspannen und glücklich sein kann. Wenn eine Regel sehr schwierig zu erklären ist, ist es möglicherweise keine sehr gute Regel. Bevor Sie beginnen gemeinsame Vereinbarungen zu treffen, könnten Sie erklären, warum Sie sich für die bestehenden Klassenregeln entschlossen haben.

Als erster Schritt zu gemeinsamen Klassenvereinbarungen könnten Sie gemeinsame Werte bestimmen. Schreiben Sie alle Werte auf, die für die Schüler zu einem idealen Klassenzimmer gehören. Einige Beispiele wären: Sicherheit, Respekt, Fairness und Spaß.

Danach besprechen die Schüler untereinander, welche Vereinbarungen ihrer Meinung nach einen der gemeinsam gefundenen Werte fördern würden. Für Respekt zum Beispiel könnten die Schüler sagen: „Keine abfälligen Bemerkungen" oder „Niemand nimmt dem anderen etwas weg."

Nachdem alle diese Vorschläge niedergeschrieben wurden, schaut man, auf welche Vereinbarungen sich die ganze Klasse einigen kann.

Danach sprechen Sie darüber, was passiert, wenn diese Abmachungen nicht eingehalten werden. Was würde zum Beispiel mit dem Vertrauen innerhalb der Klasse geschehen, wenn die Vereinbarung gebrochen würde und welche Schritte wären notwendig, um dieses Vertrauen wieder aufzubauen?

Sie können alle Vereinbarungen auf ein Blatt Papier schreiben und es an die Wand heften. Wenn die Klasse eine neue Vereinbarung beschließt oder eine bereits beschlossene verändern will, dann nehmen sie das Papier von der Wand und sprechen erneut darüber. So können laufend Gespräche über neue Erfahrungen und neue Vereinbarungen geführt werden.

Diese Art der Diskussionen ermächtigt die Kinder gemeinsam Klassenregeln zu erstellen, was auch bedeutet, dass sie nicht das Gefühl haben, gegen diese Regeln ankämpfen zu müssen. Da diese Vereinbarungen aus dem entstanden sind, was den Schülern selbst wichtig ist, fällt es ihnen auch leichter, sie zu akzeptieren.

Vereinbarungen sind für jede soziale Situation essentiell, Manchmal braucht es ein wenig Zeit, damit sie sich durchzusetzen. Geben Sie sich und den Kindern diese Zeit. Das stärkt die Schüler und nimmt Ihnen den Druck. Während die Gruppe lernt sich selbst zu regulieren, verbessert sich auch die innere Regulation der einzelnen Schüler.

Achtsamkeit ist immer freiwillig

Achtsamkeit sollte immer eine Alternative aber nie eine Vorgabe sein. Wenn wir Achtsamkeit anordnen, dann entgeht den Schülern womöglich die Schönheit dieses Angebots, einfach weil sie nicht gesagt bekommen wollen, was sie zu tun haben.

Wenn man ihnen die Wahl überlässt, dann ist es ihre eigene Entscheidung. Sie können Achtsamkeit unvoreingenommen betrachten und selbst entscheiden, ob das etwas für sie ist oder nicht.

Die Achtsamkeitslektionen sollten auch nicht auf die Schüler beschränkt werden, die sich durch ihre schulischen Leistungen hervorgetan oder es auf irgendeine andere Art „verdient" haben. Stellen Sie sicher, dass niemand von der Achtsamkeitszeit ausgeschlossen wird, selbst unaufmerksame oder schwierige Kinder nicht. Manchmal ist es besser sehr langsam vorzugehen, um alle an Bord zu holen, statt die Dinge voranzutreiben, indem man Hindernisse beseitigt. Achtsamkeit ist für alle da.

Schüler, die nicht mitmachen wollen, können am Rand des Klassenzimmers sitzen oder einfach ruhig auf ihren Plätzen bleiben und nicht mitmachen. Sehr oft beginnen Schüler sich nach einigen Stunden doch dafür zu interessieren, einfach weil ihnen gefällt, was sie mitbekommen oder ihre Freunde ihnen erzählt haben. Es ist wesentlich zielführender, ein Kind einfach in Ruhe zu lassen, das dann vielleicht später aus eigenem Antrieb mitmacht, als seine Teilnahme anzuordnen und es die ganze Zeit mitschleppen zu müssen. Achtsamkeit, die aufgezwungen wird, ist keine Achtsamkeit.

Gesprächskreis

Ein Gesprächskreis ist eine Kommunikationsstruktur, die zu nicht-hierarchischem Dialog und intensivem Zuhören einlädt. Hier finden die Eigenschaften Anwendung, die wir durch Achtsamkeit fördern wollen. Die Kinder sind eingeladen, achtsam zuzuhören und empathisch und authentisch zu sein. Der Gesprächskreis eignet sich für alle Altersgruppen. Kleine Kinder lieben es, wenn ihnen alle aufmerksam zuhören und diese Praxis hilft ihnen, emphatisch zuzuhören und geduldig zu sein, bis sie an der Reihe sind. Ältere Schüler nutzen den Gesprächskreis, um das, was sie in ihren Achtsamkeitsstunden gelernt haben, umzusetzen. Sie können Fragen und Schwierigkeiten besprechen und Einsichten teilen, zu denen sie gelangt sind.

Für einen Gesprächskreis ist es maßgeblich, zuerst einen sicheren Rahmen zu schaffen. Dazu stellt man die Stühle in einem Kreis auf und sorgt dafür, dass niemand unterbrochen wird. Dann erklärt man, dass alles, was hier besprochen wird, vertraulich ist und holt dazu das Einverständnis der Schüler ein. Sie können eine Glocke läuten, einen Teddybär in die Mitte setzen oder irgendein anderes Ritual festlegen, das den Beginn des Gesprächskreises kennzeichnet. Ein Ritual zu Beginn und als Abschluss schafft einen sicheren Rahmen.

Ein Sprechsymbol hilft dabei, dass konsequent nur eine Person spricht und alle anderen zuhören. Das könnte ein Knetball sein oder irgendein anderer Gegenstand, den die Kinder in der Hand halten, wenn sie sprechen. Derjenige, der spricht, ist eingeladen, offen und von Herzen zu sprechen. Die anderen sind aufgefordert achtsam zuzuhören und wirklich wahrzunehmen, was der Sprechende sagt. Man kann die Kinder entweder reihum sprechen lassen oder eine beliebige Reihenfolge wählen, bei der jeder, der sprechen will, seine Hand hebt. Niemand wird gezwungen zu sprechen, aber Sie können die Ruhigeren ohne weiteres ermutigen, sich zu Wort zu melden.

Um das Gespräch in Gang zu bringen, stellt man eine Geschichte, ein Zitat oder eine Frage zur Diskussion. In den Achtsamkeitsstunden ist der Gesprächskreis eine wunderbare Möglichkeit für die Schüler, über ihre Erfahrungen zu sprechen. Die Schüler lesen eine Geschichte oder ein

Zitat, das zum Thema der Stunde passt, und sprechen dann darüber, wie sich diese Angelegenheit in ihrem Leben darstellt. Fragen, die das soziale oder emotionale Leben der Schüler betreffen, eröffnen die Möglichkeit für wichtige Gespräche über die Art und Weise, wie man Achtsamkeit ins alltägliche Leben integriert.

Für die Lehrer sorgen

Wie ich schon mehrmals betont habe, ist es ungeheuer wichtig, dass Lehrer daran denken, in erster Linie einmal für sich selbst zu sorgen. Dazu eignen sich dieselben Übungen und Achtsamkeitsmomente, die man den Schülern anbietet. Eine andere Möglichkeit sind wöchentliche Achtsamkeitstreffen.

Das könnte zum Beispiel einfach eine Zeit sein, in der die Lehrer 30 Minuten lang gemeinsam in Stille sitzen und anschließenden ein Gespräch führen. Vielleicht möchten Sie auch eine geführte Achtsamkeitsmeditation machen oder sich, nach dem Sitzen, einen Vortrag über Achtsamkeit anhören, über den man sprechen kann. Wenn es möglich ist 10 Minuten zu Beginn und am Ende jedes Tages zu finden, in denen die ganzen Belegschaft oder auch eine kleinere Gruppe zusammen sitzt, wird das für alle großen Nutzen bringen.

Regelmäßige Tage zur beruflichen Weiterbildung mit einem Achtsamkeitslehrer, der eine längere stille Sitzmeditation leitet, helfen den Lehrern ihre Praxis zu vertiefen. Wenn das die Lehrer inspiriert, können sie externe Achtsamkeits-Zentren aufsuchen. Es gibt zahlreiche Retreat-Center und Sitzgruppen, die den Einzelnen in seiner Praxis unterstützen.

Kulturelle Vielfalt und Integration bearbeiten

Wenn Sie gekommen sind, um mir zu helfen, dann verschwenden Sie Ihre Zeit. Doch wenn Sie gekommen sind, weil Ihre Befreiung untrennbar mit der meinen verbunden ist, dann lassen Sie uns zusammen arbeiten.

ABORIGINI-AKTIVISTEN GRUPPE, QUEENSLAND, 1970

Am Abend nach dem tragischen Amoklauf in der Grundschule in Sandyhook sollte ich für die 90 Teilnehmer unseres Lehrgangs am Mindful Education-Institut einen Online-Vortrag über den Umgang mit destruktiven Emotionen halten. Ich sprach darüber, wie wichtig es war, dass wir lernten, zusammen zu trauern und zu heilen, in Schulen und in anderen Gemeinschaften. Die Lehrer erzählten von ihren Gesprächen mit den Schülern und wie diese Tragödie die Kinder getroffen hatte. Dann sprach Patrick Schirmer, einer der Lehrer in unserem Programm, über ein besonders schwieriges Gespräch mit seiner 10. Klasse, die vorwiegend aus Kindern afroamerikanischer Herkunft bestand. Nachdem er den Sandyhook-Amoklauf zur Sprache gebracht hatte, reagierten einige Schüler mit großer Trauer und Angst, andere wiederum brachten ihre Wut darüber zum Ausdruck, dass die Medien diesem Amoklauf solch große Aufmerksamkeit widmeten, wo doch in ihrer Nachbarschaft tagtäglich Farbige umgebracht wurden und es niemanden zu kümmern schien.

Als erfahrener Achtsamkeitslehrer, reagierte Patrick zunächst mit echtem, wertfreiem Interesse an der Wut und dem Schmerz der einzelnen Schüler. In einem tiefgreifenden Gespräch, das nur durch diese Wertfreiheit möglich war, zeigte sich, dass viele Schüler eine latente Wut in sich trugen, weil Menschen, die sie persönlich gekannt hatten, ermordet worden waren. Jeder Schüler hatte seinen eigenen Kummer, sei es nun wegen Sandyhook, wegen Oscar Grant (ein Mann, der in der Nachbarschaft von einem Verkehrspolizisten erschossen worden war) oder wegen eines Familienmitglieds. Hätte Patrick den Schülern gesagt, die angebrachte Reaktion auf diesen Amoklauf wäre Trauer, dann hätte er sich den Zugang zu den authentischen Gefühlen seiner Schüler versperrt. So jedoch war er der Wahrheit im Inneren jedes einzelnen Schülers einen Schritt näher gekommen.

Bewusste, achtsame Wahrnehmung führt zu echtem Verständnis, was wiederum zu Mitgefühl und in Folge zu emphatischem Handeln führt. An manchen Tagen fahre ich von der Schule in Oakland, an der ich unterrichte, einige Meilen weiter zu einer privilegierten Privatschule in Berkeley Hills, an der mich statt Maschendrahtzäunen und Betonwüsten Mammutbäume und offene Wiesen erwarten. Im Gegensatz zu den 90 Prozent afroamerikanischen, verarmten Schülern der Oakland-Schule sind hier 90 Prozent der Kinder weiß und entstammen einem gutsituierten Elternhaus.

Ob ein Kind in Armut oder in wohlhabenden Verhältnissen aufwächst, ist einer der maßgeblichsten Faktoren für die Prognose von schulischem Erfolg oder Misserfolg. Bei ernsthafter Betrachtung der Diskrepanzen unseres Erziehungssystems, müsste es uns eigentlich das Herz brechen. Wenn wir uns Privilegien und Diskriminierung vor Auge führen, können wir die Dynamik unserer Gesellschaft hoffentlich besser verstehen und durch unsere Arbeit einen Beitrag für mehr Chancengleichheit leisten.

Kinder aus wohlhabenden Familien schneiden nicht nur in der Schule besser ab als Kinder aus armem Elternhaus, die Kluft zwischen den schulischen Leistungen von Arm und Reich hat sich in den vergangenen 30 Jahren sogar um 40 Prozent vergrößert (Reardon, 2013). Der Teufelskreis ist vorprogrammiert. Arme Schüler werden mit wesentlich größerer Wahrscheinlichkeit die Schule abbrechen, drogensüchtig und schließlich straffällig werden. Einmal in Gang gesetzt, ist dieser Kreis schwer zu durchbrechen. Fast ein Viertel aller Kinder in den Vereinigten Staaten leben in Armut und bei der Hälfte ist dies auch noch mit 35 der Fall, ein Drittel davon wird nie einen Schulabschluss machen und ihre Lebenserwartung ist um acht Jahre geringer (Emanuel, 2012). Es gibt viele wunderbare Geschichten von resilienten jungen Menschen, denen es gelungen ist aus dieser Negativspirale auszubrechen, und natürlich sollten wir immer bestrebt sein, Menschen in Not beizustehen, doch die effizienteste Unterstützung wäre es, diesen negativen Zyklus gar nicht erst entstehen zu lassen.

Achtsamkeitsunterricht ist gerade für Schulen in einem verarmtem Umfeld äußerst vielversprechend. Kinder, die Vernachlässigung, häusliche Gewalt und andere Traumata erlitten haben, können ganz besonders von der besseren emotionalen Regulation, dem Spannungsabbau und den Techniken zur Impulskontrolle profitieren. Achtsamkeit kann ein Heimathafen der Stabilität und ein inneres Rettungsseil für solch ein turbulentes junges Leben sein.

Ohne das entsprechende Verständnis für die Zusammenhänge und Wertigkeiten des jeweiligen kulturellen Backgrounds kann es jedoch leicht passieren, dass wir den Schülern mit unseren Lerninhalten keinen guten Dienst erweisen. Sagen wir zum Beispiel, uns wird ein 16-jähriger inhaftierter Afroamerikaner anvertraut, der in Pflegeunterbringung aufgewachsen und nun im Strafvollzug gelandet ist. Mit hoher Wahrscheinlichkeit umfasst die authentische und gut begründete emotionale Erfahrung dieses Jugendlichen eine Menge Wut und Trauer. Obwohl bessere Impulskontrolle für diesen jungen Mann sicher von Nutzen wäre, sollte es nicht unser vorrangiges Ziel sein, ihn dazu zu bringen, seine Gefühle zu unterdrücken und sich zu beruhigen. Seine Wut ist gerechtfertigt und vielleicht hilft Achtsamkeit ihm dabei, diese Wut zu spüren, sie zu erkunden und einen Weg zu finden, sie auf produktive Art und Weise zu kanalisieren.

Die meisten Administratoren und Lehrer sind nicht bestrebt, die ihnen anvertrauten Kinder mit ihrer Wut in Kontakt zu bringen; sie möchten einfach, dass ihre Schüler leichter in den Griff zu kriegen sind. Einigen Leuten wäre es wahrscheinlich lieber, die Probleme der

Multikulturalität würden einfach verschwinden und alle würden gut miteinander auskommen. Doch Unterdrückung, Diversität und Privilegien gibt es seit wir denken können. Wir müssten diesen Dingen mit derselben Achtsamkeit begegnen, die wir für unseren Geist, unseren Körper und unser Herz aufbringen. Statt die Gegebenheiten, die wir vorfinden, verändern zu wollen, bringen wir ihnen Präsenz, Verständnis und Offenheit entgegen.

Wie immer beginnen wir mit der Achtsamkeit bei uns selbst: wie sieht es mit unseren eigenen Vorurteilen aus? Ungeachtet unserer ethnischen Zugehörigkeit und unseres kulturellen Backgrounds haben wir mit Sicherheit unbewusst einige Vorurteile der Gesellschaft und unserer Familie übernommen. Keine Sorge, da sind Sie nicht allein. Indem wir bewusst auf Gedankenmuster und unterschwellige Überzeugungen achten, gewinnen wir die Bewusstheit, um diskriminierende Verhaltensweisen zu durchbrechen. Wenn wir Kinder näher kennenlernen, merken wir möglicherweise, dass wir ihnen gegenüber Vorurteile haben und sie verurteilen. Achtsamkeit ist immer eine Möglichkeit zwischen den Zeilen zu lesen und Kontakt zu den Schülern herzustellen, wie sie wirklich sind. Wir müssen mutig genug sein, um uns die Frage zu stellen: „Auf welche Weise trage ich zu Unterdrückung und Rassismus bei?“

Es gibt ethnische, geschlechtsspezifische, körperliche, sexuelle und viele andere Normen, an denen wir uns erwartungsgemäß orientieren sollten. Es wäre passend, sich maskuliner oder femininer zu benehmen, in bestimmten Situationen cool zu sein und alle Aspekte, die nicht zu diesen Vorgaben passen, am besten zu verstecken. All die Umstände, unter denen wir oder andere beschimpft wurden, ergeben eine Blaupause dessen, was sicher und was nicht sicher, was akzeptabel und was nicht akzeptabel ist. Um da hineinzupassen, müsste man eigentlich schrumpfen. Wir sehen Mütter, die gelernt haben, dass sie nur akzeptiert werden, wenn sie dünn sind, und nun ihre eigenen Töchter wegen ihres Gewichts verurteilen und so die grausamen Erniedrigungen, die sie selbst erfahren haben, fortführen, weil sie „helfen“ wollen. Wir sehen Eltern, die ihre Kinder vor Menschen anderer Hautfarbe warnen, im Bemühen, sie zu „schützen“, doch eigentlich vergiften sie die nächste Generation mit ihren eigenen Ängsten. Nur wenn wir uns unsere eigenen Ängste und Vorurteile eingestehen, können wir dieses Perpetuum Mobile unterbrechen.

Erst wenn wir unsere Schüler einmal aus den Schubladen geholt haben, in die wir sie gesteckt haben, können wir sie sehen, wie sie wirklich sind. Gehen Sie nie davon aus, dass Sie wissen, was in der inneren Welt eines Kindes vorgeht. Kinder spüren, wenn man echtes Interesse für sie hat. Sie spüren, dass sie jemandem wichtig sind. Es gibt Kinder, die das nie zuvor gespürt haben, Kinder, die sich nie wirklich wahrgenommen gefühlt haben. Wenn wir uns für sie interessieren, dann erinnern die Kinder sich daran, dass sie etwas ganz Besonderes sind und fassen den Mut, der Welt zu zeigen, wer sie wirklich sind. Echtes Interesse an Ihren Schülern bedeutet, etwas darüber zu lernen, wie sie die Welt sehen, wie ihr Familienleben aussieht und unter welchen kulturellen Bedingungen sie leben. Das Ziel ist es, sie in ihrer Unterschiedlichkeit schätzen zu lernen und nicht, sie alle gleich zu machen.

Um unterschiedliche Schüler zu unterrichten, müssen wir ihre interkulturellen Perspektiven und den Wert, den Bildung für sie hat, kennen. Amerikanische Jugendliche asiatischer, afrikanischer, lateinamerikanischer oder indianischer Herkunft haben unglaublich unterschiedliche Werte. Selbst innerhalb verschiedener indianischer oder asiatischer Gruppierungen gibt es große Unterschiede. Es ist von ungeheurer Wichtigkeit, sich über die ethnische Identität Ihrer Schüler zu informieren und die beste Recherche besteht aus Gesprächen mit den Schülern und deren Familien. Die Werte der Familie, die Bedeutung, die Bildung für sie hat, ja die gesamte Weltsicht, mit der die Kinder aufwachsen, mag sich ganz erheblich von Ihrer eigenen unterscheiden.

Unsere Achtsamkeitspraxis kann uns dabei helfen, unsere statische Weltsicht loszulassen und Verständnis für die unterschiedlichsten Lebensarten zu entwickeln. Auch die Auffassung von Disziplin und das Verhältnis zu Autoritätspersonen können stark voneinander abweichen. Um diese Kinder zu unterrichten, müssen wir verstehen wie die einzelnen Schüler lernen.

Im Umgang mit Diversität müssen wir uns immer wieder bewusst machen, dass es sich um ein äußerst heikles Thema handelt. Gehen Sie davon aus, dass Sie immer wieder ins Fettnäpfchen treten und Fehler machen werden. So haben manche Kinder zum Beispiel keine oder gleichgeschlechtliche Eltern. Achten Sie auf Ihre Formulierungen und vermeiden Sie unter Umständen Aussagen wie: „In dieser Dankbarkeitspraxis wollen wir an unsere Eltern denken". Versuchen Sie bei der Vorbereitung des Unterrichts und in den Stunden selbst, das Verhältnis der Kinder zu ihrem Geschlecht, ihrer Sexualität, ihrer Ethnie, ihrer Religion etc. nicht außer Acht zu lassen. Wir können den Schülern helfen, auf ihre Unterschiede und ihre Herkunft stolz zu sein, doch es sollte stets mit großer Sorgfalt und großem Feingefühl geschehen.

Achtsamkeitshinweise

- Interessieren Sie sich für Ihre Schüler. Recherchieren Sie über die Volksgruppen und die Kulturen, mit denen Sie arbeiten – am besten lernt man durch das einfache Zusammensein mit den Schülern und ihren Familien. Finden Sie heraus, was sie interessiert und wie sie ihr Leben leben.
- Kulturelle und religiöse Traditionen gehen unterschiedlich mit Emotionen um. Einige Kulturen sind zum Beispiel kaum gewohnt, ihre Gefühle auszudrücken – die Praxis der Herzensöffnung mag die Schüler besonders verletzbar machen.
- Seien Sie Sie selbst. Versuchen Sie nicht, sich so zu benehmen, als ob sie zu der jeweiligen Volksgruppe gehören würden. Sie müssen keinen Slang sprechen und sie müssen sich auch nicht anders anziehen. Seien Sie authentisch und lassen Sie die Studenten wissen, wer Sie sind und wie Ihr Leben aussieht. Es gibt keinen Grund sich dafür zu entschuldigen!
- Schaffen Sie Gelegenheiten, sich mit Herkunft, Kultur und Familiengeschichte auseinanderzusetzen. Unterstützen Sie die Schüler dabei, eine Beziehung zu ihrer Geschichte zu entwickeln und auf sie stolz zu sein. Helfen Sie ihnen, etwas über die Kultur der anderen zu lernen und sie zu respektieren.

Stress und Traumata bearbeiten

José umklammert den roten Knetball mit seiner geballten Faust wie ein Löwe seine Beute. Seine Augen sind geschlossen und langsam beginnen sich seine Schultern zu senken und sein Atem beruhigt sich. Allmählich entspannt sich seine Faust, mit jedem Atemzug ein wenig mehr, wie die Blätter einer Blüte, bis der Ball schließlich aus seiner Hand auf den Boden fällt und hinüber zu Gerardo rollt, der José erstaunt ansieht. Die Übrigen – vier 13-jährige Jungen und ich – sehen einander mit ehrfürchtigem Lächeln an. Wir sind uns bewusst, dass gerade etwas Bedeutendes passiert ist.

Diese Jungen sind in eine komplexe Gang-Kultur verstrickt, die selbst die Schule, ihren Freundeskreis und ihre Familien durchdrungen hat. Ich arbeite als Therapeut an ihrer Schule und leite dort achtsamkeitsbasierte Aggressionsbewältigungsgruppen. Seit Monaten haben wir die Grundlagen geübt: achtsames Atmen, Herzensöffnung und ein Gewahrsein für schwierige Emotionen. Sie zu ermuntern, einmal die verletzlichen und emotionalen Teilen hinter ihrem taffen Äußeren zu ergründen, ist ein heikler Prozess. Manchmal richtet sich ihr Zorn gegen mich, oder sie verspotten sich gegenseitig und ich brauche meine gesamte Achtsamkeitspraxis um geduldig, geerdet und mitfühlend zu bleiben.

Diese Jungen – an der Schwelle zum Mannsein – lieben es, sich cool und taff zu geben, obwohl die Ängste und Unsicherheiten hinter diesem Draufgängertum leicht zu erkennen sind. Ich sehe es als meine Aufgabe, die Entwicklung dieser jungen Männer zu unterstützen, während ich mich gleichzeitig um den kleinen Jungen in ihnen kümmere. Wenn wir die ersten Achtsamkeitsübungen machen, dauert es meist nur wenige Minuten bis sie unruhig werden oder einen Mitschüler zu schubsen beginnen. Doch nur wenige Stunden später sagen sie Dinge wie: „Es ist echt komisch, es macht mich wirklich ruhiger", oder: „Es fühlt sich an, als ob ich alleine wäre und mir keine Sorgen über irgendetwas machen müsste".

Obwohl Jugendliche sich anfangs oft gegen Achtsamkeitsübungen wehren, werden diese schnell zu ihren Verbündeten, sobald sie den unmittelbaren wohltuenden Effekt auf ihren Körper und Geist erfahren haben.

Wenn ich das Gefühl habe, dass den Schülern ausreichend Rüstzeug zur Verfügung steht, um ihre Emotionen zu erkennen und mit ihnen zu arbeiten, beginne ich ihre Wut etwas direkter anzusprechen. Wir haben einen roten Ball, den wir oft als Sprechsymbol benutzen. Derjenige, der spricht, hält den Ball und wirft ihn in den kleinen Basketball-Korb, wenn er fertig ist. Das macht ihnen Spaß, also nehme ich den roten Ball und sage ihnen, dass wir jetzt ein Spiel spielen, das Wut-Ball heißt. „Wer ärgert sich gerade über irgendetwas?", frage ich. Josés Hand schießt nach oben. Ich werfe ihm den Ball zu und er beginnt eine Schimpftirade über irgendein Kind von einer anderen Schule, das seinen Vater beleidigt hat. Josés Vater musste gerade ins Gefängnis, weil er seine Schwester missbraucht hat. Offensichtlich trifft es José tief, wenn Kinder sich über seinen Vater lustig machen. Man kann sich vorstellen, wie zwiespältig und schmerzhaft diese Emotionen sind.

„Wenn ich den Kerl seh, dann mach ich ihn platt!" Zornig presst er den Ball zusammen, dreht ihn hin und her, seine Worte ergießen sich in einem steten, ungebrochenen Schwall aus Wut und Verzweiflung.

„Siehst Du, was Du mit dem Ball machst?", frage ich ihn.

„Ja! Genau das will ich mit ihm machen!"

„Okay, dann los. Wir stehen alle hinter Dir. Wir helfen Dir. Du kannst so wütend sein, wie Du willst." Er sieht mich einen Moment lang an, zweifelt ob ich es ernst meine. Ein Flackern in seinen Augen und er wirft den Ball zu Boden, tritt auf ihn ein und wirft ihn gegen die Wand. Mittlerweile keucht er und der Raum fühlt sich an wie eine durchgeschüttelte Limonadendose, die jeden Augenblick zu explodieren droht. Ich biete ihm an, sich zu setzen und bitte die Gruppe leise, ihm zu helfen, indem sie ihm liebevolle Gedanken senden, während er all seine Energie durch seine Händen auf den Ball richtet.

„José, Du hast alle Zeit der Welt; halte den Ball einfach mit all Deinen Gefühlen und mach währenddessen den Staubsauger-Atem. Schau, ob er Deine Wut vielleicht aufsaugen kann. Wenn die Wut weg ist, kannst Du den Ball fallen lassen. Bis dahin sitzen wir einfach hier bei Dir und machen auch den Staubsauger-Atem, um Dich zu unterstützen."

Ich beobachte, wie er den Ball etwa drei oder vier weitere Minuten umklammert hält und dann langsam – während er mit all den anderen Jungen zusammen atmet – sein ganzer Körper entspannt. Die Spannung im Raum ist spürbar geringer geworden, langsam öffnet sich seine Hand und der Ball fällt zu Boden. Alle Jungen sitzen einen Augenblick lang mit weit geöffneten Augen da. „Das will ich auch probieren", sagt Gerardo.

Eine Woche später erzählt Gerardo der Gruppe, wie er von zwei Jugendlichen angegriffen wurde, die versuchten eine Schlägerei zu provozieren. „Ich habe meine geballten Fäuste gespürt und dann ist mir die Geschichte mit dem Wut-Ball eingefallen und ich hab angefangen zu atmen. Ich hab mich entspannt und sie einfach angeschaut; sie schienen selbst irgendwie verwirrt zu sein und Angst zu haben. Ich habe gesagt, sie sollen sich beruhigen und bin weggegangen. Sie haben mir kurz irgendwas hinterher geflucht, aber das hat nicht lange gedauert." Indem Gerardo seine gewohnten Reaktionsmuster durchbrach, konnte er objektiv wahrnehmen und die Angst erkennen, von der die anderen beiden Jugendlichen gesteuert waren.

Es gibt viele ähnliche Geschichten, in denen Jugendliche beginnen, Bewusstheit zu entwickeln und ihr Schicksal zu verändern.

José hat es gut erfasst: „Ich nehme an, der Wut-Ball ist wie dieses Spiel mit der heißen Kartoffel, die man an den nächsten weiterreicht, weil sie zu heiß ist. Ein Mensch geht auf einen andern mit seiner Wut los und dieser Mensch schlägt dann jemanden anderen und so reichen wir sie herum, weil niemand Achtsamkeit kennt."

Forschungsarbeiten beschreiben die verheerenden Folgen, die Traumata, Vernachlässigung und Missbrauch auf das Gehirn und unsere Gene haben, und welche Verhaltensmuster die Betroffenen im Laufe ihres Lebens entwickeln. Die Adverse Childhood Experience (ACE) Studie zeigt, dass schwierige Kindheitserlebnisse den Grundstein für Übergewicht, Drogenmissbrauch, Kriminalität und andere schädliche Verhaltensmuster legen, von denen man annimmt, dass sie auf irgendeine Weise stressmindernd wirken. „Die ACE-Studie zeigt auch, dass das Maß problematischer Kindheitserlebnisse mit einer erhöhten Anzahl von Risikofaktoren für die Haupttodesursachen einhergeht. Personen mit hohen ACE-Werten haben später ein höheres Risiko für Krankheiten, die aus den von ihnen gewählten Mitteln zur Bekämpfung ihres Schmerzes hervorgeht. Obwohl diese Mittel kurzfristig wirksam sind, leiden sie oft an den langfristigen Folgen, wie chronische gesundheitliche oder soziale Probleme" (Felitti u. a., 1998).

Kinder müssen wissen, wie sie mit schädlichem Stress umgehen können. Wenn man ihnen nicht geeignete Mittel und Gelegenheiten gibt, ihre Spannung abzubauen, dann erfordern schon die grundlegenden körperlichen Gegebenheiten irgendeine andere Form der Erleichterung. Wenn sie das nicht auf eine gesunde Weise tun können, stehen ihnen endlose ungesunde Möglichkeiten zur Verfügung. Statt unseren Versuchen der Drogensucht, Promiskuität, Gewalt und anderen destruktiven Verhaltensweisen Einhalt zu gebieten, müssen wir gesunde Alternativen schaffen. Mit Liebe, Fürsorge und Zuwendung kann ein Kind selbst unter den unmöglichsten Umständen gesund groß werden.

Einem gewissen Maß an Stress ist jedes Kind ausgesetzt, doch bei vielen sind es tatsächliche Traumata, die durch Vernachlässigung, einen zufälligen Unfall oder fortlaufenden Missbrauch ausgelöst werden. Einfach gesagt sind Achtsamkeit und Trauma Gegensätze. Achtsamkeit verankert uns im gegenwärtigen Augenblick und richtet unsere Aufmerksamkeit auf unsere Gefühle, Empfindungen und sich stets wandelnden Erfahrungen. Traumata hingegen bewirken, dass wir uns vom gegenwärtigen Augenblick, von unserem Körper, unseren Gefühlen und schwierigen Situationen entfernen und abkoppeln.

Traumata entstehen, wenn eine schmerzliche Erfahrung oder ein anhaltendes Problem so erdrückend für uns wird, dass wir die Fähigkeit verlieren, angemessen zu reagieren. Stephen Cope drückt es in seinem Vorwort zu dem Buch *Overcoming Trauma through Yoga* so aus: „Durch ein Trauma springt das Alarmsystem unseres Körpers an und wird nie wieder richtig abgeschaltet. Der Leidensdruck ist groß, denn wir können uns nicht mehr richtig entspannen, finden keine innere Ruhe, sind immer auf der Hut und der primitive Teil unseres Gehirns ist ständig auf der Suche nach Gefahren und Gelegenheiten. Unser innerer Wachposten liegt stets auf der Lauer" (Emerson 2011).*

Nach einem Trauma bleibt unser innerer Wachposten in höchster Alarmbereitschaft, als ob das ursprüngliche Trauma immer noch unmittelbar bevorstünde, selbst wenn unsere tatsächlichen Lebensumstände vollkommen ungefährlich sind. Bei einer Trauma-Reinszenierung eines Kindes, d. h. es durchlebt seine traumatische Erfahrung erneut, ähneln die gebräuchlichen therapeutischen Interventionen den Methoden der angewandten Achtsamkeit. Man fordert den Schüler auf, wieder in den Raum zurückzukehren, seinen Körper auf dem Stuhl zu spüren, die Farben, Formen und Klänge um sich herum wahrzunehmen. Man versucht dem Schüler zu helfen, sich im gegenwärtigen Moment, der für ihn vollkommen sicher ist, neu zu orientieren.

Trauma selbst ist eine Abspaltung vom gegenwärtigen Augenblick und Achtsamkeit ist solch ein gutes Gegenmittel, weil es die Kinder zurück in ihren Körper bringt. Es ist auch ungeheuer wichtig, den Kindern dabei zu helfen, einen Ort zu finden, an dem sie sich sicher fühlen. Einige Formen der Traumabewältigung nutzen zu dem Zweck einen sicheren Ort in der Vorstellung des Betroffenen, den er immer wieder aufsuchen kann, wenn er in seinem Körper zuviel Angst bekommt. Durch Achtsamkeit wollen wir einen inneren Zustand der Stille, der Sicherheit und Zufriedenheit schaffen. Dieser sichere Heimathafen ist ein Zufluchtsort für Kinder, die Traumata erlitten haben oder weiterhin traumatische Situationen durchleben.

---

* Dt. als: Emerson, David und Hopper, Elizabeth, Trauma-Yoga: Heilung durch sorgsame Körperarbeit. Lichtenau: Probst-Verlag, 2012.

Wir hoffen, dass Achtsamkeit den „inneren Wachposten" entspannen und den ausgeglichenen Zustand des Nervensystems wieder herstellen kann. Der integrative Effekt, den Achtsamkeit auf das Gehirn hat, könnte von vornherein verhindern, dass die unvermeidbaren Stressfaktoren des Lebens sich überhaupt im Körper festsetzen. Wir wissen bereits, dass zwei Menschen auf dieselbe Erfahrung vollkommen unterschiedlich reagieren können – der eine traumatisiert und der andere einfach nur mit einer schrecklichen Geschichte. Der entscheidende Faktor dabei scheint zu sein, ob dieser Mensch die inneren Ressourcen hat, um dem Erlebnis mit Resilienz und Hoffnung oder eben mit Hoffnungslosigkeit und Scham zu begegnen. Auf Angst reagiert zunächst jeder mit einer Aktivierung des sympathischen Nervensystems, doch Traumata entstehen erst dann, wenn die biochemischen Veränderungen des Körpers blockiert werden. In dem Buch *Waking the Tiger* schreibt Peter Levine: „Traumatische Symptome stammen von den eingefrorenen, energetischen Rückständen, die nie aufgelöst und entsorgt wurden. Diese Rückstände stecken im Nervensystem fest, von wo aus sie verheerende Schäden in unserem Körper und unserem Geist anrichten" (Levine, 1997).

Die meisten von uns kennen das Konzept von *fight-or-flight*, der „Kampf-oder-Flucht"-Reaktion. Über die dritte Möglichkeit, das Erstarren, wird wesentlich seltener gesprochen. Wenn eine Maus sieht, dass sich ihr ein Falke nähert, reagiert sie mit starkem Zittern. Menschen haben eine ähnliche instinktive Reaktion, doch die meisten von uns erinnern sich nicht mehr, wie man unter Stress zittert. Deswegen verbleibt dieser nicht „weggezitterte" Stress oft in unserem Körper.

Vor langer Zeit wussten wir noch, wie man traumatische Erlebnisse und Stress loslässt, doch heute, wie die Jungen in meiner Aggressionsbewältigungsklasse so richtig bemerkten, reichen wir die heiße Kartoffel einfach weiter. Wenn wir unseren Kindern nicht die geeigneten Mittel mitgeben, um auf schwierige Erlebnisse angemessen zu reagieren, dann tragen sie diese in ihrem Körper und fügen sich selbst oder der Welt um sie herum großen Schmerz zu.

Kinder sollten die sichere und regulierende Erfahrung machen, wie sie Stress loslassen und abbauen und wieder zur Ruhe finden können. Wir können ihnen in der Schule den erforderlichen geschützten zwischenmenschlichen Raum bieten, um ihr Verhältnis zu den Stressoren der Vergangenheit neu zu verdrahten. Das Nervensystem kann keine neuen Reaktionsweisen lernen, wenn es diese andere Möglichkeit nicht zuvor intensiv körperlich erlebt hat. Das Gehirn muss buchstäblich neu vernetzt werden und diese Vernetzung kann nur durch wiederholte emphatische Interaktion geschehen. Ein Schüler kann einem wirklich fürsorglichen Lehrer oder Betreuer gegenüber ausgesprochen misstrauisch sein, weil er in seinem Leben traumatische Missbrauchserfahrungen mit älteren Menschen gemacht hat. Durch die Geduld, die liebevolle Zuwendung und das Verständnis dieses Lehrers könnte dieser Schüler lernen, dass nicht alle älteren Menschen gefährlich sind und einige davon ihm tatsächlich helfen wollen. Wie Bessel A. Van der Kolk schreibt: „Das Ziel der Behandlung von PTBS (Posttraumatische Belastungsstörung) ist es, den Menschen zu helfen in der Gegenwart zu leben, ohne dass für das Jetzt irrelevante vergangene Anforderungen ihr Fühlen und Handeln bestimmen“ (Von Der Kolk, 1994).

Achtsamkeit ist das Tor zum gegenwärtigen Augenblick. Wir leiten jeden Schüler systematisch dazu an, zu beobachten, wie sein gewohnheitsmäßiges Reaktionsmuster ihn aus der Gegenwart forttreibt und laden ihn dazu ein, in seinen Körper im Hier und Jetzt zurückzukehren.

Angewandte Achtsamkeit ist in der Lage ein belastetes System zu integrieren, doch wir dürfen dabei nicht vergessen, dass Achtsamkeitsübungen auch sehr schwierige emotionale Reaktionen und damit eine unerwünschte Wirkung auslösen können, wenn sie ohne adäquate Eingrenzung durchgeführt werden. In der Regel haben Kinder gelernt, sich durch einen emotionalen Panzer zu schützen. Wenn sich in einer Achtsamkeitsklasse eine geschützte und liebevolle Atmosphäre entwickelt, können diese weggesperrten Emotionen an die Oberfläche kommen. Wir wollen, dass die Schüler in einem geschützten Rahmen eine vollständige emotionale Erfahrung machen können, doch ohne entsprechende Führung, wird aus dieser Freisetzung von Gefühlen nur allzu leicht eine erneute Traumatisierung.

Achtsamkeit macht tiefgreifendes Heilen möglich, doch ist es unumgänglich, sich eingehend mit den Trauma-Mechanismen und den möglichen Auswirkungen der einzelnen Achtsamkeitspraktiken auseinanderzusetzen. David Treleaven macht in seiner Arbeit über Meditation und Trauma (Treleaven, 2012) auf die Gefahr aufmerksam, dass Achtsamkeit zu einer trennenden, statt einer heilenden und einenden Praxis wird. Treleaven untersucht wissenschaftlich relevante und wirkungsvolle Traumatherapien wie Peter Levines *Somatic Experiencing* („somatisches Erfahren") und die Sensorimotorische Psychotherapie. Obwohl er mit anderen Forschungsarbeiten hinsichtlich der positiven gesundheitlichen Auswirkungen von Achtsamkeit übereinstimmt, stellt er fest, dass ein Achtsamkeitslehrer, dem das hinreichende Verständnis für Traumamechanismen fehlt, einen Schüler ungewollt in eine sensorischen Bewusstheit drängen könnte, die äußerst belastend für ihn sein könnte. Treleaven schreibt: „Das soll natürlich nicht bedeuten, dass traumatisierte Menschen nicht meditieren oder tanzen dürfen, aber Lehrer, die nach diesen Traditionen unterrichten, sollten fundierte Kenntnisse über die Risiken kontemplativer und körperorientierter Methoden erwerben."

Trauma entsteht durch ein Maß an somatischer Belastung, dem die Psyche des jeweiligen Menschen nicht mehr gewachsen ist, und bewirkt, dass er sich von sich selbst abspaltet, um nicht vollkommen den Verstand zu verlieren. Wir würden ein traumatisiertes Kind nie wissentlich einem erneuten Missbrauch aussetzen, doch die somatische Erfahrung noch einmal zu durchleben ohne die adäquate Eingrenzung des Therapeuten ist in gewisser Weise dasselbe wie das ursprüngliche Trauma. Derselbe Schrecken durchflutet den Körper, die alten Schutzmechanismen fahren hoch und bestärken das alte Muster. Treleaven sagt: „Das versetzt traumatisierte Meditierende in die prekäre Lage, ihre Aufmerksamkeit auf Empfindungen zu richten, die möglicherweise die Spirale der Angst und des Erstarrens aufrechterhalten."

Um diesen Gefahren entgegenzuwirken, ist eine fundierte Aus- oder Fortbildung für trauma- und stressbezogene Störungen unumgänglich. So lernen wir nicht nur unsere Schülern feinfühlig und professionell zu begleiten, sondern auch mit unserem eigenen Stress und unseren Traumata sorgsam umzugehen. Zusätzlich zu unseren eigenen Schrammen und Dellen, die sich über Jahre hinweg angesammelt haben, übernehmen wir alle eine Menge Stress und Traumata beim Unterrichten. Wenn wir lernen, besser für uns selbst zu sorgen, sind wir in der Lage unser Herz weit zu öffnen und das emotionale Navigationsgeschick zu entwickeln, um Schüler im Labyrinth ihres Herzens achtsam führen zu können.

Achtsamkeitshinweise

- Vergessen Sie nie, dass Achtsamkeitsübungen insbesondere die Herzensöffnung, schwierige emotionale Reaktionen auslösen können. Bauen Sie sich ein starkes Netzwerk zusätzlicher Ressourcen, wie Schultherapeuten, Sozialarbeiter und kommunale Einrichtungen auf und nutzen sie es, um sich zu beraten oder Schüler weiter zu verweisen, falls sich Zeichen von Traumata oder Missbrauch zeigen.
- Falls es Traumata oder Missbrauch in Ihrer eigenen Geschichte gibt, kann es sehr heilsam sein sich selbst durch eine Psychotherapie oder eine andere Methode wie *EMDR* (Eye Movement Desensitization and Reprocessing), *Somatic Experiencing* oder *Hakomi*, Unterstützung zu holen. Das hilft Ihnen nicht nur Ihr eigenes Trauma zu wandeln, sondern auch Ihre Schüler besser verstehen und bestmöglich unterstützen zu können.
- Es ist ungeheuer wichtig, dass Sie die Stressoren und Traumata Ihrer Schüler kennen. Befassen Sie sich mit den Familien, Gemeinschaften und der unmittelbaren Umgebung Ihrer Schüler, um sowohl ihre Stressoren wie auch ihre Ressourcen besser kennenzulernen.

Mit unterschiedlichen Altersgruppen arbeiten

Wenn ich mich im Klassenzimmer umschaue, dann sehe ich Schüler, die sich gegenseitig mit schwarzen und weißen Schachfiguren im Gesicht herumfummeln, die Figuren aneinander krachen lassen und sie unter die Tische schmeißen. Es handelt sich dabei nicht um Vorschulkinder, sondern um Gymnasiasten, die sich für ein spezielles Sommerprogramm qualifiziert haben, um von Lehrern wie mir selbst zu lernen, die sie dann albern herumkichern und Ich-bin-jetzt-ein-Baby spielen lassen. Wie immer ist mein Unterricht sehr praxisbezogen – diesmal geht es um Jean Piagets Stadien der Entwicklung. Während die gut zahlende Elternschaft denkt, dass ihre Sprösslinge vorsichtig formulierten psychologischen Vorträgen lauschen, lasse ich sie zu einem Kleinkind regredieren.

Ich erkläre den Schülern: „Stell Dir vor, Du bist ein einjähriges Kind und vor Dir liegt ein Schachbrett. Du wirst die Regeln des Spiels nicht verstehen, wahrscheinlich ist Dir sogar das Kind auf der anderen Seite des Schachbretts vollkommen gleichgültig. Was Dich interessiert, ist die direkte körperliche Erfahrung der Schachfiguren auf Deiner Haut, welche Geräusche sie machen und welche Farben Du siehst. Du befindest Dich in Piagets sensomotorischer Phase."

Das Gehirn besteht aus drei Teilen: dem Reptiliengehirn, dem Säugetiergehirn und dem Neocortex. Wir können das Stammhirn als Fundament betrachten, auf dem die anderen Teile aufbauen. Diesem Bereich entstammen unsere Instinkte und autonomen lebensnotwendigen Körperprozesse. Es ist die primäre Gehirnregion, von der die sensomotorische Phase gesteuert wird.

Auf diesem Teil baut das Säugetiergehirn mit all seinem emotionalen und beziehungsrelevanten Erleben auf. Wenn sich das Säugetiergehirn weiterentwickelt, beginnt für das Kind die präoperationale Phase, in der es eine Vorstellung von Vergangenheit und Zukunft entwickelt, was ein gewisses Abstraktionsvermögen mit sich bringt. Ich sage den Gymnasiasten: „Stellt Euch vor, Ihr seid jetzt fünf Jahre alt und spielt Schach. Ihr seid Euch der Person auf der anderen Seite des Bretts bewusst und wisst, dass Ihr ein Spiel spielt. Ihr versteht noch nicht so ganz, was in der anderen Person vor sich geht. Ihr könnt das Spiel spielen, aber Ihr wollt wahrscheinlich Eure eigenen Regeln aufstellen." Die Schüler finden es sehr unterhaltsam die Figuren aufeinander zu stapeln und gleichzeitig Schach zu spielen, bis sie ein frühreifer Schüler durch einen Trotzanfall unterbricht.

Darauf aufbauend wächst der Neocortex, wie die Amarenakirsche oben auf dem Eisbecher. Nach Piagets Theorie kommen wir als nächstes in die Phase der konkreten Operationen. Ich sage den Schülern: „Stellt Euch vor, Ihr seid zehn Jahre alt und spielt mit einem Freund eine Runde Schach. Ihr versteht die Regeln, aber Ihr könnt nur den allernächsten Zug vorausplanen." Die Schüler spielen und schauen wie es sich anfühlt, wenn einzig und allein, was gerade vor ihnen liegt, von Bedeutung ist. Sie machen einen Zug, dann spielen sie mit ihren Haaren herum. Sie verstehen die Spielregeln, doch sie können sich noch nicht soweit konzentrieren, um weitere Züge vorhersehen zu können.

Dann fordere ich die Schüler auf, genauso zu sein, wie sie jetzt mit ihren 17 Jahren sind. Sie spielen einige Minuten lang Schach in der Phase der formalen Operationen, sie können bereits einige Züge voraus denken und sich mit ihrem Gegenüber identifizieren, um zu verstehen, wie der Spielverlauf ihn beeinflusst. Die Schüler vollziehen die Evolution von Millionen von Jahren in dreißig Minuten. Sie erleben 17 Jahre kognitiver Entwicklung in einer einzigen Schulstunde.

In allen Entwicklungsmodellen baut ein Stadium des Bewusstseins auf dem vorigen auf, es ersetzt es nicht, sondern ergänzt es durch die nächste Stufe. Je nachdem ob die grundlegenden Bedürfnisse der Kinder erfüllt werden oder nicht, entwickeln sie sich entweder ganz natürlich zur nächsten Stufe weiter oder es kommt zu einer Entwicklungshemmung. Der Entwicklungspsychologe Erik Erikson sah zwei unterschiedliche Wege der menschlichen Entwicklung. Wenn die frühen Jahre eines Kindes von Geborgenheit, Verlässlichkeit und Fürsorge geprägt sind, dann entwickelt das Kind ein Grundvertrauen und blickt mit Enthusiasmus und einer positiven Grundhaltung ins Leben. Wenn die Bedingungen unsicher sind und das Kind wenig Zuwendung erfährt, dann wird Misstrauen zu seiner Grundhaltung und die Welt erscheint ihm als ein gefährlicher und unzuverlässiger Ort. In Eriksons Achtstufenmodell setzt der Einzelne diesen Weg der Gesundheit oder der Krankheit fort. In erster Linie auf Grund der Unterstützung und Zuwendung, die wir erhalten oder eben nicht erhalten haben, schlagen wir den Weg der Autonomie oder Scham, Initiative oder Schuld, Intimität oder Isolation ein. Wir wissen, auf welchem Weg wir gerne sein wollen, auf welchem Weg wir unsere Kinder sehen wollen und welchen Weg wir uns für die ganze Welt wünschen.

Ein achtsames Umfeld und phasenspezifische Unterrichtsstunden können den Schülern helfen, sich in Richtung Initiative, Autonomie und Vertrauen auf den Weg zu machen. Unabhängig vom Alter unserer Schüler bleiben unsere essentiellen Inhalte dieselben. Sogar sehr kleine Kinder können lernen, ihre eigenen Empfindungen, Gefühle und Gedanken zu beobachten. Sich des Körpers, des Geistes und des Herzens bewusst zu werden, ist in jedem Alter möglich. Doch natürlich darf man das Entwicklungsstadium der Kinder nicht außer Acht lassen und muss je nach Altersgruppe unterschiedliche sprachliche Mittel einsetzen.

Jede Unterrichtsstunde, die ich vorstelle, beinhaltet Erläuterungen für fünf- bis zehnjährige und elf- bis 17-jährige Vorschulkinder und Schüler. Innerhalb beider Altersgruppen gibt es eine große Bandbreite von Entwicklungsstufen. Ich unterteile deswegen in Fünf- bis Siebenjährige, Acht- bis Zehnjährige, Elf- bis 13-jährige und 14- bis 17-jährige. Natürlich entwickelt sich jedes Kind anders. Ich hoffe diese

Erfahrungswerte aus meiner eigenen Unterrichtstätigkeit werden für Sie hilfreich sein. Lehrer müssen auf die Entwicklungsstufe der Klassen und der einzelnen Schüler Rücksicht nehmen.

Achtsamkeitspraktiken für Fünf- bis Siebenjährige

Kleine Kinder leben wesentlich mehr im gegenwärtigen Augenblick als die meisten Erwachsenen und wir sollten uns immer wieder daran erinnern, wie viele Achtsamkeitslektionen wir tagtäglich von ihnen lernen können. Obwohl es Kindern gut gelingt die Wellen des Jetzt zu reiten, ist es um ihre Affekttoleranz weniger gut bestellt. Achtsamkeit kann ihnen bei der Selbstregulation helfen und ihre emphatischen Fähigkeiten verbessern, damit sie besser verstehen, was in anderen vorgeht.

Kinder in dieser Altersgruppe sind dem ungefilterten Baby-Bewusstsein noch recht nahe, das keine Scham, keine unpassenden Gefühle und keine selbst-begrenzenden Überzeugungen kennt. Sie sind von Natur aus neugierig und begeisterungsfähig und lieben es zu lernen und zu spielen. Mehr als in jedem anderen Alter sind sie offen für Neues und bereit die Welt mit anderen Augen zu sehen, ja ihr äußerst lernfähiges Gehirn sucht aktiv nach neuen und unterschiedlichen Erfahrungen. Weil ihr Geist noch so formbar ist, ist es besonders wichtig, ihnen ein liebevolles, nicht-wertendes und geschütztes Umfeld zu bieten, in dem sie lernen können. In diesem Alter entwickeln Kinder Gewohnheiten, Überzeugungen und Beziehungsmuster, die sie ihr ganzes Leben beibehalten.

Achtsame Umsetzung

In diesem Alter kann eine Achtsamkeitsstunde zwischen 10 und 30 Minuten dauern. Normalerweise wird ein Konzept vorgestellt und danach gibt es eine kurze Übung. Stille Übungen, wie achtsames Atmen, können meist nicht länger als fünf Minuten durchgehalten werden. Es ist gut, nach der Übung noch genügend Zeit zu haben, um über die eben gemachte Erfahrung und andere Entdeckungen sprechen zu können. Besorgen Sie Achtsamkeits-Tagebücher für die Schüler und verwenden Sie die Vorschläge für Zeichnungen, um ihnen zu helfen in Ruhe reflektieren zu können. Schüler in diesem Alter lernen am besten durch sehr körperbezogene Übungen wie achtsame Bewegung, achtsames Essen und herzliche Umarmungen. Hilfsmittel wie ein Teddybär auf dem Bauch eines Schülers, während er atmet oder eine Schneekugel, um unseren unruhigen Geist zu veranschaulichen, sind sehr hilfreich.

Rituale und Routinen sind eine wunderbare Möglichkeit, um Achtsamkeitspraktiken für Fünf- bis Siebenjährige zu integrieren. Einige Minuten stilles Atmen gefolgt von einer kurzen Feedbackrunde ist eine wundervolle Art den Schultag zu beginnen und zu beenden. Eine Achtsamkeitsglocke oder achtsame Bewegung eignen sich für spielerische Übergänge und wenn es in der Klasse laut wird. Vergessen Sie nicht, dass Achtsamkeit in dieser Altersgruppe ein Spiel ist. Es muss Spaß machen!

Achtsamkeitshinweise

- Schaffen Sie ein geschütztes und herzliches Lernumfeld. Kinder brauchen einen Raum, in dem sie sie selbst sein können und sich sicher genug fühlen, um ihre Emotionen und ihre inneren Erlebnisse mitzuteilen. Machen Sie Ihr Klassenzimmer zu einem Ort, an dem die Kinder sich wohl fühlen.
- Kinder in diesem Alter besitzen bereits die Fähigkeit, sich ihrer Empfindungen, Gefühle und Gedanken bewusst zu sein. Die Sprache von Körper, Geist und Herz durch eigenes Erfahren zu erlernen, bildet das Fundament für ein besseres kognitives Verständnis im späteren Leben.
- Die Schüler mögen intellektuell nicht verstehen, was der Sinn der Übungen ist, doch das ist auch nicht nötig, um davon zu profitieren. Sie werden die Wirkung der Übungen an sich spüren und sie sogar alleine machen, wenn sie zuvor oft genug gemeinsam geübt wurden.

- In diesem Alter haben die Kinder ein starkes Bedürfnis wahrgenommen zu werden. Sie suchen nach der Zustimmung des Lehrers. Was wir als Lehrer verkörpern, ist der wichtigste Faktor für das, was die Kinder in diesem Alter lernen.
- Achten Sie darauf, dass alle Schüler Ihnen gut folgen können. Wenn ein Schüler das Gefühl hat, nicht mehr mitzukommen, dann kann das Scham und Selbstkritik zur Folge haben. Holen Sie die Kinder da ab, wo sie sind, das fördert ihre innere Stärke und beschert ihnen Erfolgserlebnisse.
- Schaffen Sie klare Strukturen, innerhalb derer die Schüler lernen können. Wie in einer Sandkiste brauchen die Kinder diese klaren Grenzen um spielen und lernen zu können. Setzen Sie liebevolle aber klare Grenzen, innerhalb derer sich die Schüler frei bewegen können.
- Schüler dieses Alters sind gerade dabei, die Prinzipien von Ursache und Wirkung zu ergründen. Daher ist dies ein wunderbares Alter, um zu lernen, wie Gefühle sich im Gesicht des anderen ausdrücken und Spiele zu spielen, die Empathie und Verständnis fördern.

Achtsamkeitspraktiken für Acht- bis Zehnjährige

Kinder diese Alters befinden sich immer noch in einem natürlichen Zustand des Staunens und der Kreativität. Wie Pablo Picasso bekanntlich sagte: „Jedes Kind ist ein Künstler. Das Problem liegt darin, ein Künstler zu bleiben, wenn wir erwachsen werden." Während Kinder dieses Alters von Fantasie und Enthusiasmus beflügelt werden, entwickelt sich auch der rationale Verstand rasch weiter. Wenn sie über Emotionen und innere Erfahrungen sprechen, sind diese Aussagen wesentlich verlässlicher als bei jüngeren Kindern. Achtsamkeitspraktiken für Acht-, Neun- und Zehnjährige sollen ihre Selbstwahrnehmung stärken und gleichzeitig das kreative Staunen dieser jungen Jahre bewahren.

Mit der Entwicklung der Selbstwahrnehmung geht manchmal auch Selbstkritik und Unsicherheit einher. Die Kinder in diesem Alter wollen gefallen und Beziehungen sind ihnen extrem wichtig. Soziale Ängste und Leistungsängste können entstehen. Achtsamkeitsübungen für diese Altersgruppe sollten zur Impulskontrolle und zur Selbstregulation beitragen und den Schülern Wege zeigen, wie sie sich beruhigen können. Kinder dieses Alters brauchen reichlich positive Spiegelung. Geben Sie positives Feedback ohne Lob und Tadel. Liebevolle, unterstützende Zuwendung ist alles, was nötig ist.

Achtsame Umsetzung

Achtsamkeitsstunden für Acht- bis Zehnjährige können zwischen 10 und 45 Minuten dauern. Stille Übungen können bereits länger gemacht werden, manchmal bis zu 10 Minuten. Neben den grundlegenden Übungen können in diesem Alter langsam auch Gesprächsrunden und Zeit zur Reflexion eingebaut werden. Die Schüler können in ihr Achtsamkeitstagebuch zeichnen oder schreiben. Auch in dieser Altersgruppe bilden achtsame Bewegungsspiele, auf Geräusche in der Umgebung zu achten und andere sehr körperbezogene Erkundungen den Grundstein der Praxis. Obwohl die Aufmerksamkeitsspanne in diesem Alter wesentlich länger ist, werden die Kinder noch immer am besten spielerisch motiviert.

Auch Routine ist immer noch sehr wichtig. Versuchen Sie jeden Tag zu festgesetzten Zeiten kurze Übungen zu machen. Sie können die Schüler auch ermutigen, selbst die Übungen anzuleiten. An jedem Wochentag könnte zum Beispiel ein anderer Schüler den Unterrichtstag mit einer Achtsamkeitsübung eröffnen. Auch zur Konfliktlösung, gegen Prüfungsstress und in anderen schwierigen Situationen können Schüler und Lehrer Achtsamkeitsübungen spontan einsetzen.

Achtsamkeitshinweise

- In diesem Alter beginnt in einigen Schulen die standardisierte Beurteilung und auch viele andere Stressoren wirken nun auf die Kinder ein. Durch Achtsamkeit können sie einen anderen Zugang zu ihren Gedanken und den Stressfaktoren in ihrem Leben lernen.
- Kinder in diesem Alter lernen am besten Schritt für Schritt. Teilen Sie den Unterricht in kürzere Abschnitte und lassen Sie sich reichlich Zeit. Gehen Sie nicht weiter, bevor nicht alle bereit sind.
- Folgen Sie dem Tempo der Klasse. Die Energie der Schüler dieses Alters kommt in Wellen. Im einen Moment sausen sie noch durch die Klasse und im nächsten brechen sie erschöpft zusammen. Planen Sie die Achtsamkeitsstunden für Zeiten, die Ihnen für ruhige Reflexion am geeignetsten erscheinen, und seien Sie bereit, ihre Pläne gegebenenfalls auch mittendrin zu verwerfen.
- Schüler dieses Alters lernen gerne *mit* dem Lehrer, statt nur unterrichtet zu werden. Sie genießen es zu wissen, dass Sie nicht alles wissen und dass ihre Ansichten respektiert werden.
- Die Kinder wollen nun langsam auch die rationalen Gründe für die Achtsamkeitspraktiken kennenlernen. Sprechen Sie über den Nutzen und bringen Sie ihn mit Dingen in Zusammenhang, die die Kinder gerne tun wie: Fußballspielen, Seilspringen, bessere Freunde zu sein. Selbst über Neurowissenschaft und wie die Übungen auf ihr Gehirn wirken, können die Kinder jetzt langsam einiges lernen.

Achtsamkeitsübungen für Elf- bis 13-jährige

Idealerweise dienen Achtsamkeitsübungen in diesem Alter dazu Stressfaktoren zu mindern, die innere Führung zu stärken und Impulskontrolle zu entwickeln. Jugendliche leben in einer turbulenten Welt voller äußerer und innerer Transformationen. Ihr Körper, ihr Geist und ihre soziale Stellung sind starken Veränderungen unterworfen. Sie beginnen die Welt und sich selbst genau zu beobachten, sich zu fragen, wer sie sind und ob sie dazugehören. Das kann große Unsicherheiten und Ängste zur Folge haben.

Jugendliche dieses Alters entwickeln ihren „Selbstwirksamkeitssinn" und streben danach, sich in ihrem sozialen Umfeld und bei anderen Aktivitäten kompetent zu fühlen. Sie sehen sich selbst oft als „Nichtkinder", sind sich jedoch nicht ganz sicher, wo ihr Platz in der Gesellschaft ist. Eine der augenscheinlichen Folgen ist, dass Peer-Beziehungen die wichtigsten Beziehungen dieser Altersgruppe werden.

Diese Zeit im Leben einer oder eines Heranwachsenden ist nicht ungefährlich. Die Schüler beginnen sich von den Erwachsenen als positiven Vorbildern zurückzuziehen und neue eigene Erfahrungen zu machen. In mancher Hinsicht sind sie noch wirkliche Kinder – ihre Impulskontrolle und das logische Denken sind noch nicht voll entwickelt – doch es zieht sie oft weg von den Eltern und anderen positiven Einflussfaktoren. Die Selbstständigkeit der Schüler dieses Alters anzuerkennen ist unerlässlich, trotzdem brauchen sie auch weiterhin unsere Unterstützung und die in dieser Zeit besonders notwendigen Grenzen. Um ihr Vertrauen in die Führung und Orientierungshilfen der Erwachsenen zu erhalten, ist es in erster Linie notwendig die Beziehung zu stärken und die Kommunikationskanäle offen zu halten.

Achtsame Umsetzung

Die Dauer der Achtsamkeitslektionen für diese Altersgruppe sollte zwischen 30 Minuten und einer Stunde betragen. Stille Übungen können bis zu 20 Minuten dauern, wenn die Schüler sich wirklich darauf einlassen. Der Nutzen der Übungen und wie man sie in den Alltag integriert, wird erklärt. Gesprächskreise, Zweiergespräche und andere Kommunikationsübungen können den Schülern helfen, die Praktiken in ihren Alltag zu integrieren.

Schüler der 5. bis 7. Klasse werden meist von mehreren Lehrern unterrichtet. Das macht es umso notwendiger, dass entweder die gesamte Schule an den Achtsamkeitspraktiken teilnimmt oder ein Lehrer die Achtsamkeitspraktiken mit den Schülern in ihrer oder seiner Klasse durchnimmt. Falls letzteres der Fall ist, sollten Sie Wege finden, um immer wieder zwischendurch einige Übungen einfließen zu lassen. Kurze 5-minütige Einheiten können zu Beginn jeder Unterrichtsstunde geübt werden, auch kurze Momente der Entspannung und des Atmens im Laufe des Unterrichts sind eine Möglichkeit. Um die Grundlagen von Achtsamkeit wenigstens ansatzweise zu verstehen, braucht man jedoch zumindest einige 20-minütige Einheiten. Auch außerschulische Achtsamkeitsklubs und Achtsamkeitstreffen können ein hilfreicher Weg für diese Altersgruppe sein.

Achtsame Hinweise

- Kinder dieser Altersgruppe sind vermehrt auf der Suche nach Chancen und Möglichkeiten und blicken mit großer Hoffnung in die Zukunft. Die Unterstützung des Lehrers bei diesen Hoffnungen kann den Schülern helfen, ihren Träumen nachzugehen.
- Selbstzweifel und Unsicherheit sind oft hässliche Weggefährten dieses Alters. Die Schüler fragen sich, wer sie sind, stellen Vergleiche an und fühlen sich nicht gut genug. Achtsamkeitsübungen helfen ihnen dabei, diese Gedankenmuster wahrzunehmen ohne sie zu nähren.
- Dies ist der Beginn des coolen Zeitalters. Herzensöffnungspraktiken gelten oft als sehr uncool. Es ist unerlässlich, dass der Lehrer sich nicht in diesen Kult des Cool-Seins hineinziehen lässt. Bei unserer Selbstliebe und unserer Selbstsicherheit zu bleiben, macht uns für die Schüler authentisch.
- Probleme, die die körperlichen Veränderungen und die Geschlechtsidentität betreffen, treten in diesem Alter verstärkt auf. Selbst-Akzeptanz und Entspannung können da eine große Hilfe sein. Lernen inmitten der wütenden Hormone präsent zu bleiben, ist keine leichte Aufgabe für die Jugendlichen. Sie werden jedoch rasch merken, wie sehr sie davon profitieren, wenn es ihnen gelingt ihr Herz gegenüber dem zu öffnen, was sich gerade in ihrem Körper abspielt.

- Mobbing verstärkt sich in dieser Phase. Sozial-emotionale Fähigkeiten und Kommunikationsübungen können der Klassengemeinschaft und der ganzen Schule, ja der gesamten Gesellschaft dabei helfen, mit diesem Problem umzugehen. Ein Verständnis für die eigenen Emotionen und die der anderen ist an diesem Punkt der kognitiven Entwicklung bereits durchaus möglich. Dieses Verständnis zu fördern ist ein sehr effektiver Weg, um die Belastung durch Mobbing zu lindern oder das Problem komplett aus der Welt zu schaffen.

Achtsamkeitspraktiken für 14- bis 17-jährige

Teenager sind den widersprüchlichsten Einflüssen von Familie, Freunden, Lehrern, Medien und vielem anderen ausgesetzt. Nun, da sie keine Kinder mehr sind, suchen sie ihre eigene individuelle Identität; sie sind es, die nun ihren Weg gestalten. Unter all der Coolness und Unsicherheit liegt die tiefgreifende Frage: „Wer bin ich?“ Teenager wollen dazugehören, doch sie wollen auch authentisch sein. Sie wollen wissen, was sie tun müssen, um gemocht zu werden, aber gleichzeitig wollen sie auch sie selbst sein und nichts vortäuschen müssen.

Achtsamkeit bietet Jugendlichen die Möglichkeit, mit einer tiefen Authentizität und ihrem inneren Kompass Kontakt aufzunehmen. Sie bietet ihnen auch die Möglichkeit, mit anderen auf eine andere Art und Weise zu interagieren. Auf kognitiver Ebene hilft ihnen Achtsamkeit zu einem besseren Verständnis von Ursache und Wirkung, indem sie beobachten, wie ihr Verhalten andere beeinflusst und wie sie selbst gerne behandelt werden wollen. Wenn sie entdecken, wie ihr Geist, ihr Körper und ihr Herz von der Welt beeinflusst wird, dann ist es leichter zu verstehen, wie ihr eigenes Handeln die anderen Menschen beeinflusst.

In diesem Alter können die Jugendlichen die Bedürfnisse und Wünsche der anderen erkennen und von ihren eigenen unterscheiden. In Folge lernen sie gut zuzuhören und auf eine Art und Weise zu sprechen, die Konflikte löst.

Die Teenagerjahre sind voller Abenteuer und Gefahren, die ihre riskanten Verhaltensweisen mit sich bringen. Sie lernen sie selbst zu sein, indem sie an Grenzen stoßen und Muster durchbrechen. Sie laufen auch Gefahr, in ein Suchtverhalten abzugleiten, das ihrer Entwicklung im Weg steht. Wahrscheinlich suchen sie auch irgendwann eine initiatorische Erfahrung, die für sie den Beginn des Erwachsenenalters markiert. Falls ihnen diese nicht von Außen zur Verfügung gestellt wird, suchen sie sich selbst solch eine Erfahrung, die dann oft gefährliche, selbstzerstörerische Formen annehmen kann. Ein Umfeld, das diesen Wandel unterstützt, ermöglicht es den Jugendlichen, gefahrlos innere und äußere Grenzen zu erkunden und fördert die gesunde Entwicklung vom Teenager zum Erwachsenen.

Achtsame Umsetzung

Der Unterricht für 14- bis 18-jährige Schüler kann zwischen 30 und 90 Minuten dauern. In der Regel beginnt die Achtsamkeitslektion mit einem neuen Konzept, danach folgt eine 10- bis 20-minütige Übung und ein ausgedehntes Gespräch oder Zeit zur Reflexion. Schüler dieser Altersgruppe können ein echtes Verständnis dafür entwickeln, wie die Welt sie beeinflusst und sie im Gegenzug die Welt beeinflussen.

Da die Schüler in vielen weiterführenden Schulen von einem Klassenzimmer zum anderen wandern, liegt es an den Lehrern trotzdem Zeit für achtsame Momente zu finden. Gerade in diesem Alter können Achtsamkeitsklubs außerhalb des Unterrichts eine gute Lösung sein, denn dort haben die Schüler genug Zeit, um die Praktiken in Ruhe zu erkunden und ihre Erfahrungen zu kommunizieren. Es gibt einwöchige Achtsamkeits-Retreats für Jugendliche, bei denen auch 60-minütige Sitzmeditationen gemacht werden. Doch selbst kurze Achtsamkeitsübungen sind in diesen stressigen Teenagerjahren eine große Unterstützung. Sie können vor Prüfungen, zum Konfliktmanagement und in anderen schwierigen Situationen angewandt werden. Ein Achtsamkeitstagebuch regt zur Reflexion und zur Innenschau an.

Achtsame Hinweise

- In diesem Alter ist es besonders wichtig, dem Recht auf Selbstbestimmung nachzukommen. Teenager müssen die Achtsamkeitspraxis als ihr eigenes Projekt erleben, sonst empfinden sie es nur als eine weitere Sache, die ihnen aufgezwungen wird.
- Vielleicht motiviert es die Schüler, wenn sie wissen, dass die Achtsamkeitspraxis ihnen auch beim Sport, in ihren sozialen Beziehungen und anderen Dingen, die aufregend für sie sind, von Nutzen sein kann.
- Das Leben eines Teenagers dreht sich in erster Linie um seine Peer-Gruppe. Es kann durchaus hilfreich sein, auch soziale Komponenten in das Training einzubauen, um es ansprechender zu gestalten. Zeigen Sie den Schülern, wie die Übungen ihr Selbstvertrauen und ihre sozialen Fähigkeiten stärken können.
- Sprechen Sie mit den Jugendlichen darüber, dass Liebenswürdigkeit manchmal für uncool gehalten wird, dass jedoch in jedem von uns das Bedürfnis steckt, gemocht zu werden und Freunde zu haben. Ermutigen Sie die Schüler zu erkennen, wie cool es eigentlich ist, liebevoll und mitfühlend zu sein.
- Seien Sie sich stets bewusst, wie empfindlich Teenager hinsichtlich ihres Körpers (und eigentlich hinsichtlich der meisten Dinge) sind. Sie sind bei weitem unsicherer als jede andere Altersgruppe. Achtsamkeitspraktiken sind eine wunderbare Unterstützung für ein gesundes, geerdetes Selbstvertrauen.
- Jugendliche können sehr ablehnend sein und erfassen unauthentisches Verhalten sofort. Versuchen Sie nicht bei dieser Altersgruppe zu punkten. Ihre Authentizität und Selbstsicherheit ist das, womit Sie sich auf lange Sicht den meisten Respekt sichern.
- Projekte und andere Möglichkeiten, die Praktiken eigenständig zu erkunden, helfen den Jugendlichen, sich die Achtsamkeitspraxis zu eigen zu machen. Bestärken Sie die Schüler darin, eigenen Projekte in ihrem Umfeld zu initiieren und anzuleiten.

Teil IV

Ein Achtsamkeits-Curriculum

Dieses Curriculum ist ein Angebot an Sie, da ja diese Unterweisungen auch an uns, die wir diese Bewegung anführen, großzügig weitergereicht wurden. Falls Sie sich entscheiden sollten, es anzuwenden, dann arbeiten Sie bitte weiterhin an Ihrer eigenen Achtsamkeitspraxis als Grundhaltung für Ihren Unterricht. So wie Sie als Schwimmlehrer zuerst selbst gut schwimmen lernen müssen, sollten Sie auf den Wellen des Gewahrseins schwimmen können, bevor Sie Schüler auf diese Erkundungsfahrt einladen.

In diesem letzten Abschnitt lernen wir die praktische Anwendung von Achtsamkeit im Klassenzimmer und in anderen Jugendeinrichtungen. Wir untersuchen, wie man Achtsamkeit am besten und effektivsten für junge Menschen aufbereitet, betrachten den grundlegenden Aufbau der Stunden und wie man Achtsamkeit am besten präsentiert, übt und integriert.

Wir lernen dieselben vier Kategorien von Achtsamkeitsübungen kennen, die wir selbst im zweiten Teil gelernt haben. Diese Praktiken führen zu einer größeren Bewusstheit des Körpers, des Geistes, des Herzens und der Welt um uns. Zu jeder Unterrichtseinheit gehören bestimmte Lernziele, Beispielskripte, Altersempfehlungen und andere Rahmenbedingungen für die praktische Anwendung.

Die Wege Achtsamkeit zu unterrichten sind so vielfältig wie die Lehrer, die sie unterrichten. Die Vorschläge, die Sie hier finden, sind eine Synthese der besten Übungen und Strukturen aus meiner eigenen Unterrichtserfahrungen in Schulen unterschiedlichster Kulturen, Altersgruppen und Standorte. Diese Stunden sind keine statische Abfolge sondern eher eine Farbpalette, die Sie nützen können, um Ihr eigenes Lernumfeld zu schaffen und Ihre Stunden bunter zu gestalten.

Schüler mit Achtsamkeit bekannt machen

Mittlerweile gehen Sie Ihrer eigenen Achtsamkeitspraxis nach und sind dabei die Qualitäten eines achtsamen Lehrers zu entwickeln. Nun wollen wir uns damit beschäftigen, wie Sie Ihren Schülern das Konzept der Achtsamkeit vorstellen und nahebringen können. Achtsamkeit ist etwas völlig anderes als Lesen, Schreiben oder Mathematik. Akademische Fächer sind wie unterschiedliche Filme, die von einem Projektor ausgestrahlt werden. Achtsamkeit hingegen ist der Prozess der Erkundung des Projektors selbst. Akademische Fächer nutzen bestimmte Bereiche unseres Geistes, während Achtsamkeit direkt an die Quelle geht und den Geist selbst zum Gegenstand der Forschung macht.

Um Achtsamkeit zu unterrichten, ist es wichtig, den Stoff nicht wie eine gewöhnliche Unterrichtsstunde zu behandeln. Soweit irgend möglich, sollte Achtsamkeit kein weiteres Fach werden, das die Kinder unter irgendeinen Leistungsdruck setzt. Sagen Sie den Kindern, dass sie alle eine Eins plus bekommen, und zwar einfach deswegen, weil sie geboren wurden. Und vergessen Sie nicht sich selbst ebenfalls eine Eins plus zu geben; sobald Sie das geklärt haben, ist es an der Zeit in medias res zu gehen.

In diesem Abschnitt erkunden wir, wie wir die richtigen Bedingungen schaffen, unter denen die Schüler Achtsamkeit erlernen können. Hier geht es nicht um die Weitergabe von Informationen; Sie laden die Kinder ein, ihre eigenen Entdeckungen zu machen. Man kann Achtsamkeit nicht auf dieselbe Weise forcieren, wie die meisten anderen Fächer, sonst läuft man Gefahr, dass das Ganze zu einer Indoktrination wird. Achtsamkeit ist eine Einladung zur Authentizität und keine verhaltenstechnische Modifikationstechnik.

Denken Sie daran, dass Sie Fehler machen werden. Die Frage ist nicht, ob Sie Fehler machen, sondern wie viel Sie daraus lernen und wie liebevoll Sie mit Ihrer unvermeidlichen Menschlichkeit umgehen. Ihre Authentizität und ihre Bereitschaft soviel – oder mehr – zu lernen als Ihre Schüler ist der beste Achtsamkeitsunterricht, den Sie geben können.

Den Raum gestalten

Beginnen Sie damit den Klassenraum zu gestalten und lassen Sie die Schüler wissen, dass Sie ihnen einen neuen Weg vorstellen möchten, die Welt zu sehen, miteinander umzugehen und sich selbst näher kennenzulernen. Dafür sollte man die Sitzordnung so verändern, dass alle in einem Kreis oder einer anderen Formation sitzen, die ein Gefühl der Gleichberechtigung und Offenheit vermittelt. Man soll sich in diesem Raum sicher fühlen, deswegen sollte man nicht hereinsehen oder mithören können. Experimentieren Sie damit, wie man sich in diesem Raum sicher und geborgen fühlen kann. Sie können die Beleuchtung verändern, bequeme Kissen besorgen oder Anregungen von den Schülern selbst einholen, was ihnen helfen könnte, sich in ihrer Achtsamkeitszeit wohl zu fühlen.

Wenn es nicht möglich ist, in einem Kreis zu sitzen, dann bitten Sie die Schüler die Stühle in Ihre Richtung zu drehen. Wenn irgend möglich überlassen Sie es den Schülern, ob sie bei den Achtsamkeitslektionen mitmachen möchten oder nicht. Wenn Schüler nicht daran teilnehmen wollen, können sie einfach am Rand des Raumes sitzen, ohne die anderen abzulenken. Achtsamkeit sollte nie aufgezwungen werden oder den Charakter einer Bestrafung haben. Wenn Schüler zwar teilnehmen wollen, aber sehr wild sind, kann es hilfreich sein, wenn ein Lehrer neben ihnen sitzt und ihnen einen Gegenstand in die Hand gibt, mit dem sie spielen können, oder sie fragt, was sie brauchen, damit sie die Mitschüler nicht stören.

Achtsamkeit vorstellen

Wenn der Raum einmal gestaltet ist, können Sie Achtsamkeit vorstellen. Bevor Sie Ihre eigene Definition anbieten, fragen Sie die Gruppe, ob sie schon von dieser Sache namens Achtsamkeit gehört hat und wenn ja, was sie gehört hat. Möglicherweise bekommen Sie einige aufschlussreiche Antworten. Wenn wir sofort unsere eigene Definition anbieten, kann es sein, dass die Schüler später einfach das nachplappern, was sie denken, das wir hören wollen, wie: „als ich Achtsamkeit geübt habe, habe ich mich entspannt." Obwohl das natürlich eine sehr nette Aussage ist, werden Sie nie wissen, ob sie der Wahrheit entspricht, wenn Sie der Klasse vorher gesagt haben, dass es bei Achtsamkeit darum geht, sich ruhig und entspannt zu fühlen.

Zur Stille einladen

Niemand kann vom Beckenrand aus schwimmen lernen – dazu muss man schon den Sprung ins kalte Wasser wagen. Laden Sie die Kinder in diesem Sinn zu einer Erfahrung mit Achtsamkeit ein, ohne irgendwelche Anweisungen über den Atem oder das Schließen der Augen zu geben. Fordern Sie sie einfach auf, ruhig zu sein und zu beobachten. Sagen Sie etwas wie: „Um zu verstehen, was Achtsamkeit ist, beginnen wir einmal damit, zu beobachten was passiert, wenn wir ganz still werden. Lasst jeden Teil Eures Körper vollkommen zur Ruhe kommen und schaut, was Euch auffällt, wenn Ihr so ruhig seid."

Nachdem die Klasse einige Augenblicke lang so gesessen ist, fragen Sie sie, was sie bemerkt haben. Erinnern Sie sich daran: es gibt keine falschen Antworten; Wir wollen ja, dass die jungen Menschen sich selbst kennenlernen und uns wissen lassen, was sie bemerkt haben. Wenn sie wütend sind, wäre die perfekte Achtsamkeit-Antwort: „Ich bin wütend." Wenn sie entspannt sind, wäre die perfekte Antwort: „Ich bin entspannt." Die Antwort, die wahr ist, ist die richtige Antwort.

Wenn ein Schüler sagt: „Ich habe mich total gelangweilt und das Sitzen hat mich genervt", dann ist das wertvolle Information, die Sie näher untersuchen können. Sie könnten sagen: „Ist es nicht interessant, wie viele Gefühle in uns hochsteigen, wenn wir nur 30 Sekunden lang langsamer werden und in uns hinein schauen? Warum glaubt Ihr, ist das so?“ Normalerweise sagen Schüler etwas wie: „Es wurde richtig leise, als wir so still dagesessen sind.“ Davon ausgehend können wir die Kinder bitten, ganz leise zu sein, wenn sie sitzen, damit sie die anderen nicht stören.

„Lasst uns noch einmal still sitzen, aber dieses Mal wollen wir darauf achten, wie es ist, wenn wir ganz still sind und unsere Augen schließen. Wenn es für Euch nicht angenehm ist, Eure Augen zu schließen, dann schaut einfach vor Euch auf den Boden, damit Eure Augen nicht abgelenkt werden. Nehmt wahr, was Ihr empfindet, wenn Ihr einfach still und ruhig dasitzt, ohne irgendetwas anzusehen.“

Wenn wir die Schüler auffordern, ihre Augen zu schließen, sollten wir daran denken, dass einige sich so möglicherweise nicht sicher fühlen. Seine Aufmerksamkeit von der visuellen Welt abzuziehen, hat für manche Kinder etwas Bedrohliches. Bitten Sie diese Schüler, ihren Blick einfach zu Boden oder auf den Schreibtisch zu richten. Wenn sie das geübt haben, fragen Sie sie noch einmal, was sie bemerkt haben. So können Sie nach und nach als Gruppe zu einem Verständnis von Achtsamkeit gelangen, ohne den Kindern irgendwelche Vorstellungen von außen aufzudrängen.

Nutzen von Achtsamkeit

Nachdem die Schüler einen ersten Vorgeschmack auf Achtsamkeit bekommen haben, können Sie ihnen einen Überblick über die Kernkompetenzen, die Übungen und deren Nutzen geben. Sagen Sie der Klasse, wie oft sie die Übungen machen werden und wie sie ungefähr aussehen. Abhängig vom Alter und der Zusammensetzung der Klasse können Sie auch über professionelle Sportmannschaften sprechen, die Achtsamkeit praktizieren, über Tänzer, die ihren Atem dazu verwenden, um die Balance besser halten zu können und darüber, dass Achtsamkeit tatsächliche Veränderungen im Gehirn bewirkt und dass es ihnen helfen kann, ihre Reaktionen besser in den Griff zu bekommen, damit sie nicht in

Schwierigkeiten geraten. Achtsamkeit hat so viele Vorzüge, dass es leicht ist Metaphern und Geschichten zu finden, um zu untermalen, wie die Schüler von Achtsamkeit profitieren können.

Hier ist ein Beispiel dafür, was Sie sagen könnten, um Achtsamkeit zu beschreiben: „Wenn wir achtsam sind, dann ist das so, als ob wir aus einem Traum erwachen. Plötzlich, wenn wir mit unseren achtsamen Ohren hinhören, hören wir ganz leise Geräusche, wie das Surren der Glühbirne über uns und das Atmen des Freundes, der neben uns sitzt. Alle diese Geräusche waren schon die ganze Zeit da, aber wir waren so in unseren eigenen Gedanken gefangen, dass wir sie nicht bemerkt haben. Es gibt so viele wunderbare Lieder zu hören, so viele vorbeiziehende Vögel zu sehen und köstliches Essen zu schmecken. Wenn unser achtsames Bewusstsein erwacht, dann können wir Basketball spielen oder Seilspringen mit dem Fokus und der Wendigkeit eines olympischen Athleten. Wir lernen uns auf eine Prüfung vorzubereiten oder ein Instrument zu üben, ohne die üblichen Ablenkungen und erledigen die Dinge schnell und leicht. Die Neurowissenschaft zeigt, dass Achtsamkeit tatsächlich unser Gehirn neu vernetzt, so dass wir weniger impulsiv reagieren und nicht so leicht in Schwierigkeiten geraten. Die Forschungsergebnisse zeigen auch, dass Achtsamkeit uns ganz einfach glücklicher macht, und was könnte wichtiger sein als das?“

Der Aufbau einer Achtsamkeitslektion

Achtsamkeitslektionen können in die alltägliche Unterrichtsstruktur integriert werden, doch wenn Sie neue Lektionen vorstellen, ist es hilfreich, ausreichend Zeit zu haben, um die neue Übung kennenzulernen. Bei Grundschulkindern sollten das etwa 15 Minuten sein. Für Schüler der weiterführenden und höheren Schulen kann es hilfreich sein, eine ganze Stunde einzuplanen.

In jedem Fall brauchen Sie genügend Zeit, um die Übung zu erklären, sie praktisch zu üben, zu reflektieren und über die Integration in den Alltag zu sprechen. Der folgende Ablauf eignet sich für Schüler jeder Altersgruppe:

- einleitender Achtsamkeitsmoment
- Begrüßungsrunde und Rückmeldungen
- Vorstellen der neuen Übung
- Praktische Übung
- Gesprächsrunde
- Achtsamkeitstagebuch
- Welt-Entdeckung
- Abschließender Achtsamkeitsmoment

Einleitender Achtsamkeitsmoment

Sie können jede Achtsamkeitsstunde mit einem achtsamen Moment beginnen. Wenn die Schüler bereits einige Übungen kennen, dann nehmen Sie die Übung, die zuletzt unterrichtet wurde. Sie können vereinbaren, dass die Achtsamkeitsstunde beginnt, sobald die Glocke geläutet hat und jeder dann einige Minuten lang für sich übt. Einige bewährte Übungen für den Anfang sind achtsames Hinhören, der Atemanker und achtsame Bewegung. Wenn die Schüler bereits einige zeitlang Achtsamkeit praktizieren, können Sie auch einen Schüler eine Übung auswählen und anleiten lassen.

Begrüßungsrunde und Rückmeldungen

Fragen Sie die Kinder nach den ersten Achtsamkeitslektionen, wie sie die Praxis in ihrem Alltagsleben angewendet haben. Auf ihre Emotionen, ihre Aufmerksamkeit oder andere themenspezifische Punkte zu achten, könnte eine Hausaufgabe sein. Diese Begrüßungsrunde hilft den Schülern zu verstehen, wie sie Achtsamkeit in ihrem Alltag einsetzen. Wenn sie berichten, was ihnen aufgefallen ist, können die Kinder voneinander lernen und ihre Weiterentwicklung mitverfolgen.

Vorstellen der neuen Übung

Nach der Begrüßungsrunde wird die nächste Lektion vorgestellt. Nun ist die richtige Zeit, um über Herzensöffnung, Aufmerksamkeit und so weiter zu sprechen. Achten Sie darauf, den Schülern nicht vorweg zu erklären, wie die Erfahrung sich anfühlen wird, sondern die neuen Punkte einfach als Forschungsobjekte zu präsentieren. Wenn das Thema zum Beispiel Herzensöffnung ist, dann könnten Sie den Kindern sagen, dass Sie ihnen beibringen werden, ihre emotionale Welt besser verstehen zu lernen und dann erklären Sie, wie man das üben kann.

Praktische Übung

Nachdem Sie den nächsten Punkt vorgestellt haben, ist es Zeit für die praktische Erfahrung. Die grundlegenden Achtsamkeitslektionen bauen aufeinander auf. Generell ist es am effizientesten, mit einfachen Körper- und Aufmerksamkeitsübungen zu beginnen. Von diesen ausgehend können Sie sich den schwierigeren Emotionen und dem achtsamen Sein in unserer Welt zuwenden.

Gesprächsrunde

Es ist immer hilfreich, den Schülern Zeit zu geben, darüber zu sprechen, wie sie die Übung erlebt haben. Hören Sie offen zu, ohne zu werten, so werden Sie viel über die Schüler lernen. Erinnern Sie die Schüler daran, ihre unmittelbaren Erfahrungen zu teilen, ohne sich in Vorstellungen oder Geschichten darüber, was passiert ist, zu verlieren. Das kann in einem Gesprächskreis, in kleinen Diskussionsgruppen oder anderen achtsamen Kommunikationsformen geschehen.

Wenn Sie die Zeit haben, wäre es schön, eine Geschichte, ein Zitat oder eine Übung zur Hand zu haben, die das Thema des Tages veranschaulicht. Wenn es in der Stunde zum Beispiel darum geht, mit schwierigen Emotionen zu arbeiten, würde sich ein Zitat wie: „Du kannst die Wellen nicht aufhalten, aber Du kannst lernen zu surfen“ anbieten. Danach könnten Sie den Gesprächskreis dazu nutzen, um von den Schülern zu erfahren, was sie über dieses Zitat denken. Eine andere Möglichkeit wäre, die Schüler in kleinere Gruppen aufzuteilen und an einem Projekt arbeiten zu lassen oder über die eigenen Erfahrungen zu sprechen.

Achtsamkeitstagebuch

Oft ist es sehr hilfreich, den Schülern die Möglichkeit zu geben, über die gerade durchgenommene Lektion in ihren Achtsamkeitstagebüchern zu reflektieren. In einer Stunde, in der es um Dankbarkeit geht, könnten die jüngeren Kinder ein Bild von den Dingen zeichnen, für die sie in ihrem Leben dankbar sind, und die älteren Schüler etwas darüber niederschreiben. Das hilft den Kindern dabei die Bedeutung der Inhalte, die sie gerade erfahren haben, zu erkennen und zu integrieren.

Welt-Entdeckung

Am Ende jeder Stunde besprechen wir, wie man das jeweilige Thema im täglichen Leben einsetzen kann. Wenn es zum Beispiel um achtsame Bewegung ging, dann könnten Sie die Schüler auffordern, darauf zu achten, welche Empfindungen sie in ihrem Körper spüren, während sie auf dem Spielplatz herumlaufen oder ihre Zähne putzen. Es ist gut, ihnen zu sagen, dass es bei Achtsamkeit keine Hausaufgaben gibt, aber dass Sie sie einfach einladen wollen, ein achtsamer Forscher in ihrem eigenen Leben zu werden. In der nächsten Stunde können die Kinder dann berichten, was sie entdeckt haben.

Abschließender Achtsamkeitsmoment

Am Ende der Stunde gibt es wieder eine kurze Achtsamkeitsübung. Das können einige achtsame Bewegungen sein oder eine Minute Bauchatmung. Manchmal sind die Schüler durch den Achtsamkeitsunterricht viel offener als vorher, Sie wollen also sicherstellen, dass der Wechsel zur nächsten Stunde nicht zu abrupt ist. Sagen Sie ihnen, dass die Achtsamkeitsstunde in Kürze zu Ende sein wird, aber dass sie ruhig weiter mit ihrer Aufmerksamkeit, ihrem Körper und ihren Herzen verbunden bleiben können und dass Sie hoffen, dass diese Übungen ihnen in ihrem Leben helfen und mehr Achtsamkeit in unsere Welt bringen werden.

Achtsamkeitsbasiertes Curriculum

Nachdem wir an unserer eigenen Achtsamkeitspraxis gearbeitet haben und wissen, wie wir sie in unserem Arbeitsumfeld einsetzen können, ist es nun an der Zeit, uns den achtsamkeitsbasierten Unterrichtslektionen zuzuwenden, die wir unseren Schülern anbieten können. Der oben dargelegte Vorschlag für den allgemeinen Aufbau lässt sich leicht auf die spezifischen Stunden anwenden. Ich werde achtsamkeitsbasierte Lektionen vorstellen, deren Augenmerk in der Entwicklung des Körpergewahrseins, der Aufmerksamkeit, der Herzensöffnung und der Verbundenheit liegt.

Diese Stunden werden in einer bestimmten Reihenfolge vorgestellt, weil manche Lektionen zuerst geübt werden sollten. So ist es wichtig, mit dem Körpergewahrsein zu beginnen, damit die Schüler sich möglichst wohl fühlen und wirklich bei der Sache sind, bevor Sie versuchen, sie zum Stillsitzen zu bewegen. Ein gewisses Maß an Körpergewahrsein und Aufmerksamkeit sind die Voraussetzung, um sich zum Bereich des Herzens vorzuwagen. Die Verbundenheitslektionen helfen den Schülern schließlich, ihre innere Praxis auch in ihrem äußeren Leben umzusetzen.

Körpergewahrsein: Wir beginnen mit den Körpergewahrseinslektionen, um die Sprache der Körperempfindungen zu erlernen. Bevor die Schüler wirklich lernen können miteinander und mit ihren Emotionen umzugehen, müssen sie sich in ihrem Körper sicher fühlen. Unser erstes

Anliegen ist es also, dass sich die Schüler entspannen, verbunden und in ihrem Körper zu Hause fühlen.

Fokussierte Aufmerksamkeit: Wenn die Schüler einmal die Sprache ihres Körpers kennengelernt haben, können sie damit beginnen ihre Aufmerksamkeit zu fokussieren. Wir arbeiten mit verschiedenen sensorischen Phänomenen, wie dem Atem und Geräuschen, um die Aufmerksamkeit zu verankern und zu stabilisieren. Diese Praktiken fördern die Fähigkeit, sich auf Schulaufgaben und andere Aktivitäten zu konzentrieren. Aufmerksamkeit ist auch der Schlüssel zur Emotionsregulation und verantwortlichen Entscheidungsfindung.

Herzensöffnung: Wenn die Kinder die Sprache ihres Körpers verstehen und wissen, wie sie ihre Aufmerksamkeit verankern können, dann sind sie bereit, ihre Emotionen zu erkennen und in ihrem Körper bewusst spüren zu können. Die Schüler lernen schwierige Gefühle zu regulieren, indem sie diesen Gefühlen liebevolle Bewusstheit entgegenbringen. Sie lernen auch angenehme Emotionen wie Freude und Mitgefühl zu empfinden und zu verstärken.

Verbundenheit: Nachdem die Schüler gelernt haben, mit ihrem Körper, ihrem Geist und ihrem Herzen achtsam zu sein, können sie diese Bewusstheit in ihren Alltag integrieren. Sie lernen mit den alltäglichen Ablenkungen, Frustrationen, körperlichen Beschwerden und anderen unvermeidlichen Schwierigkeiten umzugehen und Mitgefühl, Vergebung und Dankbarkeit praktisch umzusetzen.

Die 16 grundlegenden Achtsamkeitslektionen, die nun folgen, sind so ausgelegt, dass sie in Schulen und anderen Jugendeinrichtungen funktionieren. Wenn Sie eine neue Lektion vorstellen, sollten Sie sich für Grundschüler mindestens 20 Minuten und für Schüler einer weiterführenden Schule mindestens 30 Minuten Zeit nehmen. Der grundlegende Entwurf einer Unterrichtsstunde, den Sie in diesem Abschnitt finden, eignet sich gut dazu die Integration neuer Praktiken zu fördern.

Wenn die Lektionen einmal gelernt wurden, können Sie auch in den Alltag der Schüler eingebaut werden. Man kann den Tag mit achtsamer Kommunikation beginnen, achtsames Atmen für Übergangszeiten einsetzen und die Schüler vor einer Prüfung zu achtsamem Fokussieren ermutigen. Es ist sehr wichtig, durch diese Stunden eine solide Grundlage zu vermitteln und die Inhalte dann in ansprechenden Portionen auf passende Momente des ganzen Tages zu verteilen.

Die Praktiken lassen sich auch wunderbar auf die einzelnen Fächer anwenden. In den fünftägigen oder einjährigen Lehrerfortbildungen, die ich leite, staune ich oft, was den Lehrern alles einfällt. Ich habe selbst tausende Achtsamkeitslektionen ausgearbeitet und doch finden die Lehrer immer neue Wege, die mir nie eingefallen wären, um die Entwicklung der Aufmerksamkeit und des Mitgefühls der Schüler zu fördern. Biologielehrer und Physiklehrer entwickeln bemerkenswerte Experimente, um Achtsamkeit in ihren Fächern zu unterstützen. Sprachlehrer entwerfen Dankbarkeitsstunden, indem sie mitfühlende Sprache einsetzen. Jeder Lehrer ist ein Experte auf seinem Gebiet und was seine Schüler anlangt.

Etliche Jahre lang habe ich mit der Organisation Mindful Schools zusammengearbeitet und dort Menschen ausgebildet, die unser Curriculum in Schulen rund um die Bucht von San Franzisko in Kalifornien verbreiten sollten. Neue Lehrer haben mich begleitet und ich habe diese Lektionen über Monate hinweg unterrichtet. Ich muss zugeben, dass ich nicht sehr gut darin war, die genaue Abfolge der Lektionen zu unterrichten. Nach der 15-Minuten-Lektion verließ ich zum Beispiel mit dem Assistenten die Klasse und er sagte etwas wie: „Das war großartig! Aber wollten Sie nicht eigentlich eine Stunde über achtsames Hören halten?" Das Problem ist, dass ich durchaus mit der Absicht beginne, eine bestimmte Lektion zu unterrichten, mir aber dann zum Beispiel auffällt, dass die Schüler gerade über einen Streit sprechen, den sie auf dem Spielplatz beobachtet haben, oder über irgendeine andere belastende Situation. Dann lasse ich meinen Plan oft fallen und unterrichte eine Stunde über Ablenkung, Emotionsregulation, Wut oder irgendeine andere Praxis, die zu der gegebenen Situation passt.

Das übliche Schritt-für-Schritt Curriculum scheint nicht zu den Paradigmen der Achtsamkeit zu passen, die eigentlich lauten, auf die unmittelbaren Bedürfnisse der Schüler in diesem Moment einzugehen. Stattdessen schuf ich eine Werkzeugkiste voller Lektionen und Interventionen, die man im Klassenzimmer anwenden kann, wenn der Lehrer die grundlegenden Lektionen und Vorgangsweisen verinnerlicht hat.

Sie können die Abfolge der Lektionen so anwenden, wie Sie beschrieben sind, Sie können diese Lektionen aber auch einfach als Inspiration für Ihren eigenen Achtsamkeitsunterricht nutzen. Vielleicht dienen Ihnen die Beispielskripte auch nur als Krücke, um einen flüssigen Ablauf der Stunden zu erleichtern. Letzten Endes lade ich Sie dazu ein, Ihre eigene Sprache zu finden und Stunden und Abfolgen zu entwerfen, die Ihnen persönlich entsprechen.

Körpergewahrseins-Lektionen

Es gibt im ganzen Universum nur einen einzigen Ort, an dem wir Achtsamkeit lernen können, und der ist hier und jetzt in unserem Körper. Um unseren Blick zu öffnen und die Welt tatsächlich sehen zu können, ohne dass uns all unsere Annahmen und Überzeugungen in die Quere kommen, müssen wir uns zuallererst wohl in unserer Haut fühlen. Das Werkzeug, mit dem wir unsere innere Welt erforschen, ist unsere Aufmerksamkeit und das Medium, durch das wir lernen, ist unser Körper. Wir beginnen damit, die Sprache unserer Empfindungen zu erkunden.

Den Schülern dabei zu helfen, sich in ihrem Körper wohl und sicher zu fühlen, hat dabei oberste Priorität. Wenn Schüler sich nicht wohl fühlen, dann werden sie leicht abgelenkt, benehmen sich auffällig und lernen schwer. Jeder Lehrer weiß, wie unangenehm und störend ein einziges dysreguliertes Kind in einer Klasse sein kann. Wir haben oft das Gefühl, uns fehlt die Zeit, um ein nährendes und stützendes Umfeld für unsere Kinder zu schaffen, doch wenn wir bedenken, wie viel Zeit wir damit verlieren, die Aufmerksamkeit von Schülern immer und immer wieder zum eigentlichen Thema zurückzuholen, dann erkennen wir vielleicht, dass es sich lohnt, eine gewisse Zeit dafür aufzuwenden unsere Schüler zu erden und ihnen Halt zu geben, selbst wenn es die halbe Unterrichtsstunde dauert.

Wir verbringen heutzutage soviel Zeit damit, uns Sorgen zu machen, dass wir drohen im Wirrwarr unserer eigenen Gedanken zu versinken, sobald wir die Augen schließen. Einige einfache Bewegungen und Übungen mit dem Atem und dem Gewahrsein helfen uns in diesem Durcheinander zuerst einmal ein wenig aufzuräumen.

In einem Klassenzimmer voll hektischer Energie ist es wichtig – ja unausweichlich – die Kinder dort abzuholen, wo sie sind. Diese Energie zu unterdrücken macht es in der Regel nur noch schlimmer, also bieten Sie doch Ihren Schülern einige Bewegungsübungen an und bringen Sie sie so nach und nach zur Ruhe. Mit der folgenden Körpergewahrseinslektion kann man selbst die wildeste Klasse dazu bringen, ihren Atem und ihren Körper bewusst wahrzunehmen.

Die Sprache des Körpers

Die Sprache der Empfindungen im Körper bildet die Grundlage unserer Achtsamkeit. Im weiteren ist sie es, die uns zur Sprache unseres Geistes und Herzens führt. Der erste Schritt im Erlernen der Sprache des Körpers besteht für alle Schüler in der Erkundung ihres körperlichen Erlebens. Wir können uns unseren Körper wie ein fremdes Land vorstellen, in dem wir zu Besuch sind und dessen Sprache und Landschaft wir erst kennenlernen müssen.

Wenn ich frage: „Was genau spürt Ihr jetzt gerade in Eurem Körper?", wissen sowohl Erwachsene als auch Kinder oft nicht genau, was sie antworten sollen. In diesen Körpergewahrseinslektionen lernen wir und unsere Schüler, unsere körperlichen Empfindungen zu erkennen. Wir erfahren angenehme, unangenehme und neutrale Empfindungen und lernen ihnen mit einem Gefühl des ruhigen Erkundens zu begegnen.

Viele Curricula sprechen über einen alternativen Umgang mit Wut und anderen schwierigen Emotionen. Körperliche Anleitungen wie die folgenden helfen den Schülern, diese Emotionen in ihrem Körper zu erkennen und zu wandeln. Unsere Emotionen werden in unserem Körper erfahren, wo sonst sollten wir sie spüren? Um langfristig Impulskontrolle, Emotionsregulation und Aufmerksamkeit zu entwickeln, müssen wir zuallererst die Sprache unseres Körpers lernen. So helfen wir unseren Schülern, sich in ihrer Haut entspannt, sicher und zu Hause zu fühlen.

Lernziele

- Ein Gefühl der Sicherheit und Zentriertheit im Körper durch die Schulung der direkten Körperwahrnehmung.
- Die Verankerung der Aufmerksamkeit im gegenwärtigen Moment ausgehend von unseren körperlichen Erfahrungen.
- Ein Verständnis für physiologische Erfahrungen zu entwickeln, das dann in späteren Übungen, z. B. bei der Aufmerksamkeit oder Emotionsregulation, eingesetzt wird.
- Gelassenheit und Güte sich selbst gegenüber und das Annehmen angenehmer und unangenehmer Empfindungen.

Vorbereitung

Eines der Dinge, die Achtsamkeit so wunderbar machen, ist, dass man nichts dazu benötigt, als seinen Geist, seinen Körper und sein Herz. Man kann sie überall praktizieren und braucht keine Requisiten. Für die nun folgende Übung sitzen die Schüler idealer Weise am Boden oder auf Stühlen. Sie kann drinnen oder im Freien ausgeführt werden. Wichtig ist, dass man sich dort sicher und wohl fühlen kann und die Ablenkungen auf ein Minimum reduziert sind. Falls Sie vorhaben die Achtsamkeitstagebücher zu verwenden, damit die Schüler nach der Übung in Ruhe reflektieren können, dann stellen sie sicher, dass diese in Griffweite sind.

Was Sie beachten sollten

Denken Sie daran, dass es starke emotionale Reaktionen auslösen könnte, wenn man die Aufmerksamkeit eines Kindes auf unangenehme oder furchterregende Emotionen lenkt. Wie bereits erwähnt, kann die Geborgenheit, die die Kinder während dieser Übungen empfinden, dazu führen, dass traumatische Erlebnisse an die Oberfläche gelangen. Wenn dies nicht bewusst begleitet wird besteht die Möglichkeit einer Retraumatisierung. Falls Sie merken, dass ein Kind ein Trauma erneut zu durchleben beginnt, behalten Sie eine fürsorgliche und präsente Haltung bei und helfen Sie dem Schüler, zu erkennen, wo er sich befindet und sich an der sinnlichen Welt um ihn herum zu orientieren. Mit anderen Worten, er ist hier und jetzt und nicht dort und dann. Lesen Sie den Abschnitt über Traumata in diesem Buch und lassen Sie sich bitte in diesem Bereich schulen, bevor Sie diese Praktiken im Unterricht anwenden.

Kinder haben oft keine Worte für ihre Empfindungen, also seien Sie geduldig. Lassen Sie die Schüler ihre Erfahrungen lieber mit ihren eigenen Worten beschreiben, statt ihnen Multiple-Choice-Antworten anzubieten. Sie sollen ihre Erfahrungen mit ihren eigenen Metaphern, Bildern oder anderen kreativen Ausdrucksmöglichkeiten beschreiben. Wenn die Schüler Schwierigkeiten haben, Empfindungen zu benennen, dann geben Sie Beispiele, was es sein könnte, das sie empfinden, so dass sie lernen die Erfahrung zu erkennen.

Beispielskript: Erkundung von Empfindungen

Sagen wir, Ihr würdet in ein anderes Land reisen – vielleicht Indien, China oder Mexiko. Um Euch dort zurechtzufinden, müsstet Ihr die Sprache lernen und Euch mit den Gepflogenheiten vertraut machen. Heute wollen wir eine Reise der Achtsamkeit in das Land unseres eigenen Körpers unternehmen. Um uns dort zurechtzufinden, müssen wir die Sprache der Empfindungen und Gefühle lernen.

Wenn wir die Sprache unseres Körpers erlernen, dann fällt es uns leichter, uns zu entspannen, unsere Reaktionen in den Griff zu kriegen und unsere körperlichen Fähigkeiten zu verbessern. Wenn wir unseren Körper bewusst spüren, hilft uns das beim Sport, beim Tanzen, beim Skateboardfahren, beim Gitarrenspielen und bei allen anderen Dingen, zu denen wir unseren Körper brauchen.

Wir beginnen damit, eine Hand zu heben und unsere Augen langsam zu schließen. Wie könnt Ihr wissen, dass Eure Hand da ist, wenn Ihr sie doch nicht sehen könnt? Was spürt Ihr gerade in Eurer Hand? Wir wollen schauen, welche unterschiedlichen Empfindungen wir noch in unserer Hand spüren können.

Blast also einmal auf Eure Hand. Wie fühlt sich das an?

Nun schüttelt Eure Hand aus.

Gebt ihr eine kleine Massage.

Berührt Euren Stuhl, Eure Hose oder irgendein anderes Material.

Beobachtet, was Ihr bei den verschiedenen Bewegungen in Eurer Hand wahrnehmen könnt? Spürt Ihr Wärme, Kälte, Schwere oder Leichtigkeit, Schmerz oder etwas Angenehmes? Es gibt so viele verschiedene Dinge, die eine Hand fühlen kann.

Lassen Sie den Schülern reichlich Zeit für jede einzelne Erfahrung und geben Sie ihnen die Möglichkeit die jeweiligen Empfindungen mitzuteilen. Und auch hier gibt es keine falschen Antworten. Wir sind dabei mit den Schülern einen Wortschatz aufzubauen, damit sie das, was sie empfinden, auch ausdrücken können.

Wenn sie ein besseres Verständnis für die vorhandenen Empfindungen gewonnen haben, können Sie mit ihnen auf eine Erkundungsreise durch den ganzen Körper gehen.

Beispielskript: Bodyscan

Da Ihr nun die Sprache Eures Körpers kennengelernt habt, könnt Ihr Euch auf einen Ausflug durch Eure innere Landschaft begeben. Ihr könnt damit beginnen, Euren achtsamen Körper aufzuwecken, indem Ihr Euch stolz und aufrecht hinsetzt und Euren Körper gleichzeitig ruhig und entspannt sein lasst. Spürt noch einmal in Eure rechte Hand hinein. Könnt Ihr jeden einzelnen Finger wahrnehmen, die Handfläche, und die ganze Hand? Denkt daran, dass Ihr nicht versuchen sollt, irgend etwas Spezielles zu finden, schaut einfach, welche Empfindungen jetzt gerade da sind. Nun lenkt Eure Aufmerksamkeit auf Eure linke Hand. Was könnt Ihr da spüren? Versucht jetzt, ob Ihr beide Hände gleichzeitig wahrnehmen könnt. Was fühlt sich gleich und was fühlt sich anders an?

Lenkt Eure Aufmerksamkeit jetzt auf Euren rechten Fuß. Was spürt Ihr in Eurem rechten Fuß? Könnt Ihr die Zehen, die Sohle und den ganzen Fuß spüren? Lenkt Eure Aufmerksamkeit auf Euren anderen Fuß. Schaut einmal, ob Ihr beide Füße gleichzeitig bewusst wahrnehmen könnt. Jetzt wandert mit Eurer Aufmerksamkeit hinauf zu Eurem Herzen.

Spürt auf dieselbe Art und Weise in Euer Herz hinein, wie Ihr Eure Hände und Füße erkundet habt. Wie fühlt sich Euer Herz an? Bemerkt Ihr eine Wärme, eine Schwere, ein Flattern oder irgendetwas anderes?

Schaut einmal, ob Ihr einen Augenblick lang beide Hände, beide Füße Euer Herz und den ganzen restlichen Körper wahrnehmen könnt. Vielleicht fühlt sich Euer Körper wie ein riesiger Bienenstock voller Empfindungen an.

Wenn Ihr bereit seid, öffnet langsam Eure Augen und kehrt mit Eurer Aufmerksamkeit in diesen Raum zurück. Was habt Ihr wahrgenommen?

Geben Sie den Schülern wiederum genug Zeit, um über das, was sie entdeckt haben, zu sprechen.

Im Klassenzimmer sitzen die Kinder bei dieser Übung oft einfach im Kreis, doch wenn es die räumlichen Gegebenheiten zulassen, könnte man sie auch einmal im Liegen machen. Es gibt viele Bodyscan-Übungen, bei denen man im Liegen durch den ganzen Körper wandert und alle Körperteile bewusst wahrnimmt. Sie können das auch als progressive Entspannungsübung machen, bei der die Schüler beim Einatmen ihre Aufmerksamkeit auf einen Körperteil richten und ihn beim Ausatmen entspannen. Durch den gesamten Körper zu wandern, üblicherweise von den Füßen zum Kopf oder umgekehrt, und jeden Körperteil bewusst zu entspannen kann uns in einem tiefen Ruhezustand versetzen.

Dialog

Für Schüler von der sechsten Klasse an aufwärts können Sie eine Lehrgeschichte, ein Zitat oder irgendeine andere Anregungen für eine Diskussion über das Erlernen der Sprache unseres Körpers vorlesen. Nutzen Sie die Struktur des Gesprächskreises und sprechen Sie darüber, warum es wichtig sein könnte, sich seines Körpers bewusst zu werden. Ein Ausspruch von Jim Rohn zum Beispiel: „Achte auf Deinen Körper. Es ist der einzige Ort, den Du zum Leben hast“, oder irgendein anderes Zitat über die wundervolle Erfahrung einen menschlichen Körper zu haben, eignen sich zur Eröffnung einer Diskussion.

In uns selbst liegt's, ob wir so oder anders,
Unser Körper ist ein Garten und unser Wille der Gärtner.

William Shakespeare, Othello

Achtsamkeitstagebuch

- Zeichnen: Zeichnet ein Bild Eures Lieblingsteils dieser Übung.
- Schreiben: Macht eine Liste aller Empfindungen, die Ihr in Eurem Körper spürt.
- Inwiefern fühlen sich Eure Hände anders an als Eure Füße?
- Wie könnte es uns helfen, bewusster in unserem Körper zu ruhen?

Welt-Entdeckung

Für die Welt-Entdeckung in dieser Übung sagen Sie zu den Schülern etwas wie: „Bei der Achtsamkeit gibt es keine Hausaufgaben. Da gibt es bloß die Achtsamkeit, die wir aus der Stunde in unser Leben und weiter hinaus in die Welt tragen. Deswegen nenne ich diesen Abschnitt gerne Welt-Entdeckung."

„Manche Menschen sagen, sie sind sich ihres Körpers so sehr bewusst, dass sie atmosphärische Veränderungen wahrnehmen und wissen, wann es regnen wird. Schaut ob Ihr die Empfindungen Eures Körpers auch weiter wahrnehmen könnt, nachdem Ihr das Klassenzimmer verlassen habt. Achtet darauf, was Ihr spürt, wenn Ihr draußen spazieren geht, ein Spiel spielt, Euch duscht oder Euch zum Schlafen niederlegt."

„Viele Leute berichten, dass sie sich leichter entspannen und schneller einschlafen können, wenn sie den Bodyscan vor dem Zubettgehen machen. Versucht den Bodyscan vor dem Einschlafen und wenn Ihr aufwacht. Schaut, was Ihr entdeckt."

Alter und Entwicklungsstufe

Diese Übung kann man mit jeder Altersgruppe durchführen, aber denken Sie daran, die Sprache dem Alter der Schüler anzupassen.

Fünf- bis Zehnjährige: Für Grundschulkinder sollte die Übung etwa 10 bis 20 Minuten dauern. Man kann die Übung öfters wiederholen und dabei immer Neues entdecken. Lassen Sie die Schüler im Kreis sitzen oder ihren Körper zu unterschiedlichen Uhrzeiten und bei verschiedenen Tätigkeiten erkunden. Die Kinder während des Tages immer wieder zu ihrem direkten körperlichen Empfinden zurückzuführen bietet ihnen eine Heimatbasis, zu der sie immer zurückkehren können.

Jüngere Schüler genießen diese Übung, wenn sie spielerisch als innerliches Körper-Abenteuer präsentiert wird. Entwerfen Sie ein abenteuerliches Szenarium, eine U-Boot-Fahrt zum Beispiel, in dem die Empfindungen des Körpers erkundet werden.

Acht- bis 14-jährige: Hier sollte die Lektion zwischen 30 und 60 Minuten dauern. In der Stunde lernen die Schüler, bestimmte Teile ihres Körpers wahrzunehmen. Größere Kinder können bereits ausführlicher über verschiedene Körperempfindungen, wie angenehm, unangenehm oder neutral, sprechen. Teenager können auch über die Qualität der Beziehung reflektieren, die sie zu ihren Empfindungen haben. Sie finden es vielleicht interessanter, sich selbst als Wissenschaftler vorzustellen, der die feinen zellulären Bewegungen im Körper untersucht.

Achtsamkeit spielen

Abhängig von der Alters- und Bevölkerungsgruppe, mit der Sie arbeiten, können Sie entsprechende Charaktere einsetzen, um die Kinder zu mehr Körpergewahrsein zu inspirieren. Für kleinere Kinder könnte das Kung Fu Panda oder eine Balletttänzerin sein. Für ältere Kinder kann man berühmte Sportler ins Spiel bringen, oder Popstars, die auch gute Tänzer sind. Erklären Sie Ihren Schülern, dass sie jetzt Achtsamkeit „spielen“ werden und dass das ein Spiel ist, bei dem man viel über den eigenen Geist, Atem und Körper lernt, indem man seinen Atem mit verschiedenen Bewegungen verbindet.

Wenn Sie die Übung anleiten, werden Sie merken, dass die Kinder mit lebhafteren äußeren Bewegungen beginnen und sich am Ende auf das tiefe Innere ihres Körpers konzentrieren und dort sehr feine Bewegungen oder Stille wahrnehmen. Statt Ruhe erzwingen zu wollen, wenn das in dem Moment vielleicht außerhalb ihrer Möglichkeiten liegt, bringen wir die Schüler langsam zu einem Ort, der sich im Rahmen ihrer Möglichkeiten befindet.

Kinder lieben es ihre eigenen Bewegungen zu erfinden, und Sie können dieses Spiel über einen längeren Zeitraum hin ausdehnen, wenn Sie die Kinder Elefantenatem, Prinzessinnenatem oder irgendetwas anderes spielen lassen, bei dem eine bestimmten Bewegung mit dem Atem verbunden wird. Es ist immer hilfreich mit diesen ausgeprägteren, spielerischen Bewegungen zu beginnen und langsam zu kleineren Bewegungen überzugehen, bis die Schüler, sich der feinen Bewegungen des Atems bewusst werden, während ihr Körper ganz ruhig bleibt.

Lernziele

- Achtsamkeit Spielen macht die Kinder mit dem achtsamen Atemgewahrsein bekannt.
- Die Übungen fördern die Aufmerksamkeit, indem das Bewusstsein durch Bewegungen auf den Atem gelenkt wird.
- Durch die Bewegungen lernen die Schüler die Verbundenheit mit und die Lebendigkeit in ihrem Körper besser zu spüren und steigern ihre Fähigkeit sich zu entspannen und zentriert zu sein.
- Im weiteren lernen die Schüler von den äußeren, lebhaften Bewegungen zur inneren Stille zu finden.

Vorbereitung

Achten Sie darauf, dass die Kinder auch für größere Bewegungen – wie Armkreisen – genug Platz haben, ohne sich anzustoßen oder sich in die Quere zu kommen. Die Bewegungen werden am besten im Stehen ausgeführt, damit die Schüler den ganzen Körper einsetzen können. Wenn die Kinder zu wild sind, kann man die Bewegungen auch auf einem Stuhl oder auf dem Boden sitzend ausführen. Für Schüler mit speziellen Bedürfnissen, werden die Bewegungen einfach angepasst, ein einfaches Heben oder Drehen der Hände oder des Kopfes zum Beispiel.

Beispielskript: Spiderman-Atem

Hat irgendjemand von Euch schon den Spiderman-Atem probiert? Nein? Atmet einmal alle ein und bringt Eure Hände an Eure Brust. Wenn Ihr ausatmet, lasst die Arme nach vorne schießen wie Spiderman, wenn er seine Netze schießt. Machen wir das mal ein paar Mal.

So, jetzt wollen wir den Delfinatem probieren. Jedes Mal wenn Ihr einatmet, bewegt Ihr Eure Arme wie ein Delfin, der aus dem Wasser springt und wenn Ihr ausatmet lasst Ihr sie wieder sinken. Machen wir das ein paar Mal.

Jetzt machen wir einmal den Krokodilatem. Öffnet mit jedem Einatmen Eure Arme wie ein Krokodil seinen Rachen und lasst sie bei jedem Ausatmen wieder fallen. Das machen wir auch einige Male.

Jetzt kommt der Schmetterlingsatem: öffnet Eure Arme weit beim Einatmen und schließt sie wieder beim Ausatmen, wie die Flügel eines Schmetterlings.

Jetzt ziehen wir unsere Schultern fest nach oben, wenn wir einatmen, und lassen sie wieder los und entspannen uns, wenn wir ausatmen. Machen wir das ein paar Mal.

Jetzt lasst uns einmal vollkommen ruhig sein, ohne irgendeinen Muskel zu bewegen. Schaut, ob sich irgendetwas bewegt, während Ihr atmet. Bemerkt Ihr irgendeine Bewegung, obwohl Ihr versucht vollkommen ruhig zu sein? Ist Euch irgendetwas aufgefallen?

Dialog

Nachdem die Schüler von großen Bewegungen hin zu subtilem Gewahrsein für die Bewegungen innerhalb ihres vollkommen ruhigen Körpers gelangt sind, fragen Sie die Schüler: „Welche Bewegungen sind Euch aufgefallen, als Ihr versucht habt vollkommen ruhig zu sein."

Wenn den Schülern nichts einfällt, dann können Sie immer noch mit Fragen nachhelfen, wie: „Habt ihr eine Bewegung in Euren Schultern, in Eurem Bauch, in Eurer Brust bemerkt?" Oft hat sich nach dieser Übung die Atmosphäre in der Klasse verändert und ist entspannter und ausgeglichener. Und da Sie ja bereits Übungen zur Sprache des Körpers gemacht haben, können Sie fragen, was die Kinder in ihrem Körper spüren: „Wie fühlt sich Euer Körper nach den achtsamen Bewegungen an?"

Achtsamkeitstagebuch

- Zeichnen: Zeichnet Euren liebsten Tier-Atem.
- Schreiben: Inwiefern fühlt sich das Einatmen anders an, als das Ausatmen?
- Welche Bewegungen merkt Ihr in Eurem Körper, wenn Ihr vollkommen still sitzt?
- Fallen Euch noch andere Bewegungen ein, die man mit dem Ein- und Ausatmen verbinden könnte?

Welt-Entdeckung

„Ihr könnt diesen achtsamen Atem mitnehmen, wohin Ihr wollt. Wenn Ihr Euch das nächste Mal gestresst fühlt oder Euch etwas Sorgen bereitet, dann versucht einmal Eure Schultern beim Einatmen hochzuziehen und beim Ausatmen alles loszulassen und Euch zu entspannen. Macht das ein paar Mal und schaut, ob Ihr die Bewegung des Atems spürt, wenn Ihr ganz ruhig seid.

„Schaut mal, ob Euch noch andere achtsamen Bewegungen einfallen. Ihr könnt an andere Tiere denken und überlegen, wie sie aus- und einatmen würden, und das dann selbst probieren, oder vielleicht könnt Ihr ja einige lustige Atem- und Dehnungsübungen erfinden, die Euch Spaß machen. In unserer nächsten Stunde erzählen wir uns gegenseitig, welche achtsamen Bewegungen wir gefunden haben"

Alter und Entwicklungsstufe

Für Schüler aller Altersgruppen stellt mit Bewegungen verbundener Atem einen guten Einstieg zur Achtsamkeit dar. Fünf- bis Zehnjährige genießen die Tier-Bewegungen und andere Spiele. Vor den Aufmerksamkeitslektionen sind achtsame Bewegungen oft ein wunderbares Mittel, um sich dem Atem und der Stille zuzuwenden, ohne die Schüler vorschnell zur Ruhe bringen zu wollen.

Elf- bis 17-jährige machen die Bewegungen auch, ohne dass man notwendigerweise ein Spiel daraus macht. Für ältere Schüler kann man auf den Nutzen hinweisen, den sie dadurch beim Sport, beim Tanzen oder bei anderen Tätigkeit erzielen können. Das Skript zielt auf jüngere Schüler ab, aber es gibt viele achtsame Bewegungsübungen, die man mit Teenagern machen kann. Qi-Gong, Tai Chi, Yoga und viele Kampfsportarten verhelfen älteren Kindern zu mehr Körpergewahrsein.

Achtsame Bewegung

Sobald wir uns der Empfindungen unseres Körpers bewusst sind, können wir dazu übergehen unsere Empfindungen in Bewegung zu erkunden. Man beginnt am besten mit ganz einfachen, alltäglichen Bewegungen. Lassen Sie die Schüler ihre Hände ganz langsam heben, die Schuhbänder im Zeitlupentempo binden oder sich langsam irgendwo kratzen – jede Tätigkeit, die man so oft macht, dass sie automatisch geworden ist. Von diesen einfachen Bewegungen gehen wir dann zu größeren und komplexeren Bewegungen über.

Lernziele

- Die Übungen fördern die Koordination und das Körpergewahrsein.
- Sich des eigenen Körpers in Bewegung bewusst zu sein, fördert die Wahrnehmung der eigenen Grenzen und derjenigen der anderen.
- Die Schülern lernen die feinen Bewegungen ihres Körpers schätzen und genießen.
- Die Praxis schult die Geduld und eine im Körper verankerte Aufmerksamkeit.

Vorbereitung

Abhängig von den Schülern und den räumlichen Verhältnissen müssen Sie entscheiden, welche Bewegungen möglich sind. Gewisse Bewegungen, wie zum Beispiel langsames Schuhe-Binden sind überall möglich. Um achtsames Gehen zu praktizieren, muss die Klasse schon ziemlich ruhig sein, sonst fangen die Kinder möglicherweise an, sich gegenseitig zu stoßen oder übereinander zu stolpern. Folgen Sie den Gegebenheiten der Klasse. Wenn die Schüler dafür bereit sind, kann auch ein achtsamer Spaziergang in der Natur eine wundervolle Möglichkeit sein.

Beispielskript: Achtsamkeit in Bewegung

Nachdem wir die Empfindungen unseres Körpers nun kennengelernt haben, wollen wir schauen, wie sich unser Körper anfühlt, wenn wir uns bewegen. Wir nehmen jetzt mal alle einen Bleistift und schreiben im Zeitlupentempo unseren Namen auf. Wahrscheinlich habt Ihr alle Euren Namen schon so oft geschrieben, dass Ihr das normalerweise ganz automatisch macht. Jetzt wollen wir so langsam schreiben, dass wir jede kleine Bewegung wahrnehmen können, jede Berührung unserer Finger auf dem Bleistift und das Gewicht des Bleistifts und wie es sich anfühlt, wenn er das Papier berührt. Wie war das, so langsam und aufmerksam zu sein?

Nun habt Ihr eine kleinere Bewegungen bewusst wahrgenommen. Wir können aber auch ganz bewusst gehen. Dazu werden wir einmal ganz, ganz langsam aufstehen. Bevor Ihr aufsteht, bemerkt Ihr vielleicht bereits, wie sich Eure Muskeln und Euer Körper bereit machen. Euer Körper ist eine erstaunliche Maschine mit Muskeln, Knochen, Sehnen und einem Nervensystem, das seine Botschaften zu all diesen Teilen sendet.

Steht jetzt einmal langsam auf und versucht bewusst jede Bewegung wahrzunehmen, jede Beugung und Drehung, jeden Muskel, wie er sich anspannt und wieder entspannt. Wie war das, so langsam aufzustehen?

Als Ihr noch ein Baby wart, hattet Ihr keine Ahnung, wie man geht und jetzt gehen wir so viel, dass wir nicht einmal mehr darüber nachdenken müssen.

Wir beginnen jetzt damit einzuatmen und dabei einen Fuß zu heben und ihn dann beim Ausatmen wieder sinken zu lassen. Steht einfach auf Eurem Platz und achtet darauf, wie sich Eurer Körper anfühlt, während Ihr ein- und ausatmet und dabei Eure Füße hebt und senkt. Wenn Ihr bereit seid, werden wir in einem Kreis durch das Klassenzimmer gehen. Dabei wollen wir vorsichtig sein und niemanden berühren. Wir konzentrieren uns auf unsere Füße, spüren wie diese sich heben und senken. Wir spüren den Boden unter uns und wie wir unser Gewicht nach vorne und hinten verlagern. Kommt jetzt zurück zu Euren ursprünglichen Plätzen. Wie war das für Euch?

Wie immer liegt es an Ihnen, Ihre Klasse einzuschätzen. Manche Klassen sind wahrscheinlich nicht in der Lage durch den Raum zu gehen ohne eine Menge Unruhe zu verursachen. Diese Schüler kann man bei dieser Übung auch einfach auf der Stelle gehen lassen.

Dialog

„Wer von Euch hat schon von etwas gehört, das „im Fluss sein“ oder „unter dem Einfluss stehen“ genannt wird? Viele Sportler, Tänzer, Musiker und andere Meister ihrer Kunst sprechen von einem Zustand, den sie „Flow“ oder „im Fluss sein“ oder „unter dem Einfluss“ nennen. Eigentlich beschreiben sie nur, wie es sich anfühlt, wenn man vollkommen achtsam ist. Wir alle erleben das manchmal, wenn wir Seilspringen, leise durch den Wald gehen, einen Fußball mitten ins Tor schießen oder einen Ball im Korb versenken. Dann sind wir so vertieft in die Empfindungen unseres Körpers und die Geräusche und Gerüche um uns herum, dass all unsere Gedanken in den Hintergrund treten. Je achtsamer wir in unserem Körper ruhen, desto weniger nehmen uns unsere Gedanken gefangen und desto freier sind wir. Und das macht uns besser in dem, was wir tun und wir haben mehr Spaß dabei. Was bedeutet „im Fluss sein" für Dich?"

Achtsamkeitstagebuch

- Zeichnen: Zeichne Dich selbst, wie Du etwas besonders achtsam tust.
- Schreiben: Welche Bewegungen in Deinem Alltag, könntest Du ganz bewusst wahrnehmen?
- Wie könnte es Dir helfen, Deine Bewegungen bewusst wahrzunehmen?
- Was hält Dich davon ab, bewusst in Deinem Körpers zu sein?

Welt-Entdeckung

Laden Sie die Schüler nach einer Stunde mit achtsamer Bewegung dazu ein, ihre achtsamen Bewegungen im Alltag zu beobachten. Bitten Sie sie, sich eine bestimmte Alltagsbewegung auszusuchen, Zähneputzen zum Beispiel, oder die Haustür öffnen oder Gitarre üben. Jedes Mal, wenn sie diese Bewegung im Laufe des Tages ausführen, versuchen sie, sie so bewusst sie nur können wahrzunehmen. Wenn sie sich für das Türöffnen entschieden haben, dann werden sie zum Beispiel versuchen die kalte Türklinke in ihrer Hand zu fühlen, und wie ihre Hand sich anfühlt, während sie die Klinke nach unten drücken. Diese kurzen bewussten Erinnerungsmomente helfen den Schülern ihre Achtsamkeitspraxis zu erweitern und auf den Alltag auszuweiten.

Alter und Entwicklungsstufe

Kleine Kinder profitieren sehr davon, bestimmte Alltagstätigkeiten langsam und aufmerksam durchzuführen. Fünf- bis Zehnjährigen mag es schwerfallen durch den Raum zu gehen, ohne sich ablenken zu lassen, aber sich darauf zu konzentrieren, ihre Schuhe zu binden oder ihren Namen zu schreiben, kann sehr wirkungsvoll sein. Die Schüler genießen langsame Bewegungen und im Zeitlupentempo zu gehen oder zu kriechen, falls Ihnen das machbar erscheint, ohne dass die Klasse unaufmerksam wird.

Elf- bis 17-jährigen tut es sehr gut, Alltagstätigkeiten mit voller Aufmerksamkeit auszuführen. Erklären Sie den Jugendlichen, wie die Übungen ihnen im Leben helfen können und dass sie sie als Training für andere Bereiche ihres Lebens nutzen können. Für ältere Schüler ist achtsames Gehen ein wunderbarer Weg, um Aufmerksamkeit zu entwickeln. Für manche Schüler ist Stillsitzen zu unangenehm; gerade für sie ist achtsames Gehen ideal.

Achtsames Essen

Wenn wir achtsam essen, verändert das die Art und Weise, wie wir kleine, alltägliche Dinge wie unsere Nahrungsaufnahme erleben. Im Allgemeinen essen wir, ohne diesem Vorgang viel Aufmerksamkeit zu schenken. Unsere Intention in dieser Praxis ist es, den Genuss und die Schönheit, die in einer ganz alltäglichen Erfahrung liegen, bewusst wahrzunehmen.

In dieser Übung geht es keineswegs nur darum, Aufmerksamkeit auf den Geschmack zu richten, es ist eine auf allen Sinneswahrnehmungen basierende Erfahrung, bei der wir mit Augen, Ohren, Geruchs-, Geschmacks- und Tastsinn erkunden. Die Praxis des achtsamen Essens kann uns und unseren Schülern dabei helfen, alles in unserem Leben mit einem Gewahrsein für all unsere Sinne zu erleben, egal ob es das Frühstücksessen oder das Schuhe-Anziehen ist.

Lernziele

- Sinnliche Wahrnehmung und körperliche Präsenz fördern.
- Dankbarkeit und Wertschätzung für den gegenwärtigen Moment entwickeln.
- Aufmerksamkeit schärfen und sich auf den gegenwärtigen Moment besser einstimmen können.

Vorbereitung

Die idealen Lebensmittel für diese Übung sind klein, schmackhaft und natürlich. Rosinen, Aprikosen, Mandarinen oder ähnliche Früchte eignen sich gut. Schokolade oder andere Süßigkeiten scheinen die Kinder eher abzulenken und machen es schwieriger für sie sich zu konzentrieren. Sie brauchen für diese Übung zum Beispiel zwei Rosinen (da sie so klein sind) oder eine Mandarine pro Kind.

Finden Sie vorher heraus, ob es in der Klasse Kinder mit Lebensmittelunverträglichkeiten gibt. Es kann auch sein, dass manche Kinder keine Rosinen mögen oder sehr bestimmte Vorlieben haben. Sorgen Sie für eine Alternative, falls Ihnen so etwas bekannt ist. Denken Sie daran, dass Sie und die Schüler die Hände waschen müssen, bevor Sie mit der Übung beginnen.

Beispielskript: Achtsames Essen

Heute werden wir Achtsamkeit bei etwas ganz Anderem ausprobieren. Es ist etwas, das wir alle ständig tun und es kann sehr genussvoll sein, doch oft sind wir nicht achtsam dabei und verpassen die Chance, diese Erfahrung wirklich auszukosten. Was wir nun tun werden, ist achtsames Essen, und um das zu üben, bekommt jeder von Euch zwei Rosinen. Wenn ich sie Euch in die Hand lege, sollt

Ihr sie zuallererst einmal genau betrachten, wie Wissenschaftler, die ihr Forschungsobjekt unter dem Mikroskop untersuchen. Ihr dürft die Rosinen aber noch nicht essen. Denkt daran, erst einmal werden wir achtsame Wissenschaftler sein und jede Einzelheit über die Form, Farbe und Beschaffenheit der Rosinen herausfinden.

Verteilen Sie an jeden Schüler zwei Rosinen. Sie können auch einige Kinder bitten, Ihnen beim Verteilen zu helfen. Lassen sie den Kindern Zeit, die Rosine zu betrachten, vielleicht schlagen Sie vor, die Rosine ins Licht zu halten oder die beiden Rosinen miteinander zu vergleichen.

Was seht Ihr?

Jetzt wollen wir einmal genau an ihnen riechen. Haltet sie an Eure Nase, schließt Eure Augen und riecht daran. Wie könnt Ihr den Geruch beschreiben?

Als nächstes reiben wir die Rosine mit geschlossenen Augen zwischen unseren Fingern. Was spürt Ihr?

Gut. Schauen wir einmal, was die Rosine zu sagen hat. Ihr habt wahrscheinlich noch nie gehört, was eine Rosine zu sagen hat, oder? Haltet die Rosine zwischen den Fingern und an Euer Ohr, rollt sie dann mit geschlossenen Augen zwischen den Fingern hin und her und achtet darauf, was Ihr hört. Dazu müsst Ihr ganz leise sein.

Wahrscheinlich habt Ihr eine Rosine noch nie so genau kennengelernt. Nun kommt der Moment, auf den wir alle gewartet haben. Wenn ich es Euch sage, werden wir ganz langsam beginnen, die erste Rosine zu essen. Im Zeitlupentempo bringen wir die Rosine zu unserem Mund und legen sie auf die Zunge. Wir schließen den Mund, beginnen aber noch nicht zu kauen. Bewegt die Rosine mit der Zunge in Eurem Mund hin und her und achtet darauf, was Ihr schmeckt und wie es sich anfühlt. Dazu wollen wir auch unseren achtsamen Körper aufwecken und unsere Augen schließen, damit wir uns vollkommen auf die Rosine konzentrieren können. Achtung, Fertig, Los.

Jetzt werden wir die kleine Rosine Stück für Stück essen. Jedes Mal, wenn Ihr ein kleines Stück zerbeißt, haltet einen Moment lang inne, um es ganz bewusst zu schmecken und zu genießen. Achtet darauf, wie sich Eure Zunge anfühlt und wie sich Euer Kiefer bewegt. Kaut sehr, sehr langsam und wenn Ihr achtsam fertig gekaut habt, dann spürt genau hin, wie Ihr die Rosine hinunterschluckt.

Dialog

Um eine Diskussion anzuregen, könnten Sie etwas sagen wie: „Wenn wir Rosinen essen, dann werfen wir normalerweise einfach einen Haufen davon in unseren Mund und kauen sie so schnell, dass wir gar nicht dazu kommen, sie zu schmecken. Wir haben jetzt gerade zwei Rosinen gegessen und ihnen unsere ganze Aufmerksamkeit geschenkt. Wenn wir so essen, schmecken sie sehr intensiv und wir können es richtig genießen. Es ist, als ob eine ganze Welt in dieser Rosine stecken würde. Stellt Euch einmal vor, Ihr würde eine Tüte Eis so achtsam essen. Wie würde es Euer Leben verändern, wenn Ihr allem, was Ihr tut, so viel Aufmerksamkeit schenken würdet?"

Mit einer Lehrgeschichte oder einem Zitat können Sie eine Diskussionsrunde über das intensive Erfahren und Spüren des Lebens einleiten.

Um die Welt in einem Sandkorn zu sehen und den Himmel in einer wilden Blume, halte die Unendlichkeit auf Deiner flachen Hand und die Stunde rückt in die Ewigkeit.

William Blake

Achtsamkeitstagebuch

- Zeichnen: Zeichnet ein Bild davon, wie es in Eurem Mund aussieht, wenn Ihr esst.
- Schreiben: Wie unterscheidet sich achtsames Essen, von der Art und Weise, wie Ihr normalerweise esst?
- Was würdet Ihr sonst noch gerne achtsam essen?
- Welche anderen Dinge in Eurem Leben wären besser, wenn Ihr sie langsamer tun würdet?

Welt-Entdeckung

„Ihr könnt achtsam essen, wann immer Ihr etwas esst. Ihr müsst nicht langsam essen, um achtsam zu essen, es reicht, wenn Ihr Euch auf das, was Ihr gerade esst, konzentriert und jeden Bissen bewusst wahrnehmt. Stellt Euch vor, ein Stück Pizza, ein Glas Eures Lieblingssaftes, oder ein Keks so achtsam zu Euch zu nehmen. Oft nehmen wir uns etwas, was wir wirklich mögen, doch während wir es essen, denken wir an andere Sachen oder reden mit jemandem. So können wir unser Essen nicht wirklich genießen. Wenn Ihr also in den nächsten Tagen etwas esst, das Ihr wirklich mögt, dann konzentriert Euch wirklich auf den Geschmack. Genießt es."

Alter und Entwicklungsstufe

Fünf- bis Zehnjährige genießen die sinnliche Erfahrung des achtsamen Essens. Jüngere Kinder lieben es, darüber zu sprechen, was sie gerochen, gespürt, gesehen, gehört und geschmeckt haben. Man kann das Spiel mit dem ersten Bissen von jedem Vesper machen, das die Kinder essen. Es ist ein wunderbarer Weg, um sie dazu zu bekommen, langsamer und genussvoller zu essen. Nehmen Sie sich für jedes einzelne sinnliche Erkunden Zeit und erinnern Sie jüngere Kinder daran, die Rosinen nicht sofort zu essen, wenn sie sie bekommen.

Elf- bis 17-jährige können diese Übung dazu nutzen, um ihre Sinne zu schärfen und ihre Aufmerksamkeit zu fokussieren. Sie können sich mit Feinheiten beschäftigen und zum Beispiel beobachten, dass ihr Mund Speichel produziert, bevor sie zu essen beginnen oder wie der Mund sich beim Kauen bewegt. Man kann diese Übung beliebig oft wiederholen und damit Körpergewahrsein und Aufmerksamkeit schulen.

Aufmerksamkeitslektionen

Denken Sie einmal daran, wie oft Sie als Kind von Eltern und Lehrern zur Aufmerksamkeit ermahnt wurden und wie oft man Ihnen tatsächlich gezeigt hat, wie man das macht, aufmerksam zu sein. Um Lesen, Mathematik, Biologie, Musik, Kunst, Sport oder jede andere Tätigkeit wirklich gut zu können, ist die Fähigkeit aufmerksam zu sein, von entscheidender Bedeutung. Jeder möchte gern aufmerksam sein, doch leider stellt unser Erziehungssystem nur sehr selten die Mittel zur Verfügung, um diese Fähigkeit zu entwickeln.

Statt uns von unseren Gedanken und Wünschen kontrollieren zu lassen, helfen die hier beschriebenen Übungen uns, unseren ungezügelten Geist zu bändigen. Einmal fokussiert, ist unser Geist ein großartiger Verbündeter und folgt unserem stillen, ausgeglichenen Bewusstsein.

Wenn Schüler nicht wissen, wie man aufmerksam ist oder seine Emotionen reguliert, dann fallen sie leicht in störende Verhaltensweisen, manchmal einfach nur weil sie frustriert sind. Nur zu oft verleitet uns dieses störende Verhalten zu der Annahme, dass sie damit unsere Aufmerksamkeit auf sich ziehen wollen oder einfach bewusst aufsässig sind. Wenn es uns als Lehrern gelingt, diesen Schülern die inneren Ressourcen zu eröffnen, die ihnen fehlen, statt sie immer wieder zu bestrafen, dann steigert das ihre Chancen erheblich, sich gut zu entwickeln.

Wenn wir über Aufmerksamkeit sprechen, sollten wir eine Sprache benutzen, die unsere Schüler inspiriert. Metaphern und Geschichten helfen ihnen, die zerstreute Natur ihres Geistes zu verstehen. Sie könnten die Schüler fragen, ob sie je eine Seite in einem Buches überflogen haben, ohne die Bedeutung der Worte zu registrieren und daraufhin alles noch einmal lesen mussten. Beschreiben Sie, was Aufmerksamkeit und Ablenkung ist und fragen Sie die Schüler, wofür sie sich mehr Aufmerksamkeit wünschen. Sobald Sie sie als Mitstreiter für ihre eigene Entwicklung gewonnen haben, können Sie sich an einige grundlegende Erkundungen wagen.

Der Atemanker

Der Atemanker ist eine der wichtigsten Lektionen einer Achtsamkeitspraxis. Wir nennen diese Praxis so, weil uns der Atem hier ein Anker, ein Heimathafen ist, zu dem wir immer zurückkehren können. Selbst wenn unser Leben stürmische Wellen schlägt, gibt es dort unten, tief auf dem Meeresboden, eine Stille, die uns Zuflucht gibt. Der Atemanker kann die Verbindung zu dieser tiefen Ruhe in unseren Körpern sein.

Eine der erstaunlichen Eigenschaften unseres Atems besteht darin, dass er, wie nur wenige andere biologische Funktionen unseres Körpers, sowohl bewusst als auch unbewusst ist. Glücklicherweise müssen wir nicht ständig ans Atmen denken; der Atem strömt mühelos und versorgt unser Blut mit dem nötigen Sauerstoff. Doch wenn wir wollen, können wir unseren Atem auch bewusst kontrollieren. In dieser Übung erkunden wir das achtsame Atmen, indem wir einfach unsere natürliche Atemerfahrung beobachten. Es ist wichtig den Kindern zu sagen, dass es keine spezielle Art gibt, wie ihr Atem sich anfühlen sollte. Der Sinn dieser Übung liegt in der sinnliche Erfahrung der Atems, wie er gerade ist.

Lernziele

- Aufmerksamkeit entwickeln, indem wir einen Aufmerksamkeits-Anker setzen.
- Durch das Achten auf den Atem zu Stille und Entspannung im Körper finden.
- Die Aufmerksamkeit entwickeln, die wir für die folgenden Übungen zur Emotionsregulation benötigen.

Vorbereitung

Sorgen Sie für einen Raum mit einem Minimum an Ablenkung. Es mag sinnvoll sein, die Schüler auf ihren Stühlen im Raum verteilt sitzen zu lassen, so dass genügend Raum zwischen ihnen ist und sie einander nicht ablenken. Bei jüngeren Kindern helfen Requisiten, um die Vorstellung eines Bootes und eines Ankers zu veranschaulichen.

Beispielskript: Atemanker, Stufe 1

Ist Euch schon einmal aufgefallen, wie leicht man sich ablenken lässt, wenn man versucht sich darauf zu konzentrieren, was ein Lehrer sagt, oder ein Spiel zu spielen? Vielleicht wird Euer Geist auch jetzt, während ich spreche, abgelenkt. Unser Geist ist wie ein junger Hund, der ständig an irgendwelchen Möbeln herumkaut und einen Saustall auf dem Boden hinterlässt. Der kleine Hund muss erzogen werden, genau wie Euer Geist. Habt Ihr einmal etwas getan, von dem Ihr genau wusstet, dass es keine gute Idee ist, Ihr aber einfach nicht anders konntet? Die Übungen, die wir machen werden, trainieren Euren Aufmerksamkeitsmuskel und die Konzentrationsfähigkeit, die nötig ist, um erfolgreich Sport betreiben, ein Instrument spielen oder eine Klassenarbeit schreiben zu können.

Glücklicherweise wissen wir, dass unser Geist sich ganz von selbst beruhigt, wenn wir uns entspannen und darauf konzentrieren was hier und jetzt, in diesem Augenblick, passiert. Wenn wir uns entspannen, sind wir glücklicher und was wir gerade tun, gelingt uns besser. Wenn wir uns gestresst fühlen, funktionieren unser Körper und unser Geist nicht so gut und wir fühlen uns mies. Je mehr Ihr Euch auf Euren Atem und die anderen Achtsamkeitspraktiken konzentriert, desto besser werdet Ihr Euch fühlen. Außerdem trainiert Ihr Euren Aufmerksamkeitsmuskel, damit Ihr Euch aufs Fahrradfahren, aufs Geigespielen oder was immer Ihr gerade tut, wirklich konzentrieren könnt.

Beispielskript: Atemanker, Stufe 2

Um Achtsamkeit zu entwickeln, beginnen wir damit uns auf den Atem zu konzentrieren. Der Atem ist ein unglaublich nützliches Hilfsmittel, um uns in emotionsgeladenen Situationen zu Ruhe zu bringen, innezuhalten und zu reflektieren bevor wir handeln. Von den vielen nützlichen Achtsamkeitspraktiken ist der achtsame Atem besonders praktisch, weil man ihn überall und jederzeit anwenden kann – während man eine Klassenarbeit schreibt, auf einen Freund wartet oder abends vor dem Einschlafen. Wir nennen diese Atemübung den „Atemanker", weil man ihn wie den Anker eines Schiffes benutzen kann. Selbst wenn große Wellen der Traurigkeit oder Aufregung über Euch hereinbrechen, könnt Ihr den Atemanker dazu nutzen, um Euren Geist und Euren Körper zu beruhigen.

Legt eine Hand auf Euren Bauch. Fühlt in Euren Bauch hinein, während Ihr ruhig ein- und ausatmet. Was habt Ihr bemerkt?

Jetzt könnt Ihr Eure Hand vom Bauch nehmen und wir werden einfach ein wenig länger sitzen und dem Atem in unserem Bauch nachspüren. Wenn Ihr merkt, dass Ihr denkt, bringt Euren Geist ganz sanft zurück zum Atem. Was auch immer auftaucht – Gedanken, Gefühle, Empfindungen – heißt sie willkommen, ohne sie zu verurteilen und kehrt mit Eurer Aufmerksamkeit zu Eurem Atem zurück.

Nach ungefähr einer Minute, oder auch länger, falls Sie den Eindruck haben, dass sie sich wohl fühlen, lassen Sie die Schüler ihre Augen öffnen. Wenn sie bereit sind, bitten Sie sie, über ihre Erfahrung zu sprechen und zu beschreiben, wie sie sich jetzt, nach der Atemübung, fühlen.

Unsere Fragen sollen die Schüler ermuntern, sowohl über das Atemerleben als auch über die bemerkten Ablenkungen zu sprechen. Sie könnten fragen:

> *Was habt Ihr in Euch als auch um Euch herum bemerkt, als Ihr begonnen habt, Achtsamkeit zu praktizieren? Könnt Ihr Euch vorstellen, wobei Euch der achtsame Atem helfen könnte? Welche Herausforderungen habt Ihr bemerkt, als Ihr versucht habt Eurem Atem zu folgen? Wie fühlt sich Euer Herz jetzt an? Wie nehmt Ihr Euren Geist wahr?*

Dialog

Die Stürme, die uns so oft in unserem Leben heimsuchen, und wie wir mit Hilfe unseres Atemankers zur Ruhe kommen können, sind ein wunderbares Thema für eine Gesprächsrunde. Einleitend könnten Sie Oogway aus Kung Fu Panda zitieren, der sagt: „Dein Verstand ist wie dieses Wasser hier mein Freund, wenn es aufgewühlt ist, wird es schwer etwas zu erkennen. Wenn Du aber zulässt, dass es sich beruhigt, liegt die Antwort klar vor Deinen Augen." Fragen Sie, wie es sich anfühlt trotz stürmischer Zeiten im Leben zu einem Gefühl der Ruhe zu finden und verwenden sie dazu Jon Kabat-Zinns Zitat: „Du kannst die Wellen nicht stoppen, aber Du kannst lernen, auf ihnen zu surfen."

Achtsamkeitstagebuch

- Zeichnen: Zeichnet ein Bild eines Ankers, der still unter den wilden Wellen des Meeres liegt.
- Schreiben: Welche Ablenkungen sind Euch aufgefallen, während Ihr den Atemanker geübt habt?
- Wie fühlt sich Euer Körper nach dieser Achtsamkeitsübung an?
- Wofür möchtet Ihr Euren Achtsamkeitsmuskel nutzen?

Welt-Entdeckung

Der Atemanker ist eine grundlegende Praxis, zu der wir immer wieder zurückkehren. Sie können den Schülern vorschlagen, ihn jeden Tag einige Minuten lang zu üben und anzuwenden, wann immer sie verärgert sind, sich traurig oder nervös fühlen oder irgendein anderes unangenehmes Gefühl empfinden. Sie könnten zum Beispiel sagen: „Vielleicht gibt es vor unserer nächsten Stunde eine Situation, die Euch auf die Nerven geht oder Euch durcheinander bringt. Wenn etwas passiert, das uns durcheinander bringt, dann ist das wie ein Sturm, der durch unser Leben fegt. Wenn Ihr diesen Sturm bemerkt, erinnert Euch an den Atemanker, damit Ihr trotz der verrückten Wellen an der Oberfläche auch die Stille unter den Wellen und in Eurem Körper wahrnehmen könnt. Achtet darauf, was passiert, wenn Ihr den Atemanker während eines Sturmes einsetzt, dann können wir in der nächsten Stunde darüber sprechen, ob und wie der Atemanker funktioniert hat."

Alter und Entwicklungsstufe

Für Fünf- bis Zehnjährige muss diese Übung spielerisch angeleitet werden. Dazu eignet sich eine 15- bis 20-minütige Einführungslektion. Wenn die Schüler den Atemanker einmal kennen, dann wird er zu einem unverzichtbaren Bestandteil, den man zu Beginn jeder Achtsamkeitsstunde einsetzen kann. Es ist auch eine wichtige Übung für Übergangszeiten und wann immer die Klasse aus dem Gleichgewicht geraten ist. Erinnern Sie die Klasse oder einen einzelnen Schüler immer an den Atemanker, wenn Sie es für hilfreich halten.

Ich frage die Schüler, ob sie wissen, was ein Anker ist, und dann verbringen wir einige Zeit damit, Sturm-Geräusche zu machen und darüber zu sprechen, dass man einen Anker braucht, wenn ein Sturm aufzieht, damit das Boot nicht hinaus auf die See getrieben wird. Sie können Requisiten benutzen, um zu veranschaulichen, dass der Anker unter den Wellen still liegt, selbst wenn das Boot herumgewirbelt wird.

Dann können Sie alle Schüler einladen, eine Hand hoch zu strecken und dann auf ihren Bauch sinken zu lassen. Fragen Sie, wie es sich anfühlt, wenn der Atem in den Körper hinein und aus dem Körper herausströmt. Manche finden ihr Bauch fühlt sich an wie ein Ballon, der größer und kleiner wird. Sie könnten sagen: „Wenn Ihr Euch darauf konzentriert, wie sich Euer Bauch anfühlt während Ihr atmet, dann ist das als ob Ihr einen Anker in Eurem Inneren habt, der Euch vollkommen still hält."

Zehn- bis 17-jährige brauchen in der Regel keine genaue Erklärung, was ein Anker ist, doch es ist hilfreich darüber zu sprechen, welche Art von Stürmen sie kennen und wie es wäre, in schwierigen Zeiten einen Anker zu haben. Um diese Übung in einer ersten Lektion vorzustellen und genügend Zeit für eine Diskussion und die Arbeit mit dem Tagebuch zu haben, sollten Sie etwa 30 bis 60 Minuten einplanen.

Der Atemanker ist ein Kernstück der Achtsamkeitsarbeit, auf den sich die Schüler immer besinnen können, wenn sie sich abgelenkt oder aufgewühlt fühlen. Für ältere Schüler, für die Selbstreflexion bereits eine größere Rolle spielt, ist dies eine grundlegende Praxis.

Was Sie beachten sollten

Denken Sie daran die Schüler den Atem in ihrem Körper spüren zu lassen. Das ist keine geistige Aktivität, sondern eine körperliche Erkundung der Atembewegung im Körper. Wir verankern unser Gewahrsein in den Empfindungen, die unser Atem verursacht.

Manche Schüler sagen, ihr Bauch wölbt sich beim Einatmen nach außen und geht beim Ausatmen wieder zurück; andere wiederum sagen das Gegenteil. Wir versuchen nicht, den Kindern eine bestimmte Erfahrung zu vermitteln; wir helfen ihnen dabei, sachkundige Ermittler in ihrem eigenen Körper, Geist und Herzen zu werden.

Erinnern Sie sich immer daran, dass es nicht unser Ziel ist, die Kinder „fügsamer" zu machen und unseren Bedürfnisse anzupassen. Wir bieten den Kindern Werkzeuge, mit denen sie ihr Potential erschließen können.

Wir zwingen sie niemandem auf. Deswegen ist es wichtig, von den tiefgreifenden positiven Auswirkungen zu sprechen, damit die Schüler selbst für sich entscheiden können, diese Reise anzutreten.

Achtsames Hören

Wir denken so oft an mehrere Dinge gleichzeitig, dass wir gar nicht merken, was eigentlich direkt vor unseren Augen geschieht. Uns geht so viel durch den Kopf – Dinge, die bereits passiert sind, Dinge, die vielleicht passieren werden – dass die Wunder des Lebens, die um uns herum passieren, oft unbemerkt an uns vorüberziehen. Wenn Sie zurückdenken, wie es war ein kleines Kind zu sein, dann erinnern Sie sich wahrscheinlich, wie aufregend Sie selbst die unbedeutendsten Dinge fanden. Einen Schmetterling zu beobachten oder eine Erdbeere zu essen versetzte Sie in Verzückung. Wenn wir älter werden, geht uns ein Teil dieser Begeisterung verloren. Der Grund ist wahrscheinlich, dass wir alles, was um uns herum passiert, bereits so gut kennen, dass wir vergessen es zu bemerken und zu bewundern. Es ist nicht so, dass der Schmetterling nicht mehr schön oder die Erdbeere nicht mehr so süß ist, wir lassen dem Leben in uns und um uns nur einfach nicht mehr so viel Aufmerksamkeit zukommen. Es ist fast wie Schlafwandeln. Wir denken so viel über die Vergangenheit und die Zukunft nach, dass wir den gegenwärtigen Moment regelrecht verschlafen.

Es gibt viele Wege, um unser Bewusstsein im gegenwärtigen Moment zu verankern. Wir können unserem Atem nachspüren, an einer Blume riechen, auf die Geräusche um uns herum oder auf irgendetwas anderes achten, das jetzt gerade passiert. In der nun folgenden Übung achten wir auf Geräusche. Wenn wir ihnen zuhören, wirklich zuhören, dann müssen wir nichts tun. Wir können uns einfach zurücklehnen und die Klangwellen empfangen, fast so, als ob wir an einem Strand sitzen und der Brandung zuhören würden, dem Rauschen der Wellen, die auf den Sand treffen und sich wieder zurückziehen.

Lernziele

- Fokussierte Aufmerksamkeit im gegenwärtigen Moment entwickeln
- Geist und Körper entspannen
- Unsere Gedanken bewusst wahrnehmen und mit Ablenkungen umgehen.

Vorbereitung

Diese Übung kann drinnen oder draußen ausgeführt werden, mit einigen wenigen oder vielen Geräuschen. Wenn Sie diese Übung öfter machen, könnte es eine gute Idee sein mit verschiedenen Klängen zu arbeiten. Unterschiedliche Klingeln zum Beispiel, oder Rasseln. Auch die Geräusche der Natur eignen sich gut.

Beispielskript: Achtsames Hören

Heute werdet Ihr lernen Eure Sinne zu öffnen und die Welt auf eine buntere, mannigfaltigere Art wahrzunehmen. Wir werden achtsames Hören üben und unsere Fähigkeit entwickeln, die Welt so zu erleben, wie sie tatsächlich ist, statt so wie wir erwarten, dass sie ist. Wenn wir achtsames Hören praktizieren, öffnen wir unser Bewusstsein für alles, was auftaucht. Das Ziel dieser Aufmerksamkeitsübung besteht darin, Eure Ohren offen zu halten und Euch auf die Klänge und Geräusche um Euch herum einzustimmen.

Setzt Euch aufrecht hin und entspannt Euch. Lasst die Augen geschlossen oder Euren Blick sanft nach unten gerichtet. Verbindet Euch einige Atemzüge lang mit Eurem Atemanker.

Nun könnt Ihr beginnen, jedes Geräusch, das Ihr hören könnt, bewusst wahrzunehmen. Ihr hört die Geräu-

sche, die weit weg sind, wie Flugzeuge, Autos oder andere Geräusche, die Ihr kaum erkennen könnt.

Achtet jetzt auf Geräusche in Eurer unmittelbareren Umgebung, was Ihr in diesem Zimmer hört oder auch auf ein Vogelgezwitscher vor dem Fenster.

Wenn ein Gedanke auftaucht, lasst ihn wie ein vorbeifahrendes Auto vorüberziehen und wieder in den Hintergrund treten. Wendet Euch wieder dem Zuhören zu.

Richtet jetzt Eure Aufmerksamkeit auf das Geräusch Eures eigenen Atems. Entspannt Euch mit dem Ein- und Ausströmen Eures Atems. Vielleicht hört Ihr ein Grummeln in Eurem Bauch oder andere innere Geräusche. Atmet weiter ruhig und tief. Öffnet langsam Eure Augen, wenn Ihr bereit dazu seid, und seht achtsam auf die Welt um Euch herum.

Dialog

Sobald die Klasse bereit ist, bitten Sie die Kinder ihre Erfahrung mit den anderen zu teilen und zu beschreiben, wie sie sich fühlen, nachdem sie diese Übung gemacht haben. Fragen Sie, welche Geräusche sie gehört haben und was ihnen in Bezug auf ihre Gedanken und ihren Geist aufgefallen ist, während sie versuchten aufmerksam zu sein.

Als Anregung können Sie auch eine Lehrgeschichte oder ein Zitat verwenden, das sich für eine Diskussion über das Zuhören und die Anwesenheit im gegenwärtigen Augenblick eignet.

Der Mensch hat zwei Ohren und einen Mund, damit er doppelt soviel hören kann, wie er spricht.

EPIKTET

Wir sollten den Wert des Nichtstuns nicht unterschätzen; sich einfach treiben zu lassen und auf all die Dinge zu hören, die man nicht hören kann, und sich durch nichts aus der Ruhe bringen zu lassen.

POOH'S LITTLE INSTRUCTIONS BOOK, NACH A. A. MILNE

Achtsamkeitstagebuch

- Zeichnen: Geräusche und Klänge bestehen aus Wellen. Zeichne ein Bild des Klangmeeres, das Du jetzt gerade hörst.
- Schreiben: Was hörst Du am liebsten?
- Was bemerkst Du an Deiner Aufmerksamkeit, wenn Du Dich auf Geräusche konzentrierst?
- Wie reagieren Deine Gefühle auf die einzelnen Geräusche?

Welt-Entdeckung

„Haltet Eure achtsamen Ohren in den nächsten Tagen offen und schaut, ob Euch irgendwelche Geräusche auffallen, die Ihr normalerweise nicht hört. Wenn Ihr Euer Leben lang vergessen habt, wirklich hinzuhören, dann werdet Ihr vielleicht überrascht sein, wie viele erstaunliche Geräusche Ihr um Euch herum entdeckt! Hört auf die Geräusche und schaut, ob Ihr vielleicht sogar einzelne Teile erkennen könnt, aus denen die Geräusche bestehen."

Alter und Entwicklungsstufe

Fünf- bis zehnjährige Schüler genießen diese Praxis, wenn sie spielerisch ausgeführt wird. Sie eignet sich für eine 5- bis 10-minütige Lektion, man könnte aber auch eine ganze Stunde dafür aufwenden, um Musik zu hören oder einen Spaziergang in der Natur zu machen. Lassen Sie die Kinder zählen, wie viele verschiedene Geräusche sie erkennen können. Nehmen Sie verschiedene Glocken und lassen Sie die Kinder mit geschlossenen Augen raten, in welcher Reihenfolge Sie die Glocken geläutet haben.

Ein junger Geist schweift leichter ab, wenn es keinen Fokus gibt, also ist eine Glocke, die lange klingt, hilfreich für die Aufmerksamkeit der Kinder. Den Klang zu verfolgen, solange sie ihn hören können und aufzuzeigen, wenn sie ihn nicht mehr wahrnehmen können, hilft ihnen im gegenwärtigen Moment verankert zu bleiben.

Elf- bis 17-jährige können sich fünf Minuten oder länger wirklich auf ein Geräusch konzentrieren. Man kann ihnen erklären, dass dies ein weiterer Weg ist, um den „Aufmerksamkeitsmuskel" zu trainieren. Machen Sie sie darauf aufmerksam, dass sie in dem Moment, in dem sie merken, dass ihr Geist zu wandern beginnt und sie die Klänge nicht mehr wahrnehmen, dass sie in dem Moment, in dem sie den Gedanken in ihrem Kopf zuhören, die Musik der Welt verpassen. Es ist eine großartige Übung für Beginn und Abschluss einer Stunde. Ältere Schüler können eine Übung machen, bei der sie die Reaktionen ihres Körpers auf die einzelnen Geräusche und Klänge beobachten.

Was Sie beachten sollten

Bewusstes Hören ist eine grundlegende Praxis für Schüler und kann zu jeder Zeit ausgeführt werden. Selbst ein einziges Glockenläuten, auf das die Schüler ganz bewusst hören, kann ein sehr entspannender und regulierender Moment sein.

Es ist hilfreich, die Kinder daran zu erinnern, die Geräusche zu *empfangen*, statt zu versuchen sie *aktiv zu hören*. So können sie entspannen, während sie zuhören und müssen nichts *tun*.

Achtsames Sehen

Bei der Achtsamkeit nutzen wir einen Anker, um unser Gewahrsein zu stabilisieren. Wir können den Atem als Anker nutzen, aber auch viele andere Ankerpunkte. Ihre Augen für achtsames Sehen zu nutzen ist eine der besten Ankerpunkte für Schüler, um ihren Aufmerksamkeitsmuskel zu stärken. Wenn wir die Schüler auffordern ihre Augen auf einen einzigen Punkt zu richten, dann verankert das ihr Gewahrsein. Wenn sie abgelenkt werden und ihre Augen beginnen herumzuwandern, dann wird ihnen schnell bewusst, dass sie abgedriftet sind.

Lernziele

- Die Praxis des achtsamen Sehens schult die Fähigkeit aufmerksam zu sein.
- Diese Übung hilft den Schülern besonders, sich Ablenkungen bewusst zu machen.
- Schüler lernen, mit ihrer Aufmerksamkeit immer wieder an ein- und denselben Punkt zurückzukehren.

Vorbereitung

In der Klasse hängen oft Poster, Briefe oder Bilder an der Wand, die man dazu benutzen kann seine Augen auf sie zu fokussieren. Sie können die Schüler alle auf einen Punkt schauen lassen, auf einen Ball zum Beispiel, oder irgendeinen Fleck an der Wand. Wenn Sie im Freien sind, lassen Sie die Kinder auf Bäume, Steine oder andere unbewegliche Objekte schauen.

Es ist hilfreich, die Ablenkungen durch Besucher oder andere Schüler auf ein Minimum zu reduzieren. Obwohl wir durchaus auch mit Ablenkung arbeiten, ist es am besten, mit so wenig externer Ablenkung wie möglich zu beginnen.

Beispielskript: Achtsames Sehen

Wir können unsere achtsamen Augen dazu nutzen, um unseren Aufmerksamkeitsmuskel zu stärken. Wir suchen uns einen Punkt, auf den wir uns konzentrieren, und richten unsere Augen darauf. Jedes Mal, wenn unsere Augen zu wandern beginnen, holen wir unsere Aufmerksamkeit zu diesem Punkt zurück. Jedes Mal, wenn Ihr Eure Augen zu diesem Punkt zurückbringt, wirkt das wie Gewichtheben und kräftigt Euren Aufmerksamkeitsmuskel.

Schaut Euch um und sucht Euch ein kleines Bild oder einen Gegenstand, auf den Ihr Euch konzentrieren könnt. Es soll nichts Bewegliches und kein anderer Mensch sein. Lasst mich wissen, was Ihr Euch ausgesucht habt.

Nachdem Ihr jetzt Euren Punkt gefunden habt, richtet Eure Augen darauf und bewegt sie eine Minute lang nicht von diesem Fleck.

Gut gemacht. Was ist Euch aufgefallen?

Haben Eure Augen sich ablenken lassen?

Jetzt wollen wir noch ein anderes Seh-Spiel spielen. Schalten wir unsere achtsamen Augen an und schauen wir uns um, um zu sehen, ob wir irgendetwas entdecken, das uns noch nie aufgefallen ist. Schaut so, als ob Ihr ein achtsamer Detektiv wärt, der ganz still sitzen bleibt und die Welt untersucht, indem er seinen Kopf dreht. Habt Ihr etwas bemerkt, das Ihr noch nie gesehen habt?

Dialog

Wenn es möglich ist, spiele ich gerne ein Video von einigen Schülern ab, die sich einen Basketball zuwerfen. (Sie finden dieses zweiminütige Video auf Youtube, wenn Sie nach „Selective Attention Test" von Daniel Simons und Christopher Chabris suchen.) Die Schüler bekommen die Aufgabe, die Pässe zu zählen. Wenn das Video zu Ende ist, fragen Sie, wie viele Pässe sie gezählt haben – und dann fragen Sie, ob sie den Gorilla gesehen haben! Wenn sie das Video noch einmal abspielen, sehen alle, dass jemand in einem Gorilla-Kostüm quer durch das Bild läuft, doch die meisten Schüler bemerken es das erste Mal gar nicht. Sprechen Sie miteinander über die Frage: „Auf welche anderen Dinge vergessen wir zu achten, genau wie wir den Gorilla einfach übersehen haben?"

Achtsamkeitstagebuch

- Zeichnen: Schaut Euch hier im Zimmer um und zeichnet alle Dinge, die Ihr sehen könnt.
- Schreiben: Welchen Dingen in Eurem Leben würdet Ihr gerne mehr Aufmerksamkeit schenken?
- Was sind die Dinge, die Euch vom Aufmerksamsein ablenken?
- Wie kann Euch Achtsamkeit helfen?

Welt-Entdeckung

„Ihr könnt auch außerhalb der Achtsamkeitsstunden Euren Aufmerksamkeitsmuskel trainieren. Setzt einige Male pro Tag Euren fokussierten Blick ein und versucht etwa eine Minute lang, Eure Aufmerksamkeit an einem Punkt zu halten. Je mehr Ihr das macht, desto besser werdet Ihr im Fokussieren. Ihr könnt auch zum achtsamen Detektiv werden und

Eure achtsamen Augen dazu nutzen, um zu schauen, was Ihr bei Euch zu Hause, in der Schule und in der Natur entdeckt, das Ihr vorher nie gesehen habt."

Alter und Entwicklungsstufe

Fünf- bis Zehnjährigen macht diese Übung besonderen Spaß, wenn sie in ein Spiel verwandelt wird. Fragen Sie die Schüler, welche Tiere besonders gute Augen haben. Wenn sie dann den Falken, die Katze oder ein anderes Tier nennen, können sie sich in diese Tiere hineinversetzen und ihren Gegenstand so genau inspizieren, wie sie können. Sogar Kindergartenkinder können sich Ablenkungen bewusst machen, indem sie versuchen, sich auf einen Punkt zu konzentrieren und mit ihrer Aufmerksamkeit dorthin zurückzukehren, wenn ihnen auffällt, dass sie abgeschweift sind. Diese Übung kann bis zu 15 oder 20 Minuten dauern.

Lassen Sie sich von einigen jüngeren Schülern die Objekte nennen, die sie sich ausgesucht haben, damit Sie sicher sein können, dass sie die Anweisungen verstanden haben.

Elf- bis 17-jährige nutzen diese Praxis, um sich ihres unruhigen Geistes bewusst zu werden. Sie können etwas sagen wie: „Ist Euch je aufgefallen, dass man beim Lesen die Augen über eine Seite gleiten lässt, aber die Worte gar nicht wirklich aufnimmt?" Das ist ein bekanntes Beispiel für Ablenkung, mit dem die Schüler sich vielleicht identifizieren können. Erklären Sie den Jugendlichen auch, dass sie jedes Mal ihren Aufmerksamkeitsmuskel kräftigen, wenn sie mit ihrer Aufmerksamkeit an einen visuellen Punkt zurückkehren.

Was Sie beachten sollten

Erinnern Sie die Schüler daran, sich keine beweglichen Objekte auszusuchen, besonders nicht andere Schüler. Sie wollen nicht, dass die Kinder einander während der Übung anstarren.

Wir versuchen den Kindern dabei zu helfen, eine Balance zwischen Konzentration und Entspannung zu finden. Wenn sie bemerkten, dass einigen Kindern vor lauter Starren schon die Augen aus den Köpfen treten, dann erinnern Sie sie daran, dass die Augen fokussiert und entspannt sein sollten.

Man sollte regelmäßig zu dieser Übung zurückkehren, damit die Schüler ihren Aufmerksamkeitsmuskel trainieren können.

Gedankenstrom

Junge Menschen können in weit größerem Maß Bewusstheit und Meisterschaft über ihre Gedankengänge erlangen, als man erwarten würde. Schüler der Mittel -und Oberstufe können lernen, ihre Gedankenmuster zu beobachten und selbst Kindergartenkindern kann man beibringen, ihre vorbeiziehenden Gedanken wahrzunehmen. Die eigenen Gedanken bewusst zu beobachten, ist ein essentieller Schritt zu Emotionsregulation und Impulskontrolle. Bei dem mittlerweile klassischen Stanford-Marshmallow-Experiment, das Walter Mischel in den 60er Jahren durchführte, sehen wir, wie wichtig es ist die eigenen Gedanken zu beobachten, ohne sofort zu handeln. In dieser Studie setzten die Wissenschaftler ein Kind in ein Zimmer und setzten ihm ein Marshmallow vor, dann sagten sie ihm, dass es ein weiteres Marshmallow bekommt, wenn es das erste Marshmallow nicht isst, bis der Wissenschaftler wiederkommt. Die Qualen dieser folgenden 10 Minuten kann man auf Youtube beobachten: Kinder, die sich angesichts der Versuchung beinahe die Haare ausreißen. Als die Wissenschaftler 5, 10 und mehr Jahre danach die Kinder nochmals untersuchten, stellte sich heraus, dass sie mit ziemlicher Treffsicherheit vorhersagen konnten, welche Kinder ein Suchtverhalten zeigen würden, ja selbst wie die Kinder bei standardisierten Tests abschneiden würden. Die Auswirkungen von Impulsivität auf das Leben eines Kindes ist immens und lässt Schlüsse auf mögliche kriminelle Verhaltensweisen, Drogenmissbrauch und finanziellen Erfolg zu.

Wenn die gesamte Zukunft eines Kindes vom Grad seiner Impulsivität abhängt, wäre es dann nicht ausgesprochen sinnvoll, einen Weg zu finden, wie man ihnen diese Impulskontrolle beibringen kann? Genau das tun wir mit unserer Aufmerksamkeitspraxis. Wenn wir einen Anker für unsere Aufmerksamkeit haben, dann fällt es uns wesentlich leichter unsere Impulse zu kontrollieren. Dysregulierte Kinder wollen nicht dysreguliert sein. Jedes Kind möchte lieber zwei Marshmallows haben als einen. Mit einem trainierten Aufmerksamkeitsmuskel, können wir daran arbeiten, unser Gewahrsein zu stabilisieren, wenn unser Geist verrückt spielt (und das wird er), und zusehen, wie der Sturm vorüberzieht. Stellen Sie sich einmal vor, wie viele junge Menschen ihre gefährlichen Verhaltensweisen ablegen würden und sich auf das konzentrieren könnten, was wirklich wichtig für sie ist.

Die folgende Übung funktioniert bei allen Altersgruppen. Sie schult die Fähigkeit der Kinder, ihre Gedanken beobachten zu können, und Raum zwischen Denken und Handeln zu schaffen. Das ist der Raum zwischen: „Ich mag diesen Kerl nicht" und ihm tatsächlich eine reinzuhauen. Dieser kurze reflexive Moment ermöglicht den Schülern eine gewisse Objektivität ihren Gedanken gegenüber; in Folge können sie bessere Entscheidungen treffen. Wenn wir den Kindern helfen, diesen Raum auszuweiten, geben wir ihnen eine bessere Chance zur Selbstregulation.

Lernziele

- Diese Praxis fördert selbstreflexives Denken.
- Durch die Selbstreflexion und die Bewusstwerdung der Gedanken kann die Impulskontrolle verbessert werden.
- Die Schüler lernen die Auswirkungen ihres Denkens auf ihre Gefühle zu verstehen.

Vorbereitung

Wenn die Schüler die Fähigkeit ihr Gewahrsein durch den Atemanker zu stabilisieren einmal entwickelt haben, dann sind sie bereit diese Übung zu probieren. Bevor sie ihre Gedanken beobachten können, sollte den Schülern ihre Fähigkeit mit ihrer Aufmerksamkeit zu einem Anker zurückzukehren bereits vertraut sein. Stellen Sie sicher, dass der Raum so ruhig und ungestört wie möglich ist.

Beispielskript: Gedankenstrom, Stufe 1

Stellt Euch vor, Euer Gehirn wäre wie dieses Zimmer, in dem wir jetzt sitzen. Wir stellen uns jetzt vor, dass wir alle Stühle, Tische und Papiere aus den Fenstern werfen. Nun ist Euer Gehirn wie ein großes leeres Zimmer. Weckt Euren achtsamen Körper auf und geht mit Eurer Aufmerksamkeit zu Eurem Atemanker.

Jedes Mal, wenn ein Gedanke in Eurem leeren Geist auftaucht, könnt Ihr leise Eure Hand heben, sie dann wieder sinken lassen und Euch vorstellen, dass Ihr das Zimmer wieder leer räumt und zu Eurem Atemanker zurückkehrt.

Vielleicht kommen nur einige wenige Gedanken zu Besuch, oder jede Sekunde springt ein neuer durch die Türe. Das wichtigste ist, dass Ihr Eure Hand jedes Mal hebt, wenn Ihr einen Gedanken bemerkt und dann wieder zu Eurem Atemanker zurückkehrt.

Beispielskript: Popcorn-Gedanken, Stufe 2

Unsere Gedanken bewegen sich immer wie ein Strom. Stellt Euch vor, Ihr sitzt vor einem Strom, in dem Zweige und Blätter schwimmen. Ihr könntet Eure Hand ausstrecken und einige dieser Zweige und Blätter herausfischen oder Ihr lasst sie einfach vorbeifließen. Genauso funktioniert unser Geist. Normalerweise fischen wir einige Gedanken aus dem Strom. Sagen wir mal, Ihr denkt daran, Euch nach der Schule ein Eis zu kaufen. Vielleicht fischt Ihr diesen Gedanken aus dem Strom und gebt noch einige andere dazu, wie: „Soll ich Vanille oder Erdbeere nehmen?", oder: „Das letzte Eis, das ich mir geholt habe, habe ich fallen lassen. Das war vielleicht ärgerlich." So sind wir ziemlich bald in Gedanken über die Zukunft oder Vergangenheit verwickelt und nehmen die Dinge, die jetzt gerade passieren, gar nicht mehr wahr.

Was wir nun tun wollen, ist, am Ufer des Gedankenstroms zu sitzen und jeden Gedanken, der auftaucht, einfach zu beobachten, ohne ihn herauszufischen. Wenn Ihr bemerkt, dass Ihr unabsichtlich einen Gedanken herausgenommen habt, ist das vollkommen in Ordnung, kehrt einfach zu Eurem Atemanker zurück und lasst den Gedanken los.

Wenn wir unseren Atemanker nutzen, dann müssen wir nichts wegstoßen, wir können uns einfach auf unseren Atem konzentrieren und zusehen, wie der Gedanke vorbeifließt. Vielleicht merkt Ihr, ob Euch dieser Gedanke aufregt, ängstlich, traurig, glücklich macht, Euch langweilt oder irgendetwas anderes mit Euch macht. Welcher Gedanke auch immer vorbeifließt, schaut, wie er Euren Körper beeinflusst.

Dialog

Lassen Sie die Kinder erzählen, wie sie das Beobachten ihres Gedankenstroms erlebt haben. Auf diese Weise kann man wunderbar über die Natur des Geistes diskutieren. Sie könnten sagen: „In unserem Gedankenstrom fließen alle möglichen Dinge, die Erinnerung an einen Streit zum Beispiel, oder eine Geburtstagsparty zu planen, oder sich über eine Arbeit Sorgen zu machen. Wie beeinflussen diese Gedanken Euren Körper, Euren Atem und Eure Gefühle?"

Sie können auch Zitate oder Geschichten heranziehen, die bestätigen, dass wir unsere Gedanken beobachten können. Ich erzähle den Schülern oft von einem Aufkleber, den ich einmal gesehen habe, auf dem stand: „Glaub nicht alles, was Du denkst."

Achtsamkeitstagebuch

- Zeichnen: Zeichnet ein Bild eines Stromes und dann zeichnet alle Gedanken, als Dinge, die in diesem Strom schwimmen.
- Schreiben: Welche Art von Gedanken fischt Ihr am häufigsten aus dem Strom?
- Wo denkt Ihr, kommen unsere Gedanken her?
- Was passiert, wenn Ihr nicht denkt?

Welt-Entdeckung

Wenn wir gelernt haben, unsere Gedanken zu beobachten, können wir das machen, wann immer wir wollen. Ob Ihr nun im Park seid oder zu Hause, Ihr könnt Eure Gedanken beobachten und Euch entscheiden, was Ihr mit ihnen tun wollt. Wenn Ihr über Euch selbst urteilt, oder über jemanden anderen, dann könnt Ihr Euch einen Moment Zeit nehmen und Euch fragen: „Ist dieser Gedanke wahr?"

Wenn wir in der Lage sind unsere Gedanken zu beobachten, dann finden wir zu einem Gefühl der Stille und Entspannung. Statt im Sturm unserer Gedanken gefangen zu sein, kann man wütende, aufgeregte oder traurige Gedanken einfach wahrnehmen und sie zurück in den Strom legen. Schlagen Sie den Schülern vor zu versuchen, ihre Gedanken wahrzunehmen, wo immer sie auch sind, und daran arbeiten, sie als vorbeiziehende Objekte im Strom zu sehen.

Alter und Entwicklungsstufe

Fünf- bis zehnjährige Schüler gelangen durch lustige Gedankenspiele zur Selbstreflexion. Sie können ihnen sagen: „Euer Geist ist wie eine Popcorn-Maschine, doch statt Popcorn macht sie Gedanken. Hebt Eure Hand jedes Mal, wenn ein Gedanke auftaucht, lasst sie wieder sinken und räumt Euren Geist leer. Wenn der nächste Gedanke kommt, steckt Ihr Eure Hand wieder nach oben." Diese einfachen Übungen bieten kleineren Kindern die Möglichkeit, sich ihrer Gedankenprozesse bewusst zu werden.

Elf- bis 17-jährige Schüler können ihre Gedanken bereits bewusst wahrnehmen und ein oder zwei Schritte weiter gehen. Abhängig von ihrem Alter und ihren Möglichkeiten können sie lernen ihre Gedanken zu beobachten und erkennen, wann sie sie wegstoßen und wann sie sich daran festhalten. Mit diesem Bewusstsein können sie auch beobachten, welche Emotionen mit den Gedanken verbunden sind. Einige Gedanken begeistern sie vielleicht und andere machen sie wütend. Sobald sie diesen Prozess nachvollziehen können, gewinnen sie ein hohes Maß an Selbstreflexion und Selbstregulation.

Was Sie beachten sollten

Es ist wichtig, den Schülern klar zu machen, dass der Sinn der Achtsamkeit nicht darin liegt, ihre Gedanken loszuwerden, sondern sich ihrer bewusst zu sein und den Einfluss zu erkennen, den sie auf uns haben.

Das Ziel ist größere Bewusstheit.

Denken Sie daran, einzelne Gedanken nicht als gut oder schlecht zu bewerten. Glückliche Gedanken, verstörende Gedanken, kreative Gedanken – was immer sich zeigt kann einfach als auftauchender Gedanke erkannt werden.

Übungen zur Herzensöffnung

Durch die Herzensöffnung oder Herzensverbundenheit lernen wir gesunde und destruktive Emotionen zu unterscheiden, damit wir gut für unsere innere Welt sorgen können. Wir lernen die Samen des Mitgefühls, der Liebe, der Kreativität, der Freude und des Verständnisses zu gießen und gleichzeitig mit den aufkeimenden Samen der Eifersucht, der Wut und Angst umzugehen. Schließlich erwerben wir die Fähigkeit ein gesundes und wunderschönes inneres Ökosystem heranzuziehen, von dem sich die äußere Welt inspirieren und nähren lassen kann.

Der Zustand der Achtsamkeit ist eine Betrachtungsweise, die alles genau so annimmt, wie es ist. Vollkommene Akzeptanz zu üben während man sich auf der anderen Seite entscheidet, den einen Zustand zu nähren und den anderen nicht zu beachten, kann paradox erscheinen. Aus der Perspektive der Achtsamkeit glauben wir, dass es so etwas wie negative Emotionen nicht gibt. Wir benennen Dinge nicht mit gut oder schlecht. Stattdessen beobachten wir aufmerksam, welche emotionalen Zustände konstruktiv und welche destruktiv sind. Wir sehen, dass es Krankheiten und Konflikte begünstigt, wenn wir lange in einem Zustand der Wut verweilen, und ein innerer Zustand der Liebe und Güte unser verhärtetes Herz weich machen und unsere engen Beziehungen fördern kann.

Um Zufriedenheit, Mitgefühl und Dankbarkeit zu entwickeln, können wir unseren Geist und unser Herz durch Erfahrungen bereichern, die diese Gefühle nähren. Wir denken über Dinge nach, für die wir dankbar sind, und bemerken, wie sich diese Dankbarkeit in unserem Körper anfühlt. Dann können wir lernen, diesen Zustand immer wieder herbeizuführen, damit er zur Gewohnheit wird. Währenddessen nutzen wir unsere Fähigkeit, destruktive Gedanken und Emotionen zu beobachten, ohne uns darin zu verstricken. Diese Praxis hilft den Schülern aus destruktiven gedanklichen und emotionalen Mustern auszusteigen und sich gesunde Reaktionsweisen anzueignen.

Die Sprache unserer Empfindungen und das Beobachten der Natur unseres Geistes haben wir bereits gelernt; nun können wir den emotionalen Körper erkunden und die Schüler dazu ermutigen ihre Emotionen als Sinnesempfindungen wahrzunehmen und ihre Gedanken sanft vorbeiziehen zu lassen.

Liebevolle Sätze

Liebevolle Sätze zu sagen erzeugt liebevolle Güte uns selbst und anderen gegenüber. Es ist nicht nötig sich vorzustellen, dass diese Person unsere Wünsche tatsächlich erhält; es geht darum, in uns selbst Güte und Wohlwollen zu entwickeln. Wenn wir sagen: „Mögest Du glücklich sein" empfinden wir in unserem Herzen das aufrichtige Gefühl der Zuwendung für andere und uns selbst.

Manchmal sagen Schüler. „Ich fühle mich nicht glücklich, also will ich auch nicht so tun als ob." Diese Aussage muss man respektieren, denn sie spiegelt den Wunsch des Schülers nach Authentizität. Normalerweise frage ich dann: „*Möchtest* Du Dich denn gerne glücklich fühlen?" Selbst wenn wir uns in einem bestimmten Moment nicht glücklich fühlen, so gibt es in uns meist doch den Wunsch danach glücklich zu sein. Dieser Wunsch nach Glück und Zufriedenheit ist es, der die liebevollen Sätze nährt. „Möge ich glücklich sein" können wir ganz aufrichtig sagen, *besonders* wenn wir uns nicht gut fühlen. Es verlangt Mut auf diese Weise für uns selbst zu sorgen und ich sehe, dass dieser Mut tagtäglich die Klassenzimmer wandelt.

Lernziele

- Mitgefühl und Fürsorge für uns selbst und andere entwickeln
- Sich auf positive emotionale Zustände konzentrieren
- Ein emphatisches Klassenzimmer schaffen.

Vorbereitung

Es ist notwendig, die Lektion über die Sprache des Körpers bereits verinnerlicht zu haben und sich des Gedankenstroms bewusst zu sein. Ein verankertes Gewahrsein und ein Verständnis für die Empfindungen in unserem Körper sind der Grundstein, um besser zu verstehen, wie unsere Emotionen funktionieren.

Es ist auch hilfreich, diese Übungen in einem sicheren, geschlossenen Raum durchzuführen. Erinnern Sie die Schüler noch einmal daran, dass alles, was in diesem Raum besprochen wird, vertraulich ist.

Beispielskript: Liebevolle Gedanken senden (Fünf- bis Zehnjährige)

Wir wollen uns selbst einmal fest umarmen. Während wir uns umarmen, sagen wir uns einige liebevolle Worte: „Möge ich glücklich sein." Ihr könnt dabei lächeln und es Euch richtig gut gehen lassen: „Möge ich gesund sein." Spürt, wie stark und lebendig sich Euer Körper anfühlt. „Möge ich sicher sein." Jetzt könnt Ihr Euch entspannen und sicher sein, dass Euch jetzt in diesem Moment nichts geschehen kann. „Möge ich in Frieden leben." Ihr seid wirklich perfekt, genau so wie Ihr seid. Gibt es noch andere Dinge, die Ihr Euch selbst wünschen möchtet?

Jetzt öffnen wir unsere Arme, als ob wir unsere liebevollen Gedanken direkt aus unserem Herzen zu allen in diesem Klassenzimmer senden würden. Wir sagen: „Mögest Du glücklich sein, mögest Du gesund sein, mögest Du sicher sein und mögest Du in Frieden leben." Was könnt Ihr Euren Klassenkameraden sonst noch wünschen? Ihr könnt Eure Arme jetzt noch weiter ausbreiten, als ob Ihr die ganze Welt umarmen würdet. Stellt Euch vor, Ihr sendet liebevolle Gedanken bis nach China, Afrika oder Mexiko: „Möge die ganze Welt glücklich sein, möge die ganze Welt gesund sein, möge die ganze Welt sicher sein, möge die ganze Welt in Frieden leben." Gibt es noch andere Wünsche, die Ihr in die Welt hinaus senden möchtet?

Beispielskript: Liebevolle Gedanken senden (Elf- bis Siebzehnjährige)

Heute werden wir uns nicht mit Geräuschen, dem Atem, oder den Empfindungen in unseren Füßen beschäftigen. Wir werden unsere Aufmerksamkeit dem emotionalen Körper zuwenden. Dazu wollen wir zuerst unseren achtsamen Körper aufwecken. Beginnen wir damit uns an eine Zeit zu erinnern, in der jemand etwas besonders Liebes für uns getan hat. Vielleicht hat dieser Mensch Euch ein Geschenk gemacht, oder etwas ausgesprochen Nettes zu Euch gesagt, vielleicht war es ja auch ein Haustier, das mit Euch gespielt oder gekuschelt hat. Sobald Ihr so eine Erinnerung gefunden habt, dann lasst sie in Eurer Vorstellung immer wieder ablaufen. Nun werdet Euch bewusst, welche Empfindungen es in Eurem Körper auslöst, wenn Ihr Euch an diese Erfahrung erinnert. Was fühlt Ihr in Eurem Herzen? Wenn es ein gutes Gefühl ist, schaut, ob Ihr das Gefühl auf Euren ganzen Körper ausdehnen könnt, wie wenn man den Dimmer eines

Lichtschalters aufdreht. Schaut, ob Ihr das gute Gefühl durch Euren Körper strömen lassen könnt. Nun da Ihr mit Eurem Herzen verbunden seid, wollen wir ein wenig von diesem liebevollen Gefühl an andere senden. Stellt Euch die Person vor, die damals so nett zu Euch war und sendet Ihr folgende Sätze:

„Mögest Du glücklich sein." Wenn wir das sagen, stellen wir uns vor, dass dieser Mensch lächelt und glücklich und zufrieden mit seinem Leben ist.

„Mögest Du gesund sein." Stellt Euch diesen Menschen stark und gesund vor, wie er tief Atem holt und frei von jeglicher Krankheit ist.

„Mögest Du sicher sein." Jetzt stellt Euch vor, wie sich der Mensch entspannt. Er muss sich um nichts Sorgen machen und ist vollkommen geschützt.

„Mögest Du in Frieden leben." Stellt Euch diesen Menschen in einem Zustand der Ruhe vor, mit fokussiertem Geist und einem offenen Herzen.

Beobachtet, wie sich Euer Herz und Euer ganzer Körper anfühlt, während Ihr die Sätze wiederholt.

Von dieser Übung ausgehend, können die Schüler auch sich selbst mit denselben Sätzen liebevolle Gedanken senden: „Möge ich glücklich sein", „möge ich gesund sein", „möge ich sicher sein," „möge ich in Frieden leben."

Das ist keine Affirmationsübung. Wir sagen nicht: „Ich bin glücklich." Da wir wissen, dass jeder Mensch glücklich sein will, selbst wenn er das im Moment nicht ist, bitten wir um eine wirklich erwünschte Erfahrung. Wir bitten freundlich für uns und für andere, um das, was wir wirklich wollen.

Bitten Sie eventuell die Schüler zum Schluss darum, liebevolle Gedanken an jemanden zu senden, der ihnen auf die Nerven geht. Diese Vergebungspraxis kann eine zutiefst herzöffnende Erfahrung sein und vermag die gesamte Klassenatmosphäre zu wandeln.

Dialog

Es wichtig, die Schüler zu fragen, was sie in ihrem Körper wahrnehmen, wenn sie diese Übung machen. In der Regel erzeugt sie ein positives Gefühl im Herzen. Wenn das der Fall ist, fragen Sie die Schüler, wozu sie diese Übung zur Herzensöffnung in Zukunft nutzen wollen.

Sie können auch fragen, welche andere positiven Wünsche sie für sich selbst, für andere und für die ganze Welt haben.

Vielleicht möchten Sie über ein Zitat oder eine Geschichte sprechen, wie zum Beispiel Roald Dahls *Die Zwicks stehen Kopf*, in der er schreibt: „Ein Mensch, der schöne Gedanken hat, kann niemals hässlich sein. Du kannst eine krumme Nase haben und einen schiefen Mund und ein Doppelkinn und hervorstehende Zähne, doch wenn Du schöne Gedanken hast, leuchten sie hell wie Sonnenstrahlen aus Deinem Gesicht und Du wirst immer wunderschön aussehen."

Achtsamkeitstagebuch

- Zeichnen: Zeichnet ein Bild davon, wie Glück sich über die ganze Welt ausbreitet.
- Schreiben: Wie fühlt sich Herzensöffnung für Euch an?
- Wie würde die Welt aussehen, wenn alle Menschen Herzensöffnung praktizieren würden?
- Welche anderen Wünsche habt Ihr für Euch und andere?

Welt-Entdeckung

„Beginnt damit, Euer eigenes Herz zu öffnen. Sagt diese vier Sätze jeden Abend, bevor Ihr zu Bett geht und jeden Morgen, wenn Ihr aufwacht zu Euch selbst. Spürt den Wunsch wirklich. Seid lieb zu Euch selbst. Ihr werdet sehen, wie sich Euer ganzer Tag verändert, wenn Ihr diese Sätze anwendet. Es ist wie Zähneputzen, nur statt Euch um Eure Zähne zu kümmern, kümmert Ihr Euch um Euer Herz und gebt ihm Kraft. Versucht es und schaut, was es mit Euch macht."

Alter und Entwicklungsstufe

Fünf- bis zehnjährige Schüler fühlen sich mit dem Senden und Empfangen von liebevoller Güte am wohlsten. Je jünger die Kinder sind, desto leichter scheint es ihnen zu fallen, ihr Herz zu öffnen. Es macht ihnen Spaß, sich Wünsche auszudenken, die sie sich selbst oder anderen senden könnten, deswegen wiederholen sie dieses Spiel gerne regelmäßig, wie zum Beispiel jeden Morgen oder jeden Nachmittag. Jüngere Kinder brauchen in der Regel auch weniger Anweisungen und freuen sich, sich selbst und anderen liebevolle Gedanken zu schicken, selbst vor der Klasse.

Elf- bis 17-jährige finden es leider oft nicht so cool nett zu sich selbst und anderen zu sein. Wenn Sie mit Teenagern sprechen, hilft es vielleicht etwas zu sagen wie: „Wir wollen alle glücklich sein, wir wollen gemocht werden und uns wohl mit uns selbst fühlen. Es ist wirklich traurig, dass wir manchmal denken, dass Nettsein uncool ist und wir niemanden erkennen lassen dürfen, wer wir wirklich sind. Die Praxis der Herzensöffnung hilft uns dabei, mutig genug zu sein, um wir selbst zu sein und unser Herz offen zu halten."

Wenn die älteren Schüler einmal gelernt haben, liebevolle und fürsorgliche Gedanken an sich selbst zu senden und an Menschen, die ihnen wichtig sind, können sie lernen, diese Gedanken auch an diejenigen zu senden, die ihnen auf die Nerven gehen oder mit denen sie Streit hatten. So wird die Praxis der Herzensöffnung auch zu einer Praxis des Vergebens. Diese Art der Praxis des Mitgefühls ist eine sehr mutige und kraftvolle Arbeit.

Was Sie beachten sollten

Wenn man die Schüler auffordert, an jemanden zu denken, dem sie liebevolle Güte senden können, müssen wir sehr spezifisch sein. Sie können ihnen sagen, sie sollen sich eine Person vorstellen, die sie regelmäßig sehen und die sehr nett zu ihnen ist. Wenn Sie zu allgemein bleiben, wählen sie vielleicht jemanden, der nicht mehr lebt oder jemand, der ihnen wehgetan hat.

Wenn man mit einer Herzensöffnungspraxis beginnt, können schmerzliche, ja selbst traumatische Gefühle hochkommen. Deswegen ist es unerlässlich, dass Sie irgendeine Art von Trauma-Schulung haben. Außerdem sollten Sie Kontakt zu Kollegen anderer Fachbereiche halten, zu Schultherapeuten zum Beispiel, auf die sie gegebenenfalls zurückgreifen können. Denken Sie daran, dass es so etwas wie negative Emotionen nicht gibt. Alles, was sich zeigt, ist in Ordnung. Wenn ein Schüler sagt, eine Übung macht ihn wütend, ist das genauso gut, wie wenn er sagt, sie macht ihn glücklich.

Die Wurzeln unserer Emotionen

Da wir die Sprache unseres Geistes und unseres Körpers bereits kennengelernt haben, verstehen wir jetzt, wo unsere Emotionen herkommen. Wenn wir wütend, traurig, aufgeregt oder sonst etwas sind, beginnen wir normalerweise viel zu denken. Wenn wir wütend sind, erinnern wir uns an das Schlechte, das passiert ist, oder stellen uns vor, wir würden etwas Gemeines darauf erwidern. Dabei bleiben wir oft in einer mentalen Schleife stecken und wiederholen immer wieder, was passiert ist, oder überlegen, was wir in Zukunft tun werden.

Statt uns von unseren Gedanken vereinnahmen zu lassen, wollen wir mit unseren Körperempfindungen arbeiten. Jedes Mal, wenn ein Gedanke zu kreisen beginnt, können wir ihn uns als einen Zweig vorstellen, dessen Blätter im Wind flattern. Sie können Ihren Arm in die Höhe strecken, als ob er dieser Zweig der Gedanke wäre. Wenn Sie dem Zweig nachspüren, Ihrem Arm entlang in Ihren Körper hinunter, gibt es immer eine Wurzel des Gefühls in Ihrem Körper.

Jedes Mal, wenn Sie Angst haben, wütend, traurig oder glücklich sind, können Sie dieses Gefühl bis in ihren Körper zurückverfolgen und schauen, wie es sich anfühlt. Wann immer Sie viele Gedanken haben, heißt das auch, dass es ein entsprechendes Gefühl in Ihrem Körper gibt.

Das Wunderbare daran ist, dass man mit dem Gefühl arbeiten kann, wenn man es in seinem Körper spürt und erkennt. Der Versuch Gedanken loszuwerden ist wie der Versuch, die Wellen des Meeres abzuhalten; sie kommen unweigerlich wieder. Wenn wir an die Quelle des Gefühls zurückgehen, lernen wir, es in unserem Körper zu fühlen und damit konstruktiv zu arbeiten. Wenn Sie wütend sind, wird sich das nicht ändern, wenn Sie darüber nachdenken, doch Sie können tief in das Gefühl in Ihrem Körper hinein gehen, die heiße, spannungsgeladene Wut spüren und diese Körperempfindung dann loslassen. Das fühlt sich um so vieles besser an, als den gleichen wütenden Gedanken in ihrem Kopf unaufhörlich wiederzukäuen.

Wurzeln der Emotion

Lernziele

- Die Emotionen direkt im Körper spüren und dann loslassen
- Emotionsregulation und das Loslassen schwieriger Emotionen
- Entspannungstechniken und Selbstkontrolle.

Vorbereitung

Bei dieser Übung können Emotionen hochkommen. Stellen Sie sicher, dass Sie sich in einem geschützten Raum befinden, und erinnern Sie die Klasse daran, dass alles, was hier passiert, vertraulich ist. Die Lektionen der Sprache des Körpers und des Gedankenstroms müssen zuvor durchgenommen und geübt worden sein. Die Schüler sollten bereits wissen, wie sie ihre Emotionen im Körper spüren und ihre Gedanken beobachten können.

Beispielskript: Staubsauger-Atem

Der Staubsauger-Atem hilft uns dabei uns zu entspannen und aufreibende Gefühle loszulassen. Jeder Mensch – Erwachsene, Kinder, Teenager, selbst der Präsident der Vereinigten Staaten von Amerika – fühlen sich manchmal gestresst. Bestimmte Ereignisse erzeugen Reaktionen in uns. Wenn jemand plötzlich aus einem Schrank springt und Euch erschreckt, dann reagiert Euer ganzer Körper mit Anspannung, Euer Atem stockt und Ihr erstarrt.

Es ist nicht schwer, diese Reaktionen in unserem Körper zu erkennen, oder? Ähnliche Reaktionen passieren ständig in unserem Körper, doch sie fallen uns nicht wirklich auf. Vielleicht seid Ihr von Euren Freunden ignoriert worden oder jemand hat etwas Gemeines zu Euch gesagt. Jedes Mal, wenn so etwas passiert, reagiert unser Körper auf eine bestimmte Weise. Wenn wir wütend sind, fühlen wir das viel-

leicht als Anspannung in unserem Bauch oder als Hitze in unserem Gesicht. Wenn Ihr traurig seid, fühlt Ihr vielleicht einen Schmerz in Eurem Herzen oder eine Schwere in Eurem Körper. Niemand möchte sich so fühlen, doch wir wissen nicht, was wir tun sollen, um uns besser zu fühlen. Durch den Staubsauger-Atem können wir diese unangenehmen Gefühle aufspüren, sie mit unserem Staubsauger aufsaugen und dann loslassen. Lasst uns also beginnen.

Macht es Euch zuerst einmal in Eurem achtsamen Körper bequem und dann atmen wir zusammen dreimal tief und achtsam ein und aus. Gut. Jetzt wollen wir unseren Körper durchsuchen, um zu schauen, wo wir möglicherweise Stress oder schwierige Emotionen spüren. Während Ihr so durch Euren Körper wandert, schaut, ob Ihr an irgendeiner Stelle Schmerz, Anspannung oder ein anderes unangenehmes Gefühl bemerkt. Wir versuchen im Moment nicht, diese Gefühle loszuwerden, wir versuchen nur sie wahrzunehmen.

Beginnt bei Eurem Kopf, schaut ob Ihr dort irgendeinen Stress spürt, ein kopfwehähnliches Gefühl, irgendwelche nervösen Gedanken oder etwas anderes, das sich unangenehm anfühlt. Dann geht weiter zu Euren Schultern und Armen und schaut, ob sich dort ein verspannter oder gestresster Bereich befindet. Geht weiter zu Eurem Herzen und Eurem Bauch, zu den Beinen bis hinunter zu den Füßen. Hat irgendjemand unangenehme Gefühle oder schwierige Emotionen entdeckt?

Was können wir tun, nachdem wir diese unangenehmen Gefühle erkannt und wahrgenommen haben? Glücklicherweise haben wir einen Staubsauger in unserem Bauch. Stellt Euch vor, dass alle unangenehmen Gefühle beim Atmen von diesem Staubsauger aufgesaugt werden. Beginnt bei Eurem Kopf und zieht die Kopfschmerzen oder lästigen Gedanken in den Staubsauger hinein. Geht dann zu

Eurem Herzen und saugt alle Traurigkeit oder Nervosität auf. Zieht jede Anspannung und jedes unangenehme Gefühl aus Euren Armen, Euren Beinen, Eurem ganzen Körper in Euren Staubsaugerbauch. Dann haltet den Atem drei Sekunden lang im Bauch an. Wenn Ihr bereit seid, lasst die ganze Luft aus Eurem Körper und mit ihr alle schwierigen Gefühle – als ob Ihr den Staubsauger von dem ganzen Schmutz reinigen würdet.

Entspannt Euch vollkommen, während Ihr die ganze Luft ausatmet. Lasst los. Dann nehmt einen tiefen Atemzug, schaut, ob Ihr noch weiteren Stress findet, und saugt ihn mit Eurem Staubsauger in Euren Bauch, haltet den Atem drei Sekunden lang an und entspannt Euch mit dem Ausatmen. Versuchen wir jetzt zusammen eine ganze Minute lang diesen Staubsauger-Atem.

Dialog

Diese Übung macht oft einen eklatanten Unterschied in der Art und Weise, wie die Schüler den Raum wahrnehmen. Lassen Sie die Kinder berichten, wie sie sich selbst fühlen und inwiefern der Raum sich anders anfühlt als vorher.

Achtsamkeitstagebuch

- Zeichnen: Zeichnet ein Bild, das zeigt, wie es aussieht, wenn Ihr allen Stress in Eurem Körper loslasst.
- Schreiben: Welche unangenehmen Emotionen habt Ihr bemerkt, als Ihr durch Euren Körper gegangen seid?
- Wie hat sich der Staubsauger-Atem auf Euren Körper ausgewirkt?
- Wann könntet Ihr diese Übung in Eurem Leben anwenden?

Welt-Entdeckung

Nachdem die Schüler den Staubsauger-Atem kennengelernt haben, können sie ihn überall anwenden. Erinnern Sie sie daran, ihn auszuprobieren, wenn sie wütend auf ein Geschwisterteil sind oder wenn die Eltern sie etwas nicht tun lassen, was sie unbedingt tun wollen oder wenn etwas passiert, das ihnen Angst macht. Ich sage den Schülern, dass das bei mir besser als alles andere funktioniert, wenn ich mich schnell beruhigen und einige der schwierigen Gefühle loslassen will, die ich manchmal habe. Bitten Sie sie, es sie in den nächsten Tagen auszuprobieren und in der nächsten Achtsamkeitsstunde darüber zu berichten.

Alter und Entwicklungsstufe

Fünf- bis Zehnjährige können eine verkürzte Variante der Übung machen. Ein Bild eines Staubsaugers im Bauch, der alles Unangenehme aufsaugt, ist hilfreich für sie.

Die Übung kann von großem Nutzen für einzelne Schüler und die ganze Klasse sein, wenn im Raum große Anspannung herrscht, vor einem Test oder nachdem irgendetwas vorgefallen ist. Wenn man den Bodyscan mit jüngeren Kindern durchführt, reicht eine Minute um den ganzen Körper zu erkunden und unangenehme Gefühle ausfindig zu machen.

Elf- bis 17-jährige können bereits im Detail erforschen, wie Emotionen sich als Körperempfindungen bemerkbar machen. Es kann für die Schüler sehr befreiend sein ihre emotionalen Gedanken bis in den Körper zurückzuverfolgen, um sie dann dort zu entspannen und loszulassen. Bei älteren Schülern kann man sich beim Bodyscan Zeit lassen und in jeden Bereich des Körpers hineinspüren, um dort Stress, Schmerz und unangenehme Emotionen wahrzunehmen.

Was Sie beachten sollten

Der Staubsauger-Atem kann eine Menge Energie und Emotionen freisetzen. Wie immer benötigen Sie auch hier eine Trauma-Schulung und Kontakt zu anderem Fachpersonal, das Sie hinzuziehen können, falls besonders intensive Emotionen es notwenig machen sollten. Wenn sich Emotionen zeigen, ist das eine wunderbare Gelegenheit, die Klasse daran zu erinnern, dass hier alles willkommen ist und dass Emotionen nicht bewertet oder verurteilt werden.

Lassen Sie die Schüler wissen, dass das Ziel nicht ist, die Gefühle loszuwerden, sondern sie einfach wahrzunehmen, wie sie sind. Wir versuchen uns unserer Gefühle bewusst zu werden und sie dann zu entspannen, was etwas ganz anderes ist, als sie einfach wegzudrücken.

Destruktive Emotionen

Wenn wir das Tor zu unseren Emotionen einmal geöffnet haben, können wir beginnen nicht nur mit angenehmen, sondern auch mit schwierigen Gefühlen zu arbeiten. Wenn wir nicht wissen, wie wir uns unseren Weg durch Emotionen wie Wut, Traurigkeit und Angst bahnen sollen, können diese sehr destruktiv werden. Da wir davon ausgehen können, dass diese Gefühle unserem Herzen irgendwann einmal einen Besuch abstatten, nutzen wir die Herzensöffnung um von dieser Erfahrung zu lernen und daran zu wachsen, statt uns von ihr durcheinander bringen zu lassen.

Sie können Ihre Schüler auf alle möglichen inneren Reisen begleiten, die die verschiedensten Emotionen an die Oberfläche bringen können. Dabei sollten wir vorsichtig sein keine zu heftigen Emotionen aufzuwühlen. Wann immer starke Gefühle im Spiel sind, erinnern wir die Schüler daran, dass sie ihren Atemanker als Unterstützung heranziehen können. Sprechen Sie zusammen darüber, wie sich Emotionen im Körper anfühlen. Wenn Schüler Angst als Zittrigkeit in ihrem Herzen und ihrem Bauch wahrnehmen, oder Traurigkeit als Schwere und Schmerz, dann sind sie in der Lage mit diesen Gefühlen zu arbeiten. Wenn wir unsere Emotionen als Empfindungen orten und benennen können, dann können wir ihnen liebevolle Gefühle entgegenbringen und konstruktiv auf sie reagieren.

Lernziele

- Emotionale Intelligenz entwickeln
- Sich seine Emotionen bewusst machen und dadurch die Emotionsregulation verbessern
- Ein Verständnis dafür entwickeln, welche negativen Auswirkungen destruktive Emotionen auf uns selbst und andere haben.

Vorbereitung

Diese Übung sollte nach dem Erlernen der Sprache des Körpers, dem Atemanker und den Wurzeln der Emotionen durchgenommen werden. Vergewissern Sie sich, dass die Schüler einen Anker haben, der ihnen Sicherheit gibt und zu dem sie zurückkehren können. Auch hier ist es unumgänglich, dass Sie für einen emotional und physisch sicheren Raum sorgen, die Schüler an die Vertraulichkeit erinnern und wissen, an wen Sie sich wenden können, falls ein Schüler eine traumatische Reaktion zeigen sollte.

Beispielskript: Reise zu unserem Herzen

Wie wir bereits von unserem Atemanker wissen, haben wir eine Basis, zu der wir immer zurückkehren können, wenn wir Angst haben oder uns unwohl fühlen. Jeder von uns empfindet hier und da Angst, Wut, Traurigkeit oder andere schwierige Emotionen. Vielleicht hat jemand etwas

Gemeines zu Dir gesagt oder Du hast etwas nicht bekommen, was Du unbedingt haben wolltest. Wir machen jeden Tag Erfahrungen, bei denen wir uns nicht so toll fühlen. Wir können davon ausgehen, dass wir diese schwierigen Gefühle irgendwann haben werden. Was zählt ist, wie wir reagieren, wenn sie an unsere Tür klopfen.

Lasst uns unseren achtsamen Körper aufwecken und uns mit unserem Atemanker verbinden. Wenn Ihr Euch ruhig fühlt, werde ich Euch auf eine kleine Reise führen. Stellt Euch vor wir gehen hinaus auf den Spielplatz und haben dort eine Menge Spaß bei Eurem Lieblingsspiel. Wie fühlt sich das an?

Nun stellt Euch vor, dass zwei Kinder neben Euch anfangen, sich um einen Ball zu streiten. Was spürt Ihr jetzt in Eurem Körper?

Kommt zu Eurem Atemanker zurück und bleibt dabei, bis Ihr Euch wieder entspannt habt.

Und jetzt stellt Euch vor, es kommt jemand zu Euch rüber und sagt etwas wirklich nettes zu Euch, vielleicht umarmt er Euch auch. Was fühlt Ihr in Eurem Körper? Fühlt Ihr Euch glücklich, sicher, ängstlich? – was immer Ihr fühlt ist vollkommen in Ordnung.

Dialog

Fragen Sie die Schüler, wie die einzelnen imaginären Szenen sie beeinflusst haben. Erinnern Sie sie daran, darüber zu sprechen, was sie in ihrem Körper gespürt haben. Wenn sie sagen: „Ich habe mich traurig gefühlt", dann bitten Sie sie nachzuspüren, wie sich diese Traurigkeit in ihrem Körper anfühlt. Sie können ihnen helfen, indem Sie fragen, wo sie die Empfindung in ihrem Körper spüren – in ihrem Hals, oder in ihren Augen zum Beispiel – und wie sich das anfühlt – ob es zum Beispiel heiß, angespannt, schwer oder schmerzhaft ist.

Fragen Sie die Schüler, was ihr Lieblingsmoment war, dann lassen Sie sie ihre Augen schließen und ihn noch einmal vor sich zu sehen. Was spüren sie dabei in ihrem Körper?

Sie können inspirierende Zitate, Gedichte oder Geschichten über schwierige Emotionen oder das Gewahrsein für Emotionen teilen. Unten finden Sie ein Zitat und ein Gedicht als Anregung für eine Diskussion.

> *Man sollte sein Herz festhalten, denn lässt man es gehen, wie bald geht einem dann der Kopf durch.*
>
> Friedrich Nietzsche

> *Wie einfach ist Freundlichkeit, schwingt das Leben wie eine Melodie.*
> *Aber der Mensch von Wert, ist der, der auch noch lächelt,*
> *wenn alles zur Katastrophe gerinnt.*
> *Denn Leiden ist des Herzens Probe, unweigerlich im Lauf der Jahre*
> *Das Lächeln, wert des Lobes der Welt, ist das Lächeln durch Tränen hindurch.*
>
> Ella Wheeler Wilcox

Achtsamkeitstagebuch

- Zeichnen: Zeichne ein Bild von der schönsten Sache oder dem glücklichsten Moment, an den Du Dich erinnern kannst, und schau, was Du in Deinem Körper spürst, während Du zeichnest.
- Schreiben: Welche unangenehmen Gefühle hast Du am häufigsten?
- Wie fühlen sie sich in Deinem Körper an?
- An welchen Orten und in welchen Situationen in Deinem Leben fühlst Du Dich am besten? Wie fühlst Du Dich da genau?

Welt-Entdeckung

Nun da Ihre Schüler wissen, wie sie ihre Emotionen in ihrem Körper wahrnehmen können, haben sie ein bemerkenswertes Instrument zur Hand, wo immer sie sich auch befinden. Wenn sie sich ängstlich, traurig oder unwohl fühlen, können Sie sich dieses Gefühl bewusst machen und einige achtsame Atemzüge nehmen. Sie können auch beobachten, wie sie sich in unterschiedlicher Umgebung und mit unterschiedlichen Leuten fühlen. Weisen Sie darauf hin, dass sie möglicherweise bemerken, dass sie immer wütend werden, wenn sie mit dem einen Freund spielen, und immer entspannt und glücklich werden, wenn sie mit einem anderen spielen. Erklären Sie, dass sie lernen können, sich für Erfahrungen zu entscheiden, die sie glücklich machen, wenn sie einmal herausgefunden haben, wie ihr Körper auf Plätze und Menschen reagiert.

Alter und Entwicklungsstufe

Fünf- bis Zehnjährige gehen gerne auf eine imaginäre Reise. Sie können alle möglichen Szenarios entwickeln. Manche Lehrer unternehmen eine Fantasiereise durch den Dschungel oder ins Weltall. Sagen Sie den Schülern, dass sie gemeinsam auf eine Safari in eine andere Welt gehen werden und ihre Abenteuer unterwegs auswählen können. Erinnern Sie die Schüler immer wieder daran, die Empfindungen in ihrem Körper zu spüren. Diese Übung hilft jungen Kindern dabei, sich bewusst zu werden, mit welchen Emotionen sie auf bestimmte Situationen reagieren und wie sie damit umgehen können.

Elf- bis 17-jährige können ebenfalls eine Menge von dieser Übung lernen. Statt mit einer imaginären Safari arbeitet man hier eher mit der Vorstellung von frustrierenden Erlebnissen. Wenn die Schüler lernen, die Empfindungen zu beobachten, die in schwierigen Momenten entstehen, dann ist das der erste Schritt zur Kontrolle ihrer Reaktionen. Darüber kann man auch faszinierende Diskussionen führen.

Was Sie beachten sollten

Wenn man sich mit schwierigen Emotionen beschäftigt, ist es wichtig den Schülern immer wieder zu sagen, dass es so etwas wie eine negative Emotion nicht gibt. Wir versuchen nicht die „schlechten Gefühle" loszuwerden, sondern lernen uns in stürmischen Zeiten um unser Herz zu kümmern.

Wägen Sie ab, wofür die jeweilige Klasse emotional bereit ist. Mit den Szenarios, die Sie entwickeln, rufen Sie absichtlich bestimmte Emotionen hervor und Sie wollen, dass die jeweiligen Schüler diesen Gefühlen gewachsen sind. Setzen Sie die Szenarios sehr bewusst ein und beschreiben Sie sie klar.

Dankbarkeit hervorbringen

Wofür sind Sie dankbar? Diese Frage fördert eine Einstellung der Wertschätzung für das, was die Welt uns bereits geschenkt hat. Statt uns darauf zu konzentrieren, woran es uns mangelt und was wir verändern möchten, kann man lernen, Ehrfurcht für das zu empfinden, was uns bereits gegeben wurde. Jeder Atemzug ist ein Geschenk der Bäume und Pflanzen, unsere Nahrung eine Gabe der Pflanzen und Tiere. Das Leben als wunderbares Phänomen zu betrachten kann Dankbarkeit, Liebe und Mitgefühl in uns wecken.

Wenn wir zwanghaft danach streben, unsere Welt zu verändern, dann verpassen wir die kleinen, schönen Dinge, die unmittelbar vor uns liegen. Wir übersehen die lieben Menschen in unserem Leben, die Gemeinschaft, die uns unterstützt, und unsere Umwelt, die uns am Leben erhält. Viele von uns haben Schwierigkeiten im Leben und das wollen wir auch nicht leugnen. Wir haben möglicherweise wenig Geld oder Essen, oder es gibt zu wenige Menschen in unserem Leben, denen wir etwas bedeuten. Natürlich möchten wir, dass den Menschen, die vernachlässigt werden, mehr Unterstützung und Liebe entgegengebracht wird. Dankbarkeit zu kultivieren kann uns dabei helfen, die schönen Dinge in unserem Leben zu erkennen, selbst wenn ein einziger netten Lehrer und ein Teller Suppe alles ist, was wir haben. Mit einem dankbaren Schritt begeben wir uns auf den Weg in Richtung Mitgefühl und Zufriedenheit.

Lernziele

- Dankbarkeitspraxis fördert Zufriedenheit und eine positive Einstellung
- Wir verlagern unsere Aufmerksamkeit weg von destruktiven Gedankenmustern hin zu einer positiven Denkweise
- Dankbarkeit fördert Mitgefühl für uns selbst und andere.

Vorbereitung

Diese Praxis wird am besten in einem Gesprächskreis ausgeführt. Wenn möglich sitzt die Gruppe also im Kreis und nutzt ein Gesprächssymbol.

Beispielskript: Dankbarkeit empfinden

Manchmal vergessen wir all die Dinge in unserem Leben, für die wir dankbar sein können. Das ist wie der Stein an der Spitze der Pyramide, der sich nicht bewusst ist, dass er auf all den anderen Steinen unter ihm ruht. So viele unserer Vorfahren mussten überleben, sich verlieben und viele andere Dinge tun, damit Du auf die Welt kommen konntest. Damit Du hier sein kannst, muss die Sonne jeden Tag aufgehen und die Pflanzen am Leben halten, die wir brauchen, um atmen und essen zu können. Es gibt so viele Menschen, an die wir nie denken. Sie reinigen die Toiletten, die wir benutzen, bringen die Nahrungsmittel in unsere Geschäfte und bauen die Häuser, in denen wir leben.

Wenn wir uns wirklich die Zeit nehmen darüber nachzudenken, dann gibt es eine endlose Anzahl von Dingen, für die wir dankbar sein können. Wenn wir uns auf die Dinge konzentrieren, für die wir dankbar sind, dann macht uns das ganz von selbst glücklicher. Wenn wir uns darauf konzentrieren, was wir nicht haben und was uns kränkt, fühlen wir uns schlecht. Heute wollen wir Dankbarkeit praktizieren und beobachten, wie das unseren Gefühlszustand verändert.

Schließt Eure Augen und weckt Euren achtsamen Körper auf. Spürt, wie Euer Atem ein- und ausströmt. Wenn Ihr Euch ruhig fühlt, stellt Euch den Menschen vor, der Euch am glücklichsten macht. Seht diesen Menschen vor Eurem inneren Auge und stellt Euch dann vor, dass er neben Euch sitzt. Wie fühlt es sich an, ihn so nahe bei Euch zu haben?

Jetzt stellt Euch Euer Lieblingsessen vor und dass Ihr direkt davor sitzt. Seht die Farben vor Euch und stellt Euch vor, wie es riecht, Wie fühlt sich Euer Körper an?

Denkt weiter an Dinge und Menschen in Eurem Leben, die Euch lieb sind. Denkt an die Dinge, für die Ihr besonders dankbar seid. Wenn Ihr sie vor Euch seht, spürt in Euren Körper hinein. Wie fühlt er sich an?

Nehmt einen tiefen Atemzug, lasst all die Dinge, für die Ihr dankbar seid, los und schaut, wie Euer Körper sich nach der Dankbarkeitspraxis anfühlt.

Dialog

Eine Dankbarkeitspraxis in der Gruppe ist besonders wirksam und transformativ. Jedes Kind kann zu Beginn des Schultages sagen, wofür es in seinem Leben dankbar ist und zum Abschluss, wofür es an diesem Schultag dankbar war. Diese positive Aufmerksamkeit kann die Atmosphäre der ganzen Klasse verändern.

Ermutigen Sie die Kinder herauszufinden, wofür sie sich selbst dankbar sind. Sie können Eigenschaften an sich selbst nennen, die sie mögen. Eine wunderbare Übung ist es auch die Schüler aufschreiben zu lassen, wofür sie jedem der anderen Schülern dankbar sind.

Hier sind zwei Zitate über Dankbarkeit, die man als Anregung zur Diskussion stellen kann.

Die Menschen murren, dass keine Rose ohne Dornen wächst, warum danken sie eigentlich nicht dafür, dass Gott auf dornigen Stängeln so schöne Rosen wachsen lässt.

ABRAHAM LINCOLN

Ein kleiner Junge schickte mir einmal eine bezaubernde Karte mit einer kleinen Zeichnung darauf. Ich liebte sie. Ich beantworte alle Briefe, die mir Kinder schicken – manchmal sehr hastig – aber für diese nahm ich mir Zeit. Ich schickte ihm eine Karte und malte ein Bild eines Wilden Kerls darauf. Ich schrieb: „Lieber Jim: Ich liebe Deine Karte." Dann bekam ich einen Brief von seiner Mutter zurück, sie schrieb: „Jim mochte Deine Karte so sehr, dass er sie gegessen hat." Das war für mich eines der größten Komplimente, die ich je bekommen habe. Es war ihm egal, dass es eine Originalzeichnung von Maurice Sendak war. Er sah es, er mochte es, er aß es.

MAURICE SENDAK

Achtsamkeitstagebuch

- Zeichnen: Zeichnet ein Bild von Euch selbst, inmitten all der Dinge, für die Ihr dankbar seid
- Schreiben: Macht eine Liste der Dinge in Eurem Leben, für die Ihr dankbar seid
- Was sind einige der Dinge, wie die Sonne und der Regen, die man zum Leben braucht?
- Für welche Eigenschaften an Euch selbst seid Ihr dankbar?

Welt-Entdeckung

Wenn die Kinder die Dankbarkeitspraxis kennen, dann können sie ein eigenes Dankbarkeitstagebuch beginnen. Dieses Tagebuch kann für unbestimmte oder bestimmte Zeit geführt werden, eine Woche oder einen Monat lang zum Beispiel. Ermutigen Sie sie, jeden Tag hineinzuschreiben, wofür sie dankbar sind. An manchen Tagen gibt es vielleicht viele Dinge, für die sie dankbar sind, und an anderen Tagen finden sich vielleicht nur einige wenige. Sagen Sie ihnen, dass sie selbst durch einen einzigen Eintrag pro Tag große Veränderungen bemerken werden. Sprechen Sie zu irgendeinem späteren Zeitpunkt darüber, welche Veränderungen ihnen an sich selbst und an ihrer Umgebung aufgefallen sind, seit sie das Tagebuch begonnen haben.

Alter und Entwicklungsstufe

Fünf- bis zehnjährigen Schülern fällt es leicht, Dinge zu finden, für die sie dankbar sind, sie zu visualisieren und darüber zu sprechen. Man kann diese Übung jeden Morgen zur Begrüßung in einem Kreis machen oder am Nachmittag, um festzustellen, wofür man heute dankbar war. Dankbarkeit schafft eine Atmosphäre der Wertschätzung und Güte in unseren Klassenzimmern.

Elf- bis 17-jährige können sehr interessante Gespräche über die positive Gemütslage führen, die diese Praxis nach sich zieht. Dies ist ein Thema für eine Gesprächspraxis, die man immer wieder machen kann. Die neurowissenschaftlichen Auswirkungen eines positiven Gemütszustands zu erklären kann ebenfalls sehr lohnend sein.

Was Sie beachten sollten

Berücksichtigen Sie die Diversität Ihrer Schüler. Manche haben vielleicht keine Eltern, in diesem Fall eignen sich Eltern natürlich nicht als ein Beispiel für etwas, für das man dankbar sein kann. Finden Sie elementare Dinge wie die Dankbarkeit für unseren Atem, für Trinkwasser und Sonnenschein.

Verbundenheitslektionen

Nachdem wir unsere positiven Qualitäten durch unsere innere Praxis gestärkt haben, geht es jetzt darum, sie hinaus in die Welt zu tragen. Mindfulness Without Borders ist zum Beispiel eine bemerkenswerte Organisation, die auf der ganzen Welt das sogenannte „Mindfulness Ambassador Council"-Programm unterrichtet. Sie trainieren mit ihren Schülern Achtsamkeit des Körpers, des Herzens und des Geistes und befähigen sie darüber hinaus, selbst dort, wo sie leben, Achtsamkeitsprojekte anzubieten. Sie unterrichten in Ruanda, Kenia, Israel und vielen anderen Ländern, wo solche Projekte dringend gebraucht werden.

Selbst ohne die Kinder explizit dazu aufzufordern, Achtsamkeit in die Welt zu tragen, höre ich erstaunliche Geschichten von Schülern, die ihre Freunde und Familien unterweisen. Eine Mutter erzählte mir von einer Begebenheit während des Kindergeburtstags ihrer Tochter. Im ersten Stock, in dem die Zehnjährigen spielten, ging es ziemlich laut und chaotisch zu, bis ganz plötzlich von oben gar nichts mehr zu vernehmen war. Die Eltern, die unten saßen, sahen einander verwundert an, dann lief einer von ihnen nach oben und sah, dass die Kinder Achtsamkeit praktizierten.

Später kam die Tochter herunter und erzählte der Mutter, dass zwei Kinder sich um ein Spielzeug gestritten hatten und sie daraufhin alle beschlossen, eine Pause einzulegen und ein paar achtsame Atemzügen zu machen. Obwohl diese Schülerin erst einige wenige Wochen in meinen Unterricht kam, war sie bereits zu einer Achtsamkeits-Botschafterin geworden. Manche Kinder geben es ganz automatisch weiter.

Schüler haben mir erzählt, dass sie mit ihren kleinen Geschwistern Atem- und Entspannungsübungen gemacht haben, während vor dem Fenster Schüsse zu hören waren. Ich hatte selbst einen 13-jährigen Patienten in Therapie, der gelernt hatte zu erkennen, wenn seine Mutter wütend wurde, und ihr dann liebevolle Gedanken sandte, statt zu reagieren – was diese anfangs fassungslos, doch dann zutiefst dankbar machte.

Wir können die Kinder durch Spiele und Übungen dabei unterstützen Achtsamkeit in ihr Leben zu integrieren. Wir können Projekte initiieren, Diskussionen abhalten und Achtsamkeits-online-Portale für Schüler aus der ganzen Welt ins Leben rufen. Die Praxis der Achtsamkeit und der Herzensöffnung fördert Mitgefühl und Integrität in uns selbst und in unseren Gemeinden. Wenn wir diese Qualitäten einmal entwickelt haben, können wir lernen sie nachhaltig zu leben und anderen zu übermitteln. Unsere Welt hängt auf eine durchaus reale Art und Weise davon ab.

Achtsame Kommunikation

Achtsames Hören bedeutet, unsere vorgefassten Vorstellungen und Meinungen aufzugeben, um die Sichtweise des anderen wirklich zu verstehen. Oft haben wir ein sehr starres Bild von den Menschen, die wir mögen und die wir nicht mögen. Unsere eigenen Bewertungen zu durchschauen kann harte Arbeit sein, doch es gibt uns auch die Möglichkeit freundlicher und positiver zu sein. Gut zuhören und wirklich präsent sein zu können macht einen guten Freund oder Teamkollegen aus. Wirklich zu verstehen, was jemand sagt, ist nur möglich, wenn unser Kopf frei von Ablenkungen und Vorurteilen ist.

Der andere Teil der achtsamen Kommunikation ist achtsames oder authentisches Sprechen. Statt das zu sagen, was wir denken, dass die anderen hören wollen, lernen wir unsere innere Wahrheit zu sagen. Das bedeutet achtsam zu sein, um wahrzunehmen, was gerade in uns vor sich geht, und mutig genug zu sein, das den anderen auch mitzuteilen. Wenn man seine Wahrheit ausdrücken und dem anderen wirklich zuhören kann, entsteht echte Freundschaft und Verbundenheit.

Lernziele

- Empathisch und aufmerksam zuhören können
- Die Fähigkeit zu Kommunikation und Freundschaft entwickeln
- Vom Herzen sprechen lernen und authentisch sein.

Vorbereitung

Diese Übung funktioniert am besten in einem Kreis. Verwenden Sie ein Sprechsymbol, das herumgereicht wird und jedem Schüler die Gelegenheit gibt zu sprechen. Wenn die Schüler paarweise zusammengehen, ist es wichtig, dass die einzelnen Paare nicht zu eng beieinander sitzen.

Beispielskript: Jetzt-Gespräch

In unserer heutigen Stunde werden wir lernen vom jetzigen Augenblick aus zu kommunizieren, statt den anderen zu sagen, was passiert ist oder vielleicht passieren wird. Eine Jetzt-Aussage zu machen bedeutet einfach festzustellen, was jetzt gerade in Eurem Körper vorgeht. Sprecht darüber, was Ihr in Eurem Körper spürt, was Ihr seht, hört, riecht oder schmeckt. Ihr könnt auch über Eure Gefühle sprechen, darüber, dass Ihr nervös, glücklich oder aufgeregt seid.

Ein Beispiel wäre: „Jetzt gerade nehme ich das Geräusch der vorbeifahrenden Autos wahr“, oder: „Jetzt gerade spüre ich, dass ich nervös bin." Macht kurze Aussagen, ohne ins Detail zu gehen. Nachdem Ihr gesagt habt, dass Ihr die vorbeifahrenden Autos hört, sagt Ihr nicht: „... und das erinnert mich an etwas, das meine Schwester mir gesagt hat, während wir heute morgen im Auto saßen." Ihr sprecht ganz einfach über Eure Erfahrung im gegenwärtigen Augenblick. Wir lernen im Jetzt zuzuhören und darüber zu sprechen, was gerade in unserem Körper und unserem Herzen vor sich geht.

Zuerst wecken wir unseren achtsamen Körper auf und wenden uns nach innen, um zu schauen, was gerade in unserem Körper vor sich geht.

Öffnet eine Minute lang Eure achtsamen Ohren für alle Geräusche nah und fern. Dann spürt eine Minute lang jede Empfindung in Eurem Körper. Nun nehmt eine Minute lang die Emotionen in Eurem Körper wahr.

Lasst uns eine weitere Minute lang sitzen und unser Gewahrsein so weit machen wie der Himmel. Beobachtet Eure Empfindungen, Emotionen, Klänge oder was immer gerade jetzt passiert. Wenn Ihr Gedanken bemerkt, lasst sie vorbeiziehen wie Wolken am Himmel.

Jetzt wollen wir unsere Augen geschlossen halten, weiter Achtsamkeit praktizieren und währenddessen lernen, wie man achtsam spricht. Wir machen das im Kreis. Wenn Du an der Reihe bist, kannst Du Deinen Blick nach innen richten und sagen, was Du jetzt gerade erlebst. Beginne Deinen Satz mit: „Jetzt gerade nehme ich wahr..." Einige Beispiele wären: „Jetzt gerade nehme ich ein Jucken an meiner linken Hand wahr." „Jetzt gerade merke ich, dass ich nervös bin." Wenn Ihr merkt, dass Euch viele Gedanken durch den Kopf gehen, könnt Ihr sagen: „Jetzt gerade merke ich, dass mein Geist unruhig ist."

Wir können mehrere solche Runden machen und jeder sagt, was er im gegenwärtigen Moment erlebt. Vergesst

> *nicht, Eure Augen geschlossen zu halten und Euren Blick nach innen zu richten. Versucht nicht, Euch vorher zu überlegen, was Ihr sagen werdet. Versucht einfach zuzuhören, während die anderen sprechen, und sagt, was für Euch in diesem Moment wahr ist, wenn Ihr an der Reihe seid.*

Mit älteren Schülern kann man die Übung in Paaren fortsetzen. Bitten Sie die Schüler ihre Stühle so zu drehen, dass sie einem Partner gegenübersitzen.

> *Setzt Euch bequem, mit geradem Rücken aber entspannt hin. Schließt Eure Augen und richtet Euren Blick nach innen. Nehmt einen tiefen, langsamen Atemzug und erlaubt dem Atem genau so zu sein, wie er gerade ist. Wenn Ihr bereit seid, öffnet Eure Augen sanft aber bleibt achtsam in Eurem Körper. Jetzt sagt einer nach dem anderen einige Worte über seine achtsame Erfahrung und beginnt mit: „Jetzt gerade nehme ich wahr, dass…“ Nachdem die achtsame Aussage gemacht wurde, nehmen beide Schüler einen achtsamen Atemzug und dann spricht der andere über seine Erfahrung im gegenwärtigen Moment.*
>
> *Verliert Euch nicht in irgendwelchen Geschichten oder Erklärungen. Bleibt im gegenwärtigen Augenblick.*
>
> *Wenn Ihr Euch nervös oder unwohl fühlt, könnt Ihr dem anderen auch das mitteilen. Sagt: „Jetzt gerade nehme ich wahr, dass ich nervös bin.“*

Nach ein paar Minuten schließen die Schüler ihre Augen, machen einige achtsame Ankeratemzüge und nehmen wahr, wie sie sich fühlen. Dann danken sie einander und orientieren sich wieder im Raum.

Dialog

Diese Art zu kommunizieren unterscheidet sich stark von unserer üblichen Art miteinander zu sprechen. Ich frage die Schüler gerne: „Wie wäre es, wenn wir immer so miteinander sprechen würden?“

Dies ist auch ein gute Gelegenheit, um über Unsicherheiten zu sprechen. Sie können die Schüler fragen, ob sie sich je nervös oder unwohl gefühlt haben, wenn sie mit Freunden oder ihrer Familie gesprochen haben. Fragen Sie sie, ob sie je das Gefühl hatten, verurteilt zu werden oder Theater spielen zu müssen.

Sie können auch eine Lehrgeschichte oder ein Zitat verwenden und die Kinder einladen, darüber zu sprechen.

Sei Du selbst, alle anderen sind bereits vergeben.

Oscar Wilde

Liebe ist die einzige Macht, die im Stande ist, einen Feind in einen Freund zu verwandeln.

Martin Luther King Jr.

Mit einer geballten Faust kann man keine Hände schütteln.

Indira Gandhi

Achtsamkeitstagebuch

- Zeichnen: Zeichne ein Bild der ganzen Klasse, wie sie achtsam miteinander spricht
- Schreiben: Inwiefern war das jetzt anders, als Ihr normalerweise miteinander sprecht?
- Was habt Ihr an Euch selbst bemerkt, während Ihr gesprochen und zugehört habt?
- Wie würde die Welt aussehen, wenn alle Menschen so miteinander sprechen würden?

Welt-Entdeckung

„Achtet darauf, wie Ihr normalerweise mit anderen Menschen sprecht und schaut, ob Ihr mehr Jetzt-Aussagen unterbringen könnt. Ihr müsst nicht nur in Jetzt-Aussagen sprechen, aber vielleicht könnt Ihr authentischer sein und den anderen mitteilen, was wirklich in Euch vorgeht. Ihr könnt auch daran arbeiten achtsam zuzuhören. Schaut, ob Ihr wirklich zuhören könnt, wenn jemand mit Euch spricht, statt nur darauf zu warten selbst zu Wort zu kommen. Versucht den anderen nicht zu bewerten. Schließlich basieren die meisten Eurer Urteile auf vergangenen Erfahrungen und nicht auf dem, was Ihr jetzt gerade erlebt."

Alter und Entwicklungsstufe

Fünf- bis Zehnjährige können lernen, vom gegenwärtigen Augenblick aus zu sprechen, doch manchmal brauchen sie nähere Erklärungen. Es kann hilfreich sein, sie zuerst darüber sprechen zu lassen, was sie sehen, was sie riechen und was sie fühlen, und so alle Sinne durchzugehen, damit sie verstehen, worum es geht. Das ist eine Übung, die man gut mehrmals am Tag praktizieren kann, um die Schüler zu Beginn des

Schultags, in Übergangszeiten oder wenn sie unruhig werden in den gegenwärtigen Augenblick zurückzuführen.

Elf- bis 17-jährige können diese Lektion dazu nutzen, um neue Perspektiven darüber zu gewinnen, wie sie mit Freunden und Familie kommunizieren. Wenn Sie die Zeit haben, kann man die Übung zuerst im Kreis und dann paarweise durchführen. Viele Jugendliche kämpfen mit einem Konflikt, der aus einem tiefen Wunsch nach Authentizität und dem gleichzeitigen Bedürfnis dazuzugehören, entsteht. Da kommt dieser Übung besondere Bedeutung zu, denn sie legt den Schülern nahe, dass man genauso akzeptiert werden kann, wie man ist, und es unnötig ist irgendwelche Masken aufzusetzen.

Was Sie beachten sollten

Authentisch zu sprechen kann eine heikle Erfahrung für Schüler sein. Es fördert unter Umständen eine Menge Unsicherheiten zu Tage, besonders wenn die Schüler paarweise üben. Überreden Sie niemanden zu dieser Übung, der sich bei dem Gedanken nicht wohl fühlt.

Die Rolle des Lehrers besteht darin, die Schüler liebevoll daran zu erinnern bei der gegenwärtigen Erfahrung zu bleiben, wenn sie beginnen sich in Gedanken zu verlieren. Es dauert eine Weile, bis die Schüler lernen von ihrer direkten Erfahrung aus zu kommunizieren; auch die Lehrer brauchen dafür Zeit. Denken Sie an Ihre eigene Praxis, das wird Ihnen auch beim Unterrichten helfen.

Die Welt der Natur

Die Welt der Natur lehrt uns eine Menge über Achtsamkeit. Falls es in der Nähe einen Park, Wald oder Garten gibt, bringen Sie die Kinder dorthin und lassen Sie sie den Klängen lauschen, die Gerüche riechen (gute und schlechte), die Berührungen des Windes spüren und die wunderbaren Farben sehen. Man muss keine komplizierte Übung daraus machen; sich einfach nur unter Bäumen und Vögeln aufzuhalten, hilft uns bereits, uns zu entspannen und unseren Körper wieder zu spüren. Sagen Sie den Kindern, wie wichtig es ist, dass sie sich auch zu Hause eine „Sitzstelle" suchen, an der sie chillen können.

Wir können auch mit den Elementen der Natur in unserem eigenen Körper Verbindung aufnehmen. Selbst wenn es in der Nähe keine Bäume oder Tiere gibt, können wir die Natur in unserem Bewusstsein erforschen. Erde, Feuer, Wasser, Luft und Äther haben alle entsprechende Gefühle in unserem Körper. Eine Natur-Praxis hilft den Kindern ihre Festigkeit, ihre Kreativität, ihre innere Ruhe und das Fließen und die Weite in sich selbst zu spüren.

Lernziele

- Ein Gefühl der Verbundenheit und Stabilität entwickeln
- Sich mit der Natur verbinden
- Die Sinne schärfen und sich auf den Körper einstimmen

Vorbereitung

Idealerweise machen Sie diese Übung unter freiem Himmel, doch wenn das nicht möglich ist, kann sie auch drinnen ausgeführt werden. Sie könnten Bilder der klassischen Elemente oder tatsächlich Wasser und Erde mitbringen, um die Elemente für die Kinder zu veranschaulichen und greifbar zu machen. Weisen Sie auf die klassischen Elemente hin, die um uns präsent sind: die Sonne als Feuer, das Meer als Wasser, den Boden als Erde, den Wind als Luft und den Raum, der alles erfüllt als Äther.

Beispielskript: Achtsame Elemente

Einer der besten Wege, um Achtsamkeit zu praktizieren, ist achtsam in der Natur zu sein. Wir können eine Menge von der Welt der Natur lernen. Wenn wir die Stille verstehen möchten, ist ein Baum der ideale Lehrmeister. Wenn wir wissen wollen, wie man sich wirklich konzentriert, können wir einen Falken beim Fliegen beobachten. Manchmal spüren wir unsere Verbindung zur Natur nicht mehr und vergessen, dass wir ein Teil von ihr sind. Wenn wir auf die Natur achten, dann werden wir sie nicht verschmutzen oder schädigen. Ganz im Gegenteil, wenn wir spüren, dass wir ein Teil dieser Erde sind, werden wir auch auf sie aufpassen wollen.

Wir können auch von den klassischen Elementen der Natur lernen. Erde, Feuer, Wasser Luft sind vier Elemente, die wir in unserer Welt sehen, doch wir können sie auch in unserem Körper spüren. Für unsere Achtsamkeitslektion werden wir uns bewusst machen, wie sich diese vier Elemente in unserem Körper anfühlen, und auch das fünfte Element, den Raum oder Äther, kennenlernen.

Setzt Euch aufrecht und stolz hin und entspannt Euch gleichzeitig. Schließt Eure Augen oder richtet Euren Blick auf den Boden. Nutzt Euren Atemanker, nehmt jedes Einatmen und jedes Ausatmen bewusst wahr.

Stellt Euch vor Eurem inneren Auge einen Berg vor und fühlt Euch selbst stark und fest wie ein Berg. Fühlt mit jedem Atemzug, wie Ihr mehr und mehr in der Erde verwurzelt seid, fühlt das Erdelement in Eurem Körper.

Stellt Euch vor Eurem inneren Auge einen ruhigen See vor und fühlt in Euch die Ruhe und das Fließen des Wassers. Fühlt Euch mit jedem Atemzug ruhig und klar wie das Wasserelement.

Stellt Euch vor Eurem inneren Auge die Sonne vor und spürt, wie Euer Körper in alle Richtungen strahlt. Spürt mit jedem Atemzug, wie Euer Körper strahlt wie das Element des Feuers.

Stellt Euch vor Eurem inneren Auge Blätter vor, die im Wind flattern und nehmt die unterschiedlichen Empfindungen wahr, die sich durch Euren Körper bewegen. Nehmt mit jedem Atemzug die sich stetig verändernden Empfindungen des Wind-Elements wahr.

Nun stellt Euch zum Schluss vor, Ihr würdet im Weltraum schweben und spürt, wie es sich anfühlt, wenn da nichts um Euch herum ist außer weiter Raum. Fühlt Euch mit jedem Atemzug, als ob Ihr schweben würdet und spürt das Element des Äthers.

Nun werdet Euch wieder bewusst, wo Ihr Euch befindet, und spürt den Boden unter Euch. Wenn Ihr bereit seid, öffnet langsam Eure Augen und lasst uns gemeinsam besprechen, was wir gelernt haben.

Achtsamkeitstagebuch

- Zeichnen: Zeichnet, wie sich Euer Körper in jedem Element angefühlt hat
- Schreiben: Was habt Ihr beim Spüren der einzelnen Elemente bemerkt?
- Welches Element habt Ihr am liebsten in Eurem Körper gespürt und warum?
- Waren manche Elemente leichter zu spüren als andere?

Welt-Entdeckung

„Sucht Euch ein ruhiges Plätzchen in der Natur oder neben einer Pflanze und sitzt ganz still. Öffnet Eure Sinne und nehmt wahr, was die Welt der Natur zu sagen hat. Hört wirklich *interessiert* zu, was die Natur Euch zu sagen hat. Das ist Eure „Sitzstelle“ und Ihr könnt immer dorthin gehen, wenn Ihr Euch entspannen und achtsam sein wollt. Geht ruhig jeden Tag dorthin, selbst wenn es nur für eine Minute ist, und hört der Natur zu.“

Alter und Entwicklungsstufe

Junge Kinder lieben diese elementare Praxis. Anschauungsmaterial und Bilder sind hilfreich. Die Kinder können sich vorstellen, sie wären tatsächlich ein Berg. Jüngere Kinder können sich in Tiere oder Elemente der Natur hineinversetzen und schauen, wie sich das anfühlt. Wenn sie sich vorstellen, kleine Mäuse zu sein, fühlen sie sich oft sicher, als Löwe hingegen fühlen sie sich stark.

Kinder lieben Ausflüge in die Natur. Lassen Sie die Kinder Listen von verschiedenen Dingen, Blumen, Bäumen, Farben oder Geräuschen machen, die sie abhaken können, wenn sie sie entdeckt haben. Im Gegensatz zum Frontalunterricht oder computerbasiertem Lernen ist es interaktiv, die Kinder mit der Natur zu befassen. Von der Natur als interaktiver Lehrer lässt sich eine Menge lernen.

Was Sie beachten sollten

Manche Schüler fühlen sich unwohl in der Natur. Denken Sie daran, dass einige Kinder bisher vielleicht sehr wenig mit der freien Natur in Berührung gekommen sind und unter Umständen Angst vor Schmutz und Bakterien haben.

Natürlich erfordert es einige Vorsichtsmaßnahmen, mit den Kinder nach draußen zu gehen. Allergien, Bienen, Pollen etc. müssen berücksichtigt werden. Informieren Sie sich, womit die Schüler und ihre Eltern sich wohl fühlen.

Ablenkung einüben

Diese Praxis vermittelt den Schülern ein klares Verständnis davon, wie ihr Geist sich ablenken lässt, selbst wenn sie versuchen sich zu konzentrieren. Wenn die Schüler in der Lage sind, über ihre Aufmerksamkeit, Gefühle und ihren Körper zu reflektieren (wie sie es in den vorhergehenden Übungen gelernt haben), können wir beginnen uns damit zu beschäftigen, wie unser Geist abgelenkt wird. Dieses Spiel ist besonders hilfreich, wenn die Schüler abgelenkt sind, zum Beispiel durch Freunde oder Geräusche, und Sie ihnen zeigen können, wie sie damit umgehen können. Achtsam sein zu können, wenn alles ruhig ist, ist eine Sache, diese Übung jedoch hilft uns, auch inmitten unseres Alltagschaos achtsam zu sein.

Lernziel

- Die Kinder dabei unterstützen, mit Ablenkungen besser umzugehen
- Impulskontrolle und Konzentrationsfähigkeit verbessern
- Die Arbeit mit Ablenkung kommt letzten Endes der gesamten Klasse zugute.

Vorbereitung

Während dieser Übung machen Sie Geräusche und brauchen Platz, um sich im Raum zu bewegen. In vielen Klassenzimmern gibt es Schachteln mit Stiften, Bücher und andere Gegenständen, mit denen man Geräusche machen kann. Nehmen Sie, was immer Sie zur Verfügung haben. Wenn Sie in einem leeren Raum sind, bringen Sie Büchsen, Glocken oder andere Dinge mit, mit denen man Geräusche machen kann.

Beispielskript: Das Ablenkungsspiel

Weiß irgendjemand, was „Ablenkung" genau bedeutet?

Wir haben bereits gelernt, wie wir mit unserem achtsamen Körper sitzen und unsere Achtsamkeit nutzen können, um fokussiert zu bleiben. Glaubt Ihr, Ihr könnt Euch konzentrieren, selbst wenn ich versuche, Euch abzulenken? Wer meldet sich freiwillig? Also Du (der Freiwillige) wirst jetzt vollkommen still sitzen und Dich auf Deinen Atemanker konzentrieren und ich werde versuchen, Dich abzulenken. Schau, ob Du ganz ruhig bleiben und Deine Augen geschlossen halten kannst, während ich im ganzen Raum verschiedene alberne Geräusche mache.

Normalerweise freuen sich die Schüler diese Übung zu machen. Während der eine Schüler sitzt, gehen Sie herum, schütteln Schachteln mit Stiften und Rascheln mit Papier. Es ist vollkommen in Ordnung, wenn der Schüler seine Augen öffnet. Erinnern Sie ihn einfach sanft daran zu seinem Atem zurückzukehren. Wenn Sie fertig sind und fragen, ob es noch jemand probieren möchte, melden sich oft alle Schüler. Bitten Sie dann alle Schüler, ihren achtsamen Körper aufzuwecken und achtsames Atmen zu üben. Daraus ergeben sich manchmal sehr interessante Diskussionen über Ablenkung.

Sie können auch jemanden zum Assistenten des Ablenkers ernennen. Das könnte der störendste Schüler der Klasse sein. Die Schüler müssen wissen, dass sie niemanden berühren und keine Geräusche machen dürfen, die zu laut sind. Nehmen Sie sich genug Zeit, um mit Ablenkungen zu spielen – vielleicht im Laufe mehrerer Stunden – damit jeder Schüler die Gelegenheit bekommt, zu spüren, wie es ist, abgelenkt zu werden und selbst abzulenken. So können sie verstehen, wie sich Ablenkung und Impulsivität anfühlt und besser damit umgehen.

Dialog

Ich sage meinen Schülern oft: „Man behauptet, dass Goldfische ein schrecklich schlechtes Gedächtnis haben. Die Wahrheit ist, dass Goldfische eine Aufmerksamkeitsspanne von neun Sekunden haben, während wir eine Aufmerksamkeitsspanne von nur acht Sekunden haben. Sieht so aus, als ob Goldfische sich besser konzentrieren können als wir. Fallen Euch Geschichten darüber ein, wie wir uns ablenken lassen?"

Sie können die Kinder auch fragen, wie sie Ablenkung in ihrem Körper spüren. Wenn sie Ablenkung körperlich erfahren, dann ist es leichter für sie Impulskontrolle zu entwickeln. Finden Sie interessante Zitate wie: „Der wahre Geist kann alle Lügen und Illusionen überstehen, ohne verloren zu gehen. Das wahre Herz kann das Gift des Hasses berühren, ohne verletzt zu werden." (Das ist ein Zitat aus „Avatar – Der Herr der Elemente".)

Ein anderes Zitat, das inspirierend sein könnte, wäre etwas wie: „Wenn ich tanze, tanze ich, wenn ich schlafe, schlafe ich; ja, und wenn ich allein in einem schönen Garten spazieren gehe und meine Gedanken auf anderen Wegen ertappe, führe ich sie zum Garten zurück, zum Reiz der Einsamkeit und zu mir selbst." (Michel de Montaigne)

Achtsamkeitstagebuch

- Zeichnen: Zeichne ein Bild davon, wie es aussehen würde, wenn Dich nichts ablenken könnte
- Schreiben: Wie fühlt sich Dein Körper an, wenn Du abgelenkt bist?
- Wie könnte es Dir helfen, wenn Du Deine Aufmerksamkeit verbessern würdest?
- Auf welche Weise lenkst Du andere ab?

Welt-Entdeckung

Sagen Sie den Schülern, dass sie das Ablenkungsspiel auch in ihrem Leben nutzen können, um zur Aufmerksamkeit zurückzukehren. Sie könnten alltägliche Momente festlegen, zum Beispiel wenn die Schulglocke läutet, um drei achtsame Atemzüge zu nehmen. Jedes Mal, wenn sie ein lautes Geräusch hören oder jemand ins Zimmer kommt, haben sie die Möglichkeit, die Ablenkung zu bemerken und zu ihrem Atemanker zurückzukehren. Das bedeutet nicht, dass sie das Geräusch ignorieren, sondern nur, dass sie sich nicht darüber in Gedanken verlieren. Erinnern Sie die Schüler daran, dass sie jederzeit und überall üben können. Besonders wenn sie lesen, Klavier üben oder etwas anderes tun, das Konzentration erfordert, können sie wahrnehmen, wie Ablenkungen sich auf sie auswirken, und diese als Training für ihren Aufmerksamkeitsmuskel nutzen.

Alter und Entwicklungsstufe

Fünf- bis Zehnjährige lieben dieses Spiel in der Regel. Die Übung kann zwischen 15 und 20 Minuten dauern. Man kann dieses Spiel beliebig variieren und immer wieder machen. Fragen Sie die Kinder, ob sie das Ablenkungsspiel spielen wollen, wenn einzelne Schüler oder eine ganz Klasse besonders unkonzentriert sind.

Für Elf- bis 17-jährige können Sie das Spiel erweitern. Das kann eine 30- bis 60-minütige Lektion sein, die eine Übung und eine Diskussion über Ablenkung beinhaltet. Sie können Wörter sagen oder eine Geschichte erzählen, während die Schüler sich konzentrieren und versuchen, mit ihrer Aufmerksamkeit beim Atem zu bleiben, statt sich in der Geschichte zu verlieren. Einige Schüler können etwas Lustiges sagen, während die anderen versuchen bei ihrem Atemanker zu bleiben. So kann man wunderbar gemeinsam üben.

Was Sie beachten sollten

Das ist eine fortgeschrittene Praxis, Sie wollen also sicher sein, dass die Schüler bis zu einem gewissen Maß mit ihren Körpergewahrsein, dem Atemanker und dem Gewahrsein für ihre Gedanken vertraut sind.

Denken Sie bei dieser Übung daran, dass manche Schüler empfindlichere Nervensysteme haben als andere. Wenn Sie Geräusche machen oder herumgehen, während die Schüler ihre Augen geschlossen haben, kann es sein, dass einige Schüler Angst bekommen oder sogar ein Trauma erleiden. Machen Sie deshalb keine zu lauten oder abrupten Geräusche und behalten Sie die Klasse besonders wachsam im Auge.

Wenn die Schüler Ihnen beim Ablenken helfen, machen Sie ihnen klar, dass sie den anderen Kindern nicht zu nahe kommen sollen und die Geräusche nicht zu laut sein dürfen.

Achtsames Engagement in der Welt

Diese letzte Lektion soll den Schülern dabei helfen, ihre Achtsamkeitspraxis ins Alltagsleben zu integrieren. Dazu ist es sehr hilfreich, wenn die Schüler beginnen sich gegenseitig diese Praktiken beizubringen. Wir wollen auch untersuchen, was den Schülern selbst einfällt, um Achtsamkeit in die Welt zu bringen. Sie können zu Botschaftern der Achtsamkeit werden und ihren Mitmenschen und der Welt ihr Mitgefühl, ihre Aufmerksamkeit und ihr Körpergewahrsein zum Geschenk machen.

Lernziele

- Achtsamkeit, Herzensöffnung und Körpergewahrsein ins tägliche Leben integrieren
- Stärkung des Selbstbewusstseins, die man erfährt, wenn man andere anleitet
- An einer emphatischen Gemeinschaft mitwirken.

Vorbereitung

Die Schüler arbeiten in Gruppen und brauchen für diese Übung ihr Achtsamkeitstagebuch.

Beispielskript: Achtsames Engagement in der Welt

Wir können lernen, in allen Bereichen unseres Lebens achtsam zu sein. Wir können achtsam sein, während wir Zähne putzen, die Straße hinunter gehen oder uns mit einem Freund unterhalten. Der einzige Unterschied zwischen achtsamem Gehen und achtlosem Gehen besteht darin, dass man sich beim achtsamen Gehen bewusst ist, dass man geht. Normalerweise denken wir an eine Million anderer Dinge in der Vergangenheit oder der Zukunft, während wir die Straße hinunter gehen und verpassen all die erstaunlichen Dinge, die es in diesem Augenblick zu hören, riechen oder sehen gibt. Wenn Ihr achtsam esst, dann wisst Ihr, dass Ihr esst und alles schmeckt viel intensiver. Erinnert Ihr Euch an die Rosine? Erinnert Ihr Euch, wie erstaunlich sie sich angefühlt und geschmeckt hat? Wenn Ihr achtsam Zähne putzt, dann wisst Ihr, dass Ihr Zähne putzt, könnt es genießen und Euch besser darauf konzentrieren, jeden Zahn wirklich sauber zu kriegen.

In dieser Stunde werden wir lernen, wie wir Achtsamkeit in unserem alltäglichen Leben einsetzen können. Achtsamkeit ist keine Praxis, die man nur anwenden kann, wenn man sich hinsetzt und seine Augen schließt. Wenn Ihr Eure Achtsamkeit in die Welt tragt, seid Ihr ganz automatisch achtsamer und mitfühlender. In dieser Stunde werden wir Wege finden, wie wir das, was wir in all diesen Stunden gelernt haben, hinaus in die Welt tragen können.

Lasst uns alle unseren achtsamen Körper aufwecken und einige Anker-Atemzüge nehmen.

Wenn Ihr bereit seid, bleibt einfach weiter achtsam und versucht Euch eine Begebenheit in Erinnerung zu rufen, bei der jemand besonders freundlich zu Euch war. Vielleicht war es ein Lehrer, ein Freund oder jemand anderer, der Euch etwas geschenkt hat, etwas Nettes zu Euch gesagt oder Euch einfach umarmt hat. Seht diesen Moment vor Eurem inneren Auge, als ob Ihr ein Fernsehgerät in Eurem Kopf hättet und die Szene gerade auf dem Bildschirm laufen würde. Wie fühlt sich Euer Körper an, wenn Ihr Euch etwas Liebevolles vorstellt?

Wenn Ihr dieses liebevolle Gefühl in Eurem Herzen spürt, stellt Euch vor, Ihr könntet etwas Liebevolles für jemand anderen tun. Vielleicht stellt Ihr Euch vor, Ihr sagt etwas Nettes zu einem Freund, pflückt eine Blume und gebt sie Eurer Lehrerin oder Ihr tut irgendetwas anderes Nettes. Seht es vor Eurem inneren Auge vor Euch, als ob es auf einem inneren Fernsehbildschirm ablaufen würde, und nehmt wahr, wie Euer Körper sich anfühlt.

Nun können wir in uns dafür entscheiden, unsere Herzensöffnung und unsere liebevollen Gefühle in die Welt zu tragen. Lasst uns in uns selbst all das spüren, was wir von der Achtsamkeit, dem Körpergewahrsein und der Herzensöffnung gelernt haben, und uns vorstellen, dass wir diese wunderbaren Eigenschaften in die Welt bringen.

Dialog

Die Kinder können miteinander über eine gute Tat sprechen, die sie sich vornehmen. Ältere Schüler oder eine ganze Klasse können auch zusammen ein ganzes Achtsamkeitsprojekt planen. Jetzt ist die Zeit, darüber zu sprechen, wie man Achtsamkeit in die Welt bringen kann.

Es gibt viele wundervolle, inspirierende Zitate und Geschichten zu diesem Thema.

Frage nicht, was die Welt braucht. Frage Dich selbst, was Dich lebendig macht und gehe und tue das, denn was die Welt braucht sind Menschen, die lebendig geworden sind.

Howard Thurman

Du hast ein Hirn im Kopf. Du hast Füße in Deinen Schuhen. Du kannst Dich in jede Richtung lenken, die Du willst.

Dr. Seuss: Oh, The Places You'll Go

Achtsamkeitstagebuch

- Zeichnen: Zeichne ein Bild von Dir, wie Du etwas Liebevolles tust
- Schreiben: Was ist Deine Vision davon, wie Du Deine Herzensöffnung in die Welt bringen kannst?
- Wie könntest Du anderen Achtsamkeit beibringen?
- Welche Eigenschaften hast Du entwickelt, die Du der Welt zugute kommen lassen kannst?

Welt-Entdeckung

Ein Achtsamkeitsprojekt zusammen zu planen dient sowohl den Schülern als auch der Gemeinschaft. Zuerst können sie in Ruhe überlegen, welche inneren Eigenschaften sie entwickelt haben, die sie mit der Welt teilen möchten. Sie könnten zum Beispiel in untere Klassen gehen und dort Dankbarkeitsstunden geben oder sich verpflichten, netter zu ihren Geschwistern zu sein. Diese Achtsamkeitsarbeit kann aus einem einfachen Entschluss bestehen sich selbst anders zu verhalten, oder ein richtiges Projekt sein, das sie alleine oder in einer größeren Gruppe umsetzen können.

Alter und Entwicklungsstufe

Fünf- bis Zehnjährige können visualisieren, wie sie sich achtsam verhalten und dann darüber schreiben. Es ist ein gutes Spiel und stärkt ihre Fähigkeit, später tatsächlich so zu reagieren, wie sie es sich vorgestellt haben.

Elf- bis 17-jährige Schüler können visualisieren, wie sie sich in zukünftigen Situationen verhalten wollen, ihre emotionalen Reaktion durchleuchten und überlegen, was sie davor zurückhält, voll und ganz sie selbst zu sein.

Was Sie beachten sollten

Es ist wichtig, über Belange, die die kulturelle Diversität mit sich bringt, Bescheid zu wissen. Jeder Schüler hat unterschiedliche Probleme und Ressourcen. Bedenken Sie bei der Planung der Achtsamkeitsprojekte die Umstände, in denen die einzelnen Kinder leben.

Integration

Unser bisheriger Weg hat uns durch das Tal der persönlichen Praxis bis zu den Höhen der kleinen und großen Wunder geführt, die diese Lehre bei unseren Schülern bewirken kann. Nun können wir beginnen, das, was wir gelernt haben, stärker, bewusster und nachhaltiger in unsere äußere Welt zu integrieren.

Wenn wir stolpern, uns aufrappeln, es mutig noch einmal versuchen und unser Herz trotz all der unvermeidlichen Ausrutscher und Wendungen in unserem Leben offen halten, dann lernen wir. Wie mein psychologischer Mentor, Michael Kahn, sagte: „In Schwierigkeiten geraten wir alle. Entscheidend ist, wie wir wieder herauskommen." In diesem letzten Teil geht es darum, mit den unvermeidlichen Schwierigkeiten umzugehen, unsere Erfolge zu feiern und uns die nötige Unterstützung zu holen, wenn wir sie brauchen.

In der Welt, in der wir leben, wird unsere Achtsamkeitspraxis stets auf die Probe gestellt. Wenn wir Kajakfahren lernen, findet der Unterricht zunächst in einem ruhigen Teil des Flusses statt, damit wir uns zurechtfinden können. Das ruhige Üben ist unverzichtbar, doch wirkliches Können erwirbt man in den Strudeln und Untiefen des strömenden Flusses. So ist auch die stille Praxis das beschauliche Trainingsgelände für die sozialen und emotionalen Wirren der Welt. Das Ziel von Achtsamkeit ist nicht, alles ruhig und berechenbar zu machen, sondern zu lernen, den Fluss des Lebens zu bereisen, wie er eben ist. Vor einiger Zeit brachte es eine junge

Frau in einer Oberstufenklasse auf den Punkt. Nachdem wir still die Wellen unserer Emotionen beobachtet hatten, sagte sie: „Ich nehme an, wenn es keine Wellen gäbe, dann könnte man nicht surfen gehen." Statt den Rückzug von der Welt zu lehren, gibt Achtsamkeit uns die Kraft, mitten hinein zu tauchen. Sie verleiht uns die emotionale Resilienz, uns in die Welt zu verlieben, ohne sie verändern zu wollen, unser Leben zu lieben, wie es ist.

Welche Kinder und Jugendliche Sie auch unterrichten, Sie werden unweigerlich auf Widerstand stoßen, auf den Ihrer Schüler und den Ihres eigenen inneren Saboteurs. Das ist kein Fehler, ja nicht einmal ein Problem. Widerstand ist unser größter Lehrer. Möglicherweise versteht Ihre Familie nicht, was Sie tun, Ihre Kollegen und Administratoren sind skeptisch und so manche Schüler rollen vielleicht mit den Augen oder machen Pfurz-Geräusche während der stillen Übungen. Machen Sie sich keine Gedanken; das ist alles Teil des Prozesses. Bleiben Sie bei ihrer Absicht, ihrem Herzen und ihrem Körper.

Manchmal fängt ein Kind während der stillen Praxis an zu lachen. Kurz danach kichert der ganze Raum. Ich lasse die Klasse in der Regel so lange lachen, wie nötig, doch ich bitte sie, darauf zu achten, was sie in ihrem Körper spüren. Achtsames Lachen macht Spaß. Danach frage ich die Schüler, wie es war, das Lachen bewusst wahrzunehmen. Die Erkundung des Lachens und das bewusste Wahrnehmen der Ablenkung sind großartige Gewahrseinsübungen. Was wie ein Hindernis aussieht ist fast immer die wichtigste Lektion. Wenn Widerstand in der Luft liegt, dann ist da auch Angst, Unsicherheit oder irgendeine Form des Unbehagens gegenüber dem, was vor sich geht. Diesem Widerstand mit Interesse und Mitgefühl zu begegnen, fördert aufrichtige Kommunikation, was wiederum zu Verständnis und Verbundenheit führt.

Um zu veranschaulichen, wie man Widerstand mit Interesse begegnet, fallen mir zwei Klassen einer Highschool in Vermont ein. Dort wechselte ich den ganzen Tag von einer Klasse zur anderen und lehrte und lernte zusammen mit den Schülern. Besonders in Erinnerung geblieben sind mir zwei Klassen, die einander direkt gegenüberlagen. Die eine war eine Leistungsklasse. Als ich das Klassenzimmer betrat, saßen alle aufrecht auf ihren Stühlen und grüßten mich mit Respekt. Auf meine Frage, ob ihnen Achtsamkeit ein Begriff sei, gingen alle Hände nach oben und ich bekam klare Antworten, die sie sich aus vorhergehenden Stunden gemerkt hatten. Sie sagten, Achtsamkeit würde sie ruhig, glücklich und weniger wütend machen. Sie waren sehr respektvoll, doch ich hatte meine Zweifel, ob sie wirklich ehrlich waren. Ich dachte: „Haben sie es tatsächlich so erlebt oder wollen sie einfach nur die ‚richtige' Antwort geben?"

Dann gingen wir hinüber zur anderen Klasse und mein Begleiter informierte mich, dass es sich um eine Klasse mit Förderbedarf handelte. Als ich eintrat, bot sich mir ein völlig anderes Bild. Die Schüler lümmelten an ihren Pulten. Die Jungen hatten sich die Kapuzen über ihre Köpfe gezogen und die Mädchen waren stark geschminkt. Als ich fragte, ob sie schon von Achtsamkeit gehört hatten, antwortete ein Mädchen ärgerlich: „Achtsamkeit, so was kann ich nicht, ich habe ADHS." Also *das* war eine ehrliche Antwort. „Was meinst Du damit, Du kannst es nicht? Was passiert, wenn Du es versuchst?" Es interessierte mich wirklich.

„Also meine Gedanken spielen verrückt und ich versuche mich auf meinen Atem zu konzentrieren, aber es funktioniert nicht", antwortete sie. Als ich ihr einige Fragen stellte, mischten sich auch die anderen ein und keiner von ihnen schien Achtsamkeit leiden zu können, denn wenn sie es versuchten, gab es ein Gedankenchaos und es schien unmöglich. Generell schienen die Schüler wenig Selbstvertrauen zu haben und ich spürte eine gewisse Hoffnungslosigkeit in der Klasse. Also fragte ich sie, was sie glaubten sei ADHS, und wir führten ein langes, interessantes Gespräch über Ablenkung, soziale Unsicherheit, emotionale Reaktionen und die kritische innere Stimme. Ich merkte, dass diese Jugendlichen ein System von Überzeugungen über ihre eigene Unzulänglichkeit in sich trugen. Ich wollte ihnen vermitteln, dass sie diese einschränkenden Überzeugungen loslassen und damit den Blick auf ihre innere Weisheit frei machen können.

„Ihr sagt alle, es geht Euch auf die Nerven, dass Ihr Eure Gedanken nicht bändigen könnt", sagte ich. „Genau deswegen praktiziere ich Achtsamkeit. Meine Gedanken springen kreuz und quer, also übe ich Achtsamkeit und so gelingt es mir, meine Gedanken und Gefühle ins Gleichgewicht zu bringen, statt von ihnen hin- und hergerissen zu werden." Mittlerweile waren sie neugierig geworden und wir machten einige

Achtsamkeitsübungen und beobachteten unsere Gedanken und schwierigen Emotionen. Am nächsten Tag erzählte mir ihr Lehrer, dass er diese Klasse noch nie so interessiert erlebt hätte und dass sie über nichts anderes sprechen wollten, als darüber, wie ihr Geist funktionierte, was ADHS war und wie Achtsamkeit ihnen helfen konnte.

Eine Klasse mit gutem Benehmen ist ein wunderbare Sache, aber Widerstand hat uns etwas Wichtiges zu sagen. Durch ihn wird etwas sehr Ehrliches zum Ausdruck gebracht. Wenn wir Widerstand spüren, dann ist die Wahrscheinlichkeit groß, dass wir zu schnell vorgehen und die Studenten uns nicht gut folgen können, wir sie nicht mit einbeziehen oder auf eine Art und Weise sprechen, die sie nicht verstehen können. Vermutlich befinden wir uns außerhalb ihrer Reichweite oder der metaphorische Bus ist abgefahren und hat jemanden zurückgelassen. Widerstand sagt uns, dass das Lehrer-Schüler Verhältnis gestört wurde. Statt zu versuchen, unseren Stoff durchzuziehen, sollten wir uns um die Beziehung kümmern. Das ist die Gelegenheit für den Lehrer, etwas über seine Schüler zu lernen. Wir müssen mit dem Bus zurückfahren und sicherstellen, dass wir nicht losfahren, bis alle eingestiegen sind.

Wenn wir mit unserem Bus nicht umkehren und stattdessen immer wieder vor dem Widerstand weglaufen, dann ist das ein Kreislauf, in dem wir dem Widerstand Widerstand leisten. Das führt in der Regel dazu, dass die Spannung weiter wächst, woraufhin wir noch mehr Widerstand leisten und uns immer weiter von den Schülern und uns selbst entfernen. Wenn wir uns darauf einlassen, dann werden wir immer frustrierter und projizieren unsere Frustrationen auf unsere Schüler. Wenn wir auf solch eine Situation nicht mit liebevoller Achtsamkeit reagieren, dann werden die Schüler in diesen Stress-Kreislauf hineingezogen. Gestresste Schüler wiederum stören mehr und leisten Widerstand, was uns wiederum stresst. Und so weiter und so weiter…

Die gute Nachricht ist, dass diese Stressreaktionskette zu jedem Zeitpunkt durchbrochen werden kann. In dem Moment, in dem Sie den Widerstand bemerken, innerlich oder äußerlich, haben Sie die Möglichkeit, Ihr Schiff der Bewusstheit direkt in den Sturm zu lenken. Statt dem Widerstand Widerstand entgegenzusetzen, können wir jeder schwierigen

Erfahrung unseres Geistes, unseres Körpers und unseres Herzens Mitgefühl entgegenbringen. Wenn wir unser Nervensystem entspannen und unser Herz öffnen, entwickeln wir eine emphatische Präsenz, von der die Schüler profitieren. Unsere eigene innere Wende zieht die Schüler in denselben Bewusstseinsstrom. Und sobald die Klasse einmal ruhiger und gelassener ist, reduzieren sich auch unsere äußeren Stressfaktoren. Durch unsere Praxis wandeln wir die Abwärtsspirale der Stressreaktionen in eine Kette von positiven Reaktionen. Wir können das Steuer in Richtung Stress oder Mitgefühl lenken. Die Wahl liegt bei uns.

Persönliche Praxis

Ich habe es mehrfach betont und wiederhole es hier noch einmal: *Achtsamkeit beginnt mit Ihrer eigenen Praxis.* Ihre Praxis ist Ihre Stütze, Ihr Refugium und Ihr Verbündeter.

Regelmäßig eingeplante Zeiten und ein festgelegter Ort in Ihrem Zuhause sind wichtige Voraussetzungen für eine fortlaufende Praxis. Selbst wenn Sie jeden Morgen bloß 20 Minuten sitzen und sich nicht von Millionen von technischen Geräten und bevorstehenden Erledigungen ablenken lassen, wird das von größtem Nutzen für Sie sein. Sie bestärken damit eine innere Stimme, die sagt: „Ich entscheide mich für eine authentische Verbindung mit meinem Körper, meinem Geist und meinem Herzen."

Sie sind auf diesem Weg nicht alleine. Selbst wenn Sie in einer Gemeinschaft leben, in der sich niemand anders für Achtsamkeit interessiert, gibt es eine große Bewegung, deren Teil Sie sind. Nutzen Sie die zahlreichen Vorträge und Kurse, die online angeboten werden. Natürlich ist ein nahe gelegenes Zentrum, in dem Achtsamkeit unterrichtet wird, oder eine Meditationsgruppe einer der besten Wege, um Ihre Praxis zu unterstützen. Durch eine Übungsgruppe in Ihrer Schule können Sie Ihre Praxis noch enger mit Ihrem Alltagsleben verknüpfen. Zusammen zu üben hat etwas sehr Inspirierendes. Zu wissen, dass man nicht alleine ist und dass es eine Gemeinschaft gibt, die wie Sie diese verrückte Achtsamkeitssache praktiziert, ist eine unglaubliche Unterstützung.

Einen Lehrer zu finden ist ebenfalls eine große Hilfe. Sie brauchen keinen erleuchteten Guru; jemand, der ein wenig weiter ist als Sie selbst, reicht vollkommen aus. Wenn man bestimmte Bewusstseinszustände erreicht oder Angst verspürt, ist es unbedingt notwendig einen Lehrer zu haben, der bereits dort war, wo Sie jetzt sind. Auch ein Therapeut, mit dem Sie Ihre Reise und Ihre Entdeckungen besprechen können, ist eine wunderbare Sache. Psychologie beschränkt sich nicht darauf, Probleme zu lösen; ein guter Therapeut kann eine Art Forschungsassistent sein, der Sie bei Ihren inneren Erkundigungen begleitet und Ihnen hilft Verbindung mit Ihrem wahren Selbst aufzunehmen.

Vergessen Sie nicht es entspannt angehen zu lassen, wenn Sie den achtsamen Pfad beschreiten. Wir versuchen nicht durch Achtsamkeit irgendwo hinzugelangen. Wir lernen einfach, voll und ganz anwesend zu sein bei dem, was ist. Achtsam einen Pfirsich zu essen, Ihre Lieblingsmusik zu hören und den Boden aufzuwischen ist eine Kunst. Wir können uns so in das, was wir tun, vertiefen, dass das Wäschefalten zu einem Tanz und das Gespräch mit einem Freund zu einer achtsamen Erkundung von Emotion und Verbundenheit wird. Das sind die Achtsamkeitslektionen, die wir von den Kindern lernen können. Erleben Sie jeden scheinbar alltäglichen Augenblick voll Ehrfurcht und Freude. Lassen Sie Ihren Körper spielen. Lassen Sie Ihren Geist frei sein. Lassen Sie Ihr Herz offen sein. Spüren Sie das Netz der Verbundenheit, von dem sie ein wesentlicher Bestandteil sind.

Finde den Ort
und die Zeit,
um zu sitzen
und zu atmen

Integrationsübungen

Um Achtsamkeit in Ihr Arbeitsleben zu integrieren, sollten Sie zuallererst eine klare Vorstellung davon haben, was Sie anzubieten haben und was gebraucht wird. Nehmen Sie sich für die folgenden drei Übungen genügend Zeit, damit sie die einzelnen Antworten auch wirklich verinnerlichen können. Ihr Weg in der Welt ist der Spiegel Ihrer Selbst-Entdeckung. Wenn Sie Ihre Vorlieben und Ihre Talente kennen, können Sie sie mit dem vernetzen, was in der Welt gebraucht wird. Ihr authentischer Weg beruht nie auf dem, was andere denken, dass Sie tun sollten. Das wertvollste Geschenk, das Sie der Welt machen können, entspringt ihrem wahren Selbst. Nur das kann Sie glücklich machen und Ihnen das Gefühl geben, der Welt etwas Sinnvolles anbieten zu können.

Übung: Tag 1

Was sind Ihre Vorlieben, persönlichen Stärken, Fähigkeiten und Fertigkeiten? Nehmen Sie sich eine Stunde Zeit, um über die folgenden drei Fragen zu meditieren und finden Sie heraus, was Sie den Menschen, mit denen Sie arbeiten, anzubieten haben. Schreiben Sie die Antworten auf und warten Sie unbedingt einen Tag bevor Sie die zweite Übung machen.

- Vorlieben und Leidenschaften: Was sind Ihre Vorlieben und Leidenschaften? Wodurch fühlen Sie sich lebendig? Welcher Arbeit würden Sie nachgehen, wenn Sie in der Lotterie gewinnen würden, also nicht des Geldes oder Ansehens wegen, sondern einfach weil Sie die Tätigkeit lieben?
- Persönliche Stärken: Welche Eigenschaften – wie Mitgefühl, Intelligenz oder Willensstärke – entwickeln Sie ganz von selbst? Vielleicht sind Sie eine natürliche Führungspersönlichkeit oder sehr entscheidungsfreudig. Welche persönliche Qualitäten zeichnen Sie aus? Welche Qualitäten erkennen andere in Ihnen?

- Fähigkeiten und Fertigkeiten: Welche Fähigkeiten und Fertigkeiten haben Sie anzubieten? Haben Sie ein bestimmtes Diplom, einen Abschluss oder gewisse Lebenserfahrung? Haben Sie Kontakte zu der örtlichen Schule oder Zugriff auf andere Ressourcen?

Übung: Tag 2

Betrachten Sie die Gemeinschaft, der Sie angehören. Nehmen Sie sich eine Stunde Zeit, um herauszufinden, was sie wirklich braucht. Ohne zu werten, können Sie einfach schauen, ob es gewisse Eigenschaften gibt, die nicht entwickelt sind, oder einen Bereich, in dem bestimmte Ressourcen fehlen. In bestimmten Gegenden könnte das zum Beispiel ein Mangel an sauberer Luft oder frischen Lebensmitteln sein oder die Erkenntnis, dass einer Gruppe der Zugang zu bestimmten Bildungseinrichtungen fehlt. Vielleicht fällt Ihnen bei manchen Freunden oder Kollegen fehlende emotionale Intelligenz oder Impulskontrolle auf. Schauen Sie, ohne zu urteilen, welche grundlegenden Bedürfnisse nicht gedeckt werden. Schreiben Sie Ihre Antworten auf und warten Sie einen Tag, bevor Sie die nächste Übung machen.

- Familie: Fragen Sie sich, was Ihre Familie und Ihre Lieben brauchen. Gibt es Menschen in Ihrer direkten Umgebung, die in einer schwierigen Situation sind oder denen etwas fehlt, um sich wohl fühlen zu können? Welche emotionalen, körperlichen und externen Bedürfnisse gibt es?
- Freunde und Kollegen: Betrachten Sie die verschiedenen Welten, in denen Sie sich bewegen, und welche Bedürfnisse es dort gibt. Wenn Sie in einer Schule oder einer anderen Einrichtung arbeiten, versuchen Sie einen objektiven Blick darauf zu werfen, welche inneren und äußerlichen Ressourcen gebraucht werden.
- Gemeinschaft: Betrachten Sie die Gemeinschaft und Gesellschaft, in der Sie sich bewegen, die Stadt, in der Sie leben, und ihre unterschiedlichen Bevölkerungsgruppen. Welche inneren und äußeren Ressourcen fehlen?

Übung: Tag 3 (und danach!)

Nun ist es Zeit zu integrieren, uns anzusehen, was wir in den ersten zwei Übungen entdeckt haben und diese Informationen zusammenzufügen. Welche Verbindungen können Sie ziehen zwischen den Ressourcen, die Sie anzubieten haben, und den Bedürfnissen in Ihrer Welt? Machen Sie eine Liste von all Ihren Ressourcen und allen Bedürfnissen Ihrer Welt und ziehen Sie Verbindungslinien. Was fühlt sich am inspirierendsten an?

Sagen wir, Sie haben herausgefunden, dass die Kommunikationsfähigkeiten Ihrer Arbeitskollegen sehr schwach ausgeprägt ist, Sie wiederum haben eine Ausbildung für gewaltfreie Kommunikation oder achtsame Kommunikation und vertreten diese mit großer Begeisterung. Das wäre eine perfekte Verbindung zwischen einer Ressource und einem Bedürfnis und Sie könnten damit beginnen, sich genauer zu überlegen, was Sie mit dieser Verbindung tun möchten. Unsere wertvollste Gabe entspringt einer Verbindung aus unseren wahren Stärken und dem, was in der Welt gebraucht wird.

Herzenswärme aussenden

Dieses Wissen wurde von Generation zu Generation weitergegeben, von liebenden Eltern an ihre Kinder und von Meistern an ihre Schüler. Die Lehre ist sehr einfach: Strebe danach, Dein Herz zu öffnen, Deinen Geist zu öffnen und voll und ganz in Deinem Körper anwesend zu sein. Das ist keine Religion, man muss es nicht einmal Achtsamkeit nennen. Hier geht es um liebevolle Güte, um Einsicht und darum, Verantwortung für unser eigenes Leben zu übernehmen. Hier geht es darum, sich in das Leben zu verlieben, wie es ist.

Die Revolution der Achtsamkeit in der Schule ist kein Staatsstreich oder radikaler Wandel in der Politik. Wir sehnen uns danach, alle glücklich zu sehen. Wir möchten, dass alle ihre menschlichen Bedürfnisse gedeckt bekommen. Wir wollen, dass alle spüren können, wie es ist, voll und ganz lebendig zu sein. Diese Revolution ist kein Kampf gegen irgendetwas oder irgendjemanden. Jeder ist willkommen und niemand wird gezwungen. Niemand muss diese Anweisungen befolgen oder irgendeine Lehrmeinung unterschreiben. Dieses Angebot ist an keinerlei Bedingungen geknüpft. Wir gehen nicht davon aus, dass wir dafür irgendeine Gegenleistung bekommen, wie eine ruhigere Klasse zum Beispiel.

Wenn jeder Leser diese Praktiken in seinem Leben und seiner Arbeit umsetzt, dann verändert das die Atmosphäre unserer Welt. Es ist eine Revolution, eine Transformation von innen nach außen. Tatsächlich betrifft diese Transformation nicht uns selbst. Wir können aus dem Ich-,

Mir-, und Mein-Bewusstsein heraustreten und erkennen, dass unsere innere und äußere Arbeit eine Gabe an die Welt ist.

Wir wurden mit unserem Körper, unserem Atem, dem Wasser, das man trinken kann, und zahllosen anderen Wundern beschenkt. Achtsamkeit zu praktizieren nährt unsere Fähigkeit, uns mit dem Leben verbunden zu fühlen und es wertzuschätzen. Möge diese Wertschätzung uns lehren ehrfürchtig und fürsorglich zu sein, nicht nur uns selbst, sondern auch unserer Umwelt gegenüber. Je tiefer wir uns verbunden fühlen, desto schwieriger ist es, gemein zu jemandem zu sein oder die Erde zu verschmutzen. Dies ist unsere Erde, dies ist unsere Gemeinschaft, dies sind unsere Kinder, die zu den Lehrern und Verwaltern der Welt von morgen heranwachsen. Möge die Arbeit, die wir alle geleistet haben, der Samen sein für eine Zukunft, die so unversehrt und lebendig ist, dass keine Bücher wie diese mehr geschrieben werden müssen. Genau wie ein Fuchs seinen Jungen nicht beibringen muss, ein Fuchs zu sein, mögen wir alle eines Tages so intuitiv achtsam sein, dass unsere Kinder es nicht nötig haben ihr wahres Ich zu verstecken. Möge die Authentizität aller Kinder überall ungehindert wachsen können. Möge unser Einsatz für Mitgefühl und Weisheit stark bleiben und uns in eine Welt voll Glück, Präsenz und Mitgefühl führen. Möge es so sein.

Beispielprogramme

Es gibt viele verschiedene Arten von achtsamkeitsbasiertem Unterricht. Ich möchte Ihnen einige der besten Programme vorstellen, um zu veranschaulichen, auf welch vielfältige Weise, man jungen Menschen Achtsamkeit nahe bringen kann. Vinnie Ferraro war der Ausbildungsleiter von Challenge Day, dann des Mind Body Awareness-Projekts und nun von Mindful Schools. Vinnies Unterrichtsstil ist angreifbar, komisch, manchmal ein wenig schockierend und immer zutiefst authentisch. Er hatte eine harte Jugend, von der er gerne berichtet, in bitteren Selbstenthüllungen über Drogen und Gefängnisaufenthalte. Er nutzte diese düstere Jugend, um für das Mind Body Awareness Project ein Programm für inhaftierte Jugendliche zu entwickeln, das rau genug ist, um die zu erreichen, die diese Lehre sonst als schwächlich oder wertlos abtun würden.

Unterdessen riefen die zwei britischen Lehrer Chris Cullen und Richard Burnett das Mindfulness in Schools-Projekt ins Leben. Mit ihrem .b-Curriculum wollten sie Achtsamkeit für Kinder zugänglich machen, die ununterbrochen auf ihrem Handy herumtippen und die Vorstellung still zu sitzen furchtbar langweilig finden. Ihre Antwort ist der britische Humor, wie zum Beispiel das Akronym *FOFBOC*, für „Feet On Floor, Bum On Chair" („Füße auf Boden, Po auf Stuhl"). Sie verwenden tolle Cartoons, Videos und anderes interessantes Unterrichtsmaterial, um Achtsamkeit für die Schüler zugänglich zu machen. Dieses Programm ist vielleicht für inhaftierte Jugendliche weniger passend und das MBA

Curriculum mag bei britischen Schulkindern nicht funktionieren, doch die Authentizität und Kompetenz der einzelnen Programme erfüllen ihren Zweck für die jeweilige Zielgruppe ausgezeichnet.

Der effizienteste Unterricht kommt von der authentischen Weisheit des Lehrers und holt die Kinder genau dort ab, wo sie sind. Natürlich ist eine Stütze hilfreich, wenn man ein neues Thema unterrichtet, deswegen finden Sie in diesem Abschnitt einige Beispiele, die Ihnen zeigen, wie die Lerninhalte angepasst werden können. Ein charismatischer Lehrer oder ein besonders fein abgestimmtes Curriculum können durchaus als Inspiration herangezogen werden, doch vergessen Sie nicht, dass Stützräder letztendlich immer dazu dienen sollten frei und selbstständig fahren zu können.

Ich habe aus der Vielzahl von Programmen fünf ausgewählt, die unterschiedliche Stile repräsentieren und für unterschiedliche Bevölkerungsschichten geeignet sind. Bei jeder Beispielstunde finden Sie auch eine kurze Beschreibung der Organisation, die sie herausgegeben hat, und Anregungen für eine mögliche Weiterbildung, falls Sie das möchten. In unserem digitalen Zeitalter arbeiten einige dieser Organisationen bereits mit Online-Spielen, Apps und Online-Foren, um den Lernenden auch auf einem modernen Medium entgegenzukommen. Ich hoffe, das inspiriert und ermutigt Sie, aufbauend auf Ihrer eigenen Erfahrung eigene Projekte zu entwickeln und den Ihnen anvertrauten Menschen genau das zu geben, was sie brauchen.

Mindful Schools

Mindful Schools ist eine Non-Profit-Organisation, die professionelle Weiterbildung, Programme für den Schulunterricht und andere Ressourcen anbietet, die die Integration von Achtsamkeit in der Schule fördert. 150.000 Kinder und Jugendliche wurden bereits nach ihrem Curriculum unterrichtet und tausende Pädagogen, Sozialarbeiter, Psychologen, Eltern und andere Erwachsene international durch sie geschult. Mehr unter: www.mindfulschools.org

Mindful Schools-Lektion über Gedanken

Hauptpunkte

Diese Stunde wird normalerweise nach etlichen Wochen aktiven Übens der grundlegenden Achtsamkeitstechniken, wie achtsames Hören und achtsames Atmen unterrichtet.

Wenn Sie diese Stunde bei Schülern anwenden, die mit Achtsamkeit bereits vertraut sind, dann werden die Schüler wahrscheinlich wissen, dass ihre Gedanken manchmal abschweifen, wenn sie versuchen sich auf ihren Atem zu konzentrieren. Wahrscheinlich haben Sie das in den letzten Wochen bereits besprochen. Wählen Sie eine der folgenden Stunden je nach Ihrer Einschätzung der Klasse. Vielleicht möchten Sie die andere Stunde ein anderes Mal probieren.

Anweisungen für Sie sind *kursiv* gedruckt. Der Rest ist das tatsächliche Skript.

Vergangenheit/Gegenwart/Zukunft (am besten geeignet für Acht- bis Zehnjährige)

Hebt Eure Hand, wenn Ihr achtsames Atmen in unseren Achtsamkeitsstunden leicht findet. Wer findet es schwierig? Hebt Eure Hand, wenn Ihr bemerkt habt, dass Ihr oft an andere Dinge denken müsst, obwohl Ihr versucht Euch auf Euren Atem zu konzentrieren.

Wenn wir auf unseren Atem achten, dann sind wir im gegenwärtigen Augenblick. Doch unser Geist ist gewohnt in die Vergangenheit oder Zukunft zu schweifen und über andere Dinge nachzudenken.

Zum Beispiel: Sagen wir mal, da wo ich gerade stehe ist die Gegenwart und ich versuche mich auf meinen Atem zu konzentrieren, doch da fängt mein Geist an, über das Mittagessen nachzudenken und was ich essen werde. *Gehen Sie einen Schritt nach rechts.* Mein Geist ist wohin gegangen? …*lassen Sie sie antworten.* Genau. Und nun fällt es mir auf und ich bringe ihn zurück zu meinem Anker, meinem Atem.

Nun bin ich wieder aufmerksam, *…eine kleine Pause, um achtsam zu sein…,* und dann fängt mein Geist wieder an, sich daran zu erinnern, was gestern in der Pause passiert ist. Ups, mein Geist hat sich aus dem Staub gemacht. Er ist in die *…gehen Sie nach links und lassen sie Zeit, damit die Schüler antworten können…,* genau, in die Vergangenheit gegangen. Ich bemerke es und bringe meine Aufmerksamkeit zurück zu meinem Atem, in die *…Sie gehen wieder in die Mitte) lassen Sie sie antworten…* Gegenwart.

Seid Ihr bereit für einen Versuch? Okay. Wir werden eine Minute lang achtsam atmen und Ihr schaut, ob Euer Geist sich in die Vergangenheit oder Zukunft davongemacht hat. Wir legen unsere Hände auf unseren Bauch. Wenn Ihr bemerkt, dass Euer Geist abgeschweift ist, nehmt Ihr Eure rechte Hand sanft von Eurem Bauch und haltet sie nach rechts *(Sie machen es vor).* Wenn Ihr bemerkt, dass Ihr über etwas Vergangenes nachdenkt, nehmt Ihr Eure linke Hand sanft von Eurem Bauch und haltet sie nach links. Dann kehrt Ihr mit Eurer Aufmerksamkeit zu Eurem Atem zurück.

Üben Sie für eine oder zwei Minuten.

Hebt Eure Hand, wenn es Euch gelungen ist, nur auf Euren Atem zu achten und Euch kein Gedanke dazwischengekommen ist.

Hebt Eure Hand, wenn Ihr einen Gedanken bemerkt habt.

Hebt Eure Hand, wenn Ihr bemerkt habt, dass Euer Geist in die Vergangenheit oder in die Zukunft gewandert ist.

Lassen Sie sie sagen, wohin ihr Geist gegangen ist, falls sie möchten.

Hebt Eure Hand, wenn Ihr an die Vergangenheit oder die Zukunft gedacht habt und Eure Aufmerksamkeit zurück in die Gegenwart geholt habt.

Siehe Zusammenfassung und Fragen für das Tagebuch weiter unten.

Erster Gedanke (am besten geeignet für Fünf- bis Siebenjährige)

Hebt Eure Hand, wenn es Euch manchmal gelingt, Euch die ganze Zeit auf Euren Atem zu konzentrieren, wenn wir achtsames Atmen üben.

Hebt Eure Hand, wenn Ihr manchmal anfangt über irgendetwas nachzudenken und Euren Atem vergesst. Ja, manchmal macht sich unser

Geist davon, selbst wenn wir ihm sagen, er soll sich nicht von der Stelle rühren. Den meisten von uns passiert das wirklich oft. Heute werden wir lernen, unsere Gedanken zu bemerken und wieder zu unserem Atem zurückzukehren.

Versuchen wir noch einmal eine Minute lang achtsam zu atmen. Konzentriert Euch auf jeden einzelnen Atemzug. Und hebt Eure Hand, wenn Ihr den ersten Gedanken bemerkt. Vielleicht denkt Ihr an etwas, das Ihr getan habt, oder an etwas, das Ihr tun werdet, oder irgendetwas, das jemand gesagt hat. Was immer es ist, bemerkt es einfach und hebt Eure Hand. Dann legt Ihr sie wieder auf Euren Bauch und atmet weiter ein und aus. Wenn der nächste Gedanke auftaucht, hebt Ihr wieder Eure Hand. So machen wir es mit jedem Gedanken eine Minute lang.

Üben Sie eine oder zwei Minuten lang.

Hebt Eure Hand, wenn es Euch gelungen ist, Eure Aufmerksamkeit die ganze Minute lang auf Eurem Atem zu halten. Hebt Eure Hand, wenn Eure Aufmerksamkeit abgeschweift ist. Was war Euer erster Gedanke?

Zusammenfassung

Wir alle denken. Wir können auch achtsam mit unserem Denken sein.

Manchmal haben wir Gedanken, die wir nicht haben wollen. Wenn wir sie bewusst wahrnehmen, dann können wir sie leichter loslassen.

Manchmal denken wir, wenn wir eigentlich jemandem zuhören wollen. Wenn wir das bemerken, können wir achtsam sein und wieder zum Zuhören zurückkehren.

Manchmal gehen uns dieselben Gedanken wieder und wieder durch den Kopf, obwohl das vollkommen unnötig ist. Wenn wir sie achtsam bemerken, dann müssen wir diesem Gedanken nicht so sehr glauben.

Jetzt habt Ihr ein sehr nützliches Achtsamkeitswerkzeug. Versucht in den nächsten Tagen Eure Gedanken zu beobachten, in der Klasse oder auf dem Spielplatz oder zu Hause.

Optionale Aufgaben für das Tagebuch

- Zeichnet ein Bild von Eurem Geist, wenn er denkt.
- Wie viele Gedanken glaubt Ihr, hat ein Mensch an einem Tag?
- Wie fühlt Ihr Euch, wenn Eure Aufmerksamkeit auf Euren Atem gerichtet ist?
- Wie fühlt Ihr Euch, wenn Ihr in Gedanken verloren seid?

Beschließen Sie die Stunde mit einem Gong und drei achtsamen Atemzügen.

Mindfulness without Borders

Die Programme von Mindfulness Without Borders zielen darauf ab, die dauernden Spannungszustände und Ängste, die Reizüberflutung und wachsende Isolation zu lindern, denen Schüler und Lehrer ausgesetzt sind. Durch lösungsorientierte Schulung von Kompetenzen, die der Entwicklung des ganzen Menschen dienen, schaffen die Programme für Kinder, Jugendliche und Erwachsene ein vertrautes, auf Beziehungen basierendes Klassenumfeld. Durch diese Rahmenbedingungen wird eine Klassenkultur gefördert, in der der Einzelne wachsen und gedeihen und nicht bloß überleben kann. Das führt auch bei leistungsschwächeren und benachteiligten Schülern zu einer Veränderung ihrer Denk- und Verhaltensweisen.

Seit 2008 ist MWB international in Ländern wie Ruanda, Nigeria, Uganda, Israel, Jamaika, Botswana, New Jersey, San Francisco und Toronto tätig. Ihr evidenzbasiertes Mindfulness Ambassador Council Curriculum für Schüler von weiterführenden Schulen beinhaltet zwölf Lektionen mit Achtsamkeitspraktiken, die sozio-emotionale Kompetenzen fördern und die Schüler dabei unterstützen ein produktives, verantwortliches und mitfühlendes Leben zu führen. Außerdem bieten sie ein spezielles Programm mit acht Lektionen für Schüler mit alternativen Lernstilen an. Mehr unter: http://mindfulnesswithoutborders.org.

Mindfulness Ambassador Council: Mit Konflikten umgehen

Einleitung

Die Schüler sitzen in einem Kreis und beginnen mit einer dreiminütigen Atemübung, die sich TUZA nennt.

> *Hinweis: Der Moderator erklärt, dass man durch Atemübungen seinen Geist beruhigen und einen Ort der Stille in sich selbst finden kann. Indem wir innehalten und uns auf unseren Atem konzentrieren, beruhigen wir unseren Geist, unseren Körper und unser Herz, selbst wenn wir von Wellen von Emotionen, Gedanken und äußeren Erfahrungen überrollt werden. Wir entdecken, dass wir nicht immer kontrollieren können, was in unserem Leben passiert, was wir jedoch kontrollieren können ist, wie wir darauf reagieren.*

So geht TUZA

- Setzt Euch bequem hin. Beide Fußsohlen berühren den Boden.
- Legt Eure Hände auf Eure Oberschenkel und lasst Eure Schultern sinken.
- Schließt sanft Eure Augen oder sucht Euch einen Punkt auf dem Boden, auf den Ihr Eure Augen richten und zu dem Ihr zurückkehren könnt, wenn Ihr abgelenkt werdet, und beginnt im Raum herumzuschauen.
- Richtet Euch auf, groß und stolz, wie der Stamm eines großen Baumes.
- Nehmt Euch einen Augenblick Zeit und spürt in Euren Körper hinein.
- Nun richtet Eure Aufmerksamkeit auf den Fluss Eures Atems.
- Ihr müsst nicht auf irgendeine spezielle Art atmen. Euer Körper weiß schon, wie man atmet.

- Nehmt einfach wahr, wie Euer Atem beim Einatmen in den Körper hineinströmt und Euren Körper beim Ausatmen wieder verlässt.
- Wenn Ihr bemerkt, dass Ihr Euch in Gedanken, Sorgen, Gefühlen oder Körperempfindungen verloren habt, dann ist das vollkommen normal.
- Erkennt, was Euch ablenkt, und lasst es sanft wieder los, indem Ihr Eure Aufmerksamkeit zu Eurem Atem zurückbringt.
- Ohne zu denken, Ihr könnt das nicht, richtet einfach und so liebevoll wie möglich Eure Aufmerksamkeit wieder auf Euren Atem.
- Jedes Einatmen ist ein neuer Anfang und jedes Ausatmen ist ein Loslassen.
- Wenn Ihr bereit seid, kehrt mit Euer Aufmerksamkeit in diesen Raum zurück.

Gesprächskreis

Fällt Euch ein Wort oder ein Bild ein, wenn Ihr den Begriff „Konflikt“ hört?

Leitfaden für den Gesprächskreis

Hinweis: Der Moderator bittet sechs Freiwillige, das Redesymbol zu nehmen und den Leitfaden des Gesprächskreises laut vorzulesen.

- Sprecht nur, wenn Ihr das Redesymbol habt.
- Hört respektvoll zu und seid offen für andere Sichtweisen.
- Sprecht aus Eurem Herzen heraus und macht „Ich“ Aussagen.
- Sagt gerade genug.
- Was im Gesprächskreis besprochen wird, bleibt im Gesprächskreis.
- Tut Euer Bestes, um an allen unseren Gesprächskreisen teilzunehmen.

Thema: Mit Konflikten umgehen

Bei Konflikten geht es um einen Widerspruch – zwischen Einzelnen, Gruppen oder unseren eigenen Gedanken und Gefühlen. Im schlimmsten Fall bilden sich zwei Parteien heraus und spalten sich in „wir" gegen „sie". Dann gibt es keine Kommunikation mehr und man ist nicht bereit, irgendeine andere Sichtweise gelten zu lassen, als die eigene. Ob es um einen Konflikt zu Hause, mit Freunden, bei der Arbeit, in unseren Gemeinden oder sogar in uns selbst geht, Konflikte erzeugen in den meisten von uns ein Gefühl der Anspannung, Unsicherheit oder Gefahr.

Menschen reagieren unterschiedlich auf Konflikte – körperlich, emotional und mental. Manche fühlen den Impuls, sich zu verteidigen, wegzulaufen oder die Sache unter den Teppich zu kehren („Fight, Flight or Freeze" – Kampf, Flucht oder Starre). Andere möchten sich vielleicht um sich selbst und andere kümmern und Verbündete finden („Tend and Befriend-Reaktion" – Hüten und Befreunden). Unsere Autopilot-Reaktionen für einen Moment lang auszusetzen gibt uns die Möglichkeit zu überlegen, ob es vielleicht irgendeinen anderen Auslöser für unsere Gefühle gab und dann bewusst eine angemessene Reaktion zu wählen. Statt gewohnheitsmäßig zu reagieren, halten wir inne und erkunden konstruktive Wege, um mit Spannungen und Unterschieden umzugehen. Um einen Konflikt zu lösen, ist es wichtig zwischen dem zu unterscheiden, was wir tatsächlich brauchen, und was wir gerne aus der Situation herausholen würden. Möchten wir zum Beispiel einen Streit gewinnen? Oder möchten wir einfach, dass der andere unsere Meinung anhört?

Es ist hilfreich unsere eigenen Motive zu durchleuchten, unsere Gedanken abzuwägen, ohne uns von ihnen kontrollieren zu lassen und bewusst auch an andere zu denken, wenn wir uns für eine Reaktion entscheiden. Vielleicht erleben wir Wut, Frustration, Verletzung oder eine Mischung diverser Gefühle, doch wir sind viel mächtiger als unsere Gefühle. Wir können uns dafür entscheiden, auf unsere eigenen Bedürfnisse und auf die Bedürfnisse des anderen zu achten, indem wir fragen: „Was würde zu einer Lösung des Konfliktes beitragen, anstatt ihn zu schüren? Was kann ich tun, um diese Situation ohne Aggression und Gewalt zu lösen?" Achtsam auf eine Situation zu reagieren, bedeutet immer innezuhalten, uns unsere ursprüngliche Reaktion bewusst zu machen und diese Bewusstheit dafür zu nutzen, um überlegter und verantwortlicher zu handeln. Wenn wir mit dieser Art von Wahrnehmungsvermögen und Zurückhaltung vorgehen, ist es wahrscheinlicher, dass wir einen Konflikt wirksam lösen können.

Lehr-Zitat

> ***Der höchste Maßstab für einen Menschen ist nicht der Ort, an dem er im Moment von Komfort und Bequemlichkeit steht, sondern an dem er in Zeiten von Herausforderung und Kontroverse steht.***
>
> Martin Luther King Jr.,
> Pastor und Menschenrechtsaktivist

Gesprächskreis

Die Teilnehmer reichen das Redesymbol herum und antworten auf folgende Fragen:

- Erzähl uns von einem Streit, den Du mit jemandem hattest, bei dem Du vollkommen anderer Meinung warst.
- Wenn Du vom Blickwinkel der anderen Person aus zurückschaust, kannst Du ihren Standpunkt jetzt anerkennen?

Hilfsmittel für den gegenwärtigen Augenblick

- Beobachte, welche Gedanken dir durch den Kopf gehen und welche Emotionen Du erlebst, bevor Du reagierst.
- Versetze Dich einen Augenblick lang in die Lage des anderen.
- Sage klar, was Du meinst, ohne heftig oder aggressiv zu sein.
- Mach „Ich"- Aussagen, statt zu beschuldigen.
- Finde mit den anderen Beteiligten alternative Lösungen.
- Hole dir Rat oder Mediation, wenn Du zusätzliche Hilfe brauchst.

- Schätze die kurz -und langfristigen Folgen Deiner Reaktion ab.
- Bleib bescheiden und erkunde Wege, den Konflikt in eine Gelegenheit zu verwandeln.
- Sei mutig und handle mit Mitgefühl.

Achtsamkeitspraxis: Liebende Güte

Die wichtigsten Menschen in unserem Leben sind oft nicht diejenigen, die das größte Wissen haben oder am beliebtesten sind, sondern diejenigen, die uns und der Welt Empathie und Mitgefühl entgegenbringen. Die Intention dieser Achtsamkeitspraxis ist, ein Gefühl der liebevollen, empathischen Anteilnahme für andere in unserem Herzen entstehen zu lassen. Durch diese Praxis, fördern wir eine Einstellung der Liebe, des Mitgefühls und den aufrechten Wunsch, andere mögen glücklich sein, in dem Wissen, dass das Geschenk anderen Glück zu wünschen, gleichzeitig ein Geschenk an uns selbst ist.

So geht's

- Setzt Euch bequem hin. Beide Fußsohlen berühren den Boden.
- Legt Eure Hände auf die Oberschenkel und lasst Eure Schultern sinken.
- Schließt die Augen oder richtet Euren Blick sanft nach unten und sucht Euch einen Punkt irgendwo auf dem Boden, zu dem Ihr zurückkehren könnt, wenn Ihr abgelenkt werdet und beginnt im Raum herumzuschauen.
- Richtet Euch auf, groß und stolz, wie der Stamm eines großen Baumes.
- Richtet Eure Aufmerksamkeit auf Euren Atem.
- Denkt an jemanden, den oder die Ihr sehr gern habt, jemanden, für die oder den Ihr tiefe Dankbarkeit und Zärtlichkeit empfindet.
- Während Ihr weiter an diese Person denkt, beginnt ihr gute Wünsche zu senden, wünscht ihr Glück, Gesundheit und Frieden.

- Nun beginnt Eure guten Wünsche an jemanden zu richten, dem Ihr neutral gegenüber steht – jemanden, den Ihr weder besonders mögt noch nicht mögt. Das könnte zum Beispiel der Busfahrer sein, der Besitzer des Ladens um die Ecke oder der Kellner in einem Restaurant.
- Während Ihr weiter an diese Person denkt, sendet ihr gute Wünsche, wünscht ihr Freude, Gesundheit und Frieden, mit derselben Anteilnahme, die Ihr für die Menschen empfindet, die Euch nahestehen.
- Wenn Ihr abgelenkt werdet, merkt, was Euch abgelenkt hat, und lasst es los, indem Ihr Euch wieder der Praxis der liebevollen Wünsche zuwendet.
- Nun stellt Euch jemanden vor, mit dem Ihr eine Meinungsverschiedenheit hattet. Sendet auch diesem Menschen Eure guten Wünsche, in dem Wissen, dass sie oder er, genau wie Ihr selbst, geliebt, glücklich und in Frieden leben möchte.
- Nun dehnt Eure liebevollen und gütigen Wünsche auf alle aus, die in unserem Sitzkreis sitzen.
- Dehnt Eure Wünsche weiter aus und bezieht alle Schüler und Lehrer Eurer Schule, Eure Nachbarschaft, Eure Stadt und dann die ganze Welt mit ein, in dem Wissen, dass sie sich, genau wie Ihr, geliebt und umsorgt fühlen wollen.
- Bringt Eure Aufmerksamkeit zurück zum Fluss Eures Atems und nehmt wahr, wie Ihr Euch fühlt.
- Wenn Ihr bereit seid, öffnet langsam Eure Augen und kommt mit Eurer Aufmerksamkeit in diesen Kreis zurück.

Reflexion über die Praxis

- Wie hat es sich angefühlt, einem geliebten Menschen Liebe und Zuwendung zu senden?
- Wie hat es sich angefühlt, jemandem Euer Mitgefühl zu senden, der Euch Schwierigkeiten bereitet?

Aufgabe für zu Hause

Der Moderator fasst die Hausaufgabe zusammen und bittet die Teilnehmer ihr Bestes zu tun, um diese Aufgabe zu erfüllen, da es ein wichtiger Teil dieser Erfahrung ist. Als Teil des Prozesses werden Mitglieder des Mindfulness Ambassador Council ermutigt, Wege zu finden, um mehr Bewusstheit für den gegenwärtigen Augenblick (Achtsamkeit) in ihr tägliches Leben zu bringen. Bei jeder Hausaufgabe wird die Achtsamkeitspraxis als **b.Mindful** *und die Achtsamkeitsaktivität als* **m.Activity** *betitelt.*

b.Mindful: Nehmt Euch zweimal täglich 3 Minuten Zeit für TUZA, um Eure Aufmerksamkeit zurück zu Eurem Atem zu bringen und im gegenwärtigen Augenblick zu bleiben.

m.Activity: Achtet im Laufe der folgenden Woche darauf, wenn Ihr mit einem Dilemma konfrontiert seid oder eine starke Meinung über irgendetwas habt. Erkundet, was es bedeuten könnte, mit Einsicht und Zurückhaltung auf diese Situation zu reagieren. Seid Euch bewusst, was Ihr in diesem Augenblick empfindet. Denkt an die kurz- und langfristigen Konsequenzen Eures Handelns. Fasst in Eurem Tagebuch zusammen, was Ihr herausgefunden habt, und überlegt, wie Ihr auf eine Weise handeln könntet, die mit Euren höchsten Werten übereinstimmt.

Abschluss

Die Teilnehmer stehen in einem Kreis und beschließen die Stunde mit einem Kreis der Dankbarkeit. Ein Teilnehmer dreht sich nach rechts und sagt zu seinem Nachbarn: „Danke, dass Du hier bist." Die Dankesbotschaft wird von einem zum anderen weitergegeben, bis alle im Kreis Dank empfangen und gespendet haben.

Das Mind Body Awareness-Projekt

Das Mind Body Awareness (MBA) Projekt ist eine kalifornische Non-Profit-Organisation, die sich für gefährdete und inhaftierte Jugendliche einsetzt. Sie hat es sich zur Aufgabe gemacht, schädliche Verhaltensweisen zu wandeln und ein sinnhaftes Leben durch Achtsamkeitsmeditation und emotionale Bewusstheit zu fördern. MBA arbeitet mit etwa 1000 Jugendlichen in Jugendstrafanstalten, öffentlichen Schulen und anderen Jugendeinrichtungen pro Jahr. Ihre sehr gut geschulten Lehrer vermitteln ein innovatives und kulturell relevantes, achtsamkeitsbasiertes Programm in einer für gefährdete und inhaftierte Jugendliche zugänglichen Sprache. Ihr Ziel ist es, Jugendliche auf ihrem Weg aus der Jugendstrafanstalt und zurück in die Schule ausführlich und kontinuierlich zu begleiten, um Rückfälle und gewalttätige Verhaltensweisen zu verhindern. Die Wirksamkeit des MBA-Programm findet in drei wissenschaftlichen Artikeln ihren Niederschlag, in denen die Machbarkeit und der vorbeugende Effekt bei Stressverarbeitung und Selbstregulation gefährdeter und inhaftierter Jugendlicher betont wird. Setzen Sie sich für nähere Information auf die MBA-Mailingliste oder besuchen Sie die Website: www.mbaproject.org.

Zwei Achtsamkeitsaktivitäten aus dem Mind Body Awareness Project

Aktivität 1: Still Chillen
Aktivitätsart: Spiel
Benötigt wird: Meditationsglocke

„Still Chillen" ist ein Spiel, das wir oft anwenden, wenn wir die Jugendlichen kennenlernen. Es bringt die Energie der Gruppe ins Fließen, ist ein hervorragender Eisbrecher und dient als Energieschub, wenn die Gruppenenergie gerade ein Tief erreicht hat. In dem Spiel geht es um einen Aspekt der Achtsamkeitspraxis: dass Ablenkungen von außen zu unbeabsichtigten Reaktionen führen können. Das Ziel ist es, die

Jugendlichen zum Nachdenken zu bringen (als erster Ausgangspunkt), wie solche Störfaktoren ihre Verhaltensweisen beeinflussen und ihnen bewusst zu machen, dass sie durch Übung mehr Eigenverantwortung für ihre Reaktionen übernehmen können.

Still Chillen – Anleitung

Die Jugendlichen (vorzugsweise 6 bis 15 Jugendliche) sitzen auf Stühlen in einem Kreis. Erklären Sie, dass es bei „Still Chillen“ darum geht, wer am längsten durchhält, ohne sich zu bewegen. Sagen Sie ihnen, dass sie blinzeln und atmen dürfen, aber dass sie für diese Runde verloren haben, wenn sie sich bewegen. Sie sollen sich nicht bewegen, bis nur ein Jugendlicher übrig ist (der Gewinner dieser Runde). Bevor die erste Runde beginnt, können sie sich strecken, lachen und sich die Bewegung holen, die sie brauchen. Zählen Sie dann von fünf hinunter und läuten Sie die Meditationsglocke. Es mag sein, dass die Jugendlichen nahezu sofort in Lachen ausbrechen. Das ist normal und Sie sollten zwei weitere Runden des Spieles ausführen und die Jugendlichen ermutigen, es noch intensiver zu versuchen und zu atmen, um sich zu konzentrieren. Eröffnen Sie nach drei Runden eine Diskussion mit folgenden Fragen:

- Wie seid Ihr still geblieben? Was habt Ihr mit Eurem Geist gemacht? (Fragen Sie das auf jeden Fall den Gewinner jeder Runde)
- Habt Ihr einen Unterschied zwischen den einzelnen Runden bemerkt?
- Inwiefern hat es Euch geholfen oder nicht geholfen Euch auf den Atem zu konzentrieren?

Aktivität 2: Die Glockenschläge-Zählen-Meditation
Aktivitätsart: Meditation
Benötigt wird: Meditationsglocke

Die Glockenschläge-Zählen-Meditation ist ein wunderbarer Weg für die Jugendlichen, ihren Geist kennenzulernen und kann in der Gruppe oder im Einzelsetting angewendet werden. MBA schlägt diese Aktivität für das zweite Modul vor, normalerweise in einer Gruppe von

6–15 Jugendlichen. Das Ziel dieser Aktivität ist es, den Jugendlichen einen ersten Eindruck davon zu vermitteln, dass sie in der Lage sind zu beobachten, wie ihr Geist abschweift und ihn dann mit Hilfe von mentalem Training wieder zu fokussieren.

Das Glockenschläge-Zählen – Anleitung

Erklären Sie den sechs bis zwölf jungen Leuten, die in einem Kreis sitzen, dass Sie sie durch eine Art von Meditation führen werden, bei der sie mehr über die Natur ihres Geistes erfahren werden. Bitten Sie sie zu zählen, wie oft Sie die Meditationsglocke läuten, während alle meditieren, und sich bewusst zu sein, wie sie sich die Zahlen merken. Die einzige andere Vorgabe ist, die Augen geschlossen zu halten und nicht mit den Fingern zu zählen (also die Möglichkeiten ihres Geistes zu nutzen). Entscheiden Sie sich für eine Anzahl und halten Sie sich daran, leiten Sie die Meditation mit dem ersten Glockenschlag ein und läuten Sie danach so oft, wie Sie es sich vorgenommen haben. Versuchen Sie die Abstände zwischen den einzelnen Glockenschlägen unterschiedlich zu wählen, um nicht vorhersehbar zu werden. Nachdem Sie die Aktivität beendet haben (bei MBA wird die Glocke normalerweise etwa 12–15 Mal in einem Zeitraum von 5–7 Minuten geläutet) schließen Sie die Meditation ab und besprechen folgende Fragen mit den Jugendlichen:

- Wie oft denkt Ihr habe ich geläutet?
- Was habt Ihr getan, um mit Eurem Geist bei der richtigen Anzahl der Glockenschlägen zu bleiben?
- Habt Ihr bemerkt, dass Euer Geist zwischen den Glockenschlägen abgeschweift ist? Wenn ja, war es schwierig Euch daran zu erinnern, wie oft ich bereits geläutet hatte?

Das Mindfulness in Schools-Projekt

Richard Burnett und Chris Cullen, die Mitbegründer des Mindfulness in Schools-Projekts, lernten sich im Jahre 2007 kennen. Nachdem diese beiden Lehrer zusammen mit Chris O'Neill den Nutzen der Achtsamkeit am eigenen Leib erfahren hatten, war es ihnen ein Anliegen diese Methode Schülern und Lehrern zugute kommen zu lassen. Das .b-Curriculum ist ihr bekanntester neunwöchiger Kurs, der den Schülern einen Weg zu Achtsamkeit zeigt, der Spaß macht, leicht verständlich und auf die Anliegen des Schulalltags anwendbar ist.

Heute wird der Kurs auch für Lehrer und anderes Schulpersonal, sowie für Eltern und Grundschüler angeboten. Er wird in zwölf Ländern angeboten und wurde ins Spanische, Isländische, Holländische, Dänische, Finnische, Deutsche, Französische und in amerikanisches Englisch übersetzt.

Weil .b von Lehrern entworfen wurde, ist das Material in eine spezielle Pädagogik verpackt, die das Unterrichten – und Lernen – von Achtsamkeit leicht zugänglich und für das Schulleben relevant und praktisch anwendbar macht, für den gestressten Teenager, dem etliche Prüfungen bevorstehen genauso, wie auf ein Problem mit Mobbing auf dem Schulhof zu antworten, um den Leistungsdruck in Sport und Musik besser bewältigen zu können oder die Fähigkeit der Lehrer zu verbessern, unvoreingenommen zuzuhören und zu kommunizieren.

Die audiovisuellen Ressourcen, Animationen, Unterrichtsvorschläge, Schülerbroschüren und strengen Zertifikationsrichtlinien garantieren authentisches, modernes und evidenzbasiertes Material, das kontinuierlich weiterentwickelt wird.

Ressourcen

Für nähere Informationen über Daniel Rechtschaffen besuchen Sie bitte:

- www.mindfuleducation.com
- www.danielrechtschaffen.com

Curricula und Programme (englischsprachig)

- CARE for Teachers:
  http://www.care4teachers.org/
- CASEL: Collaborative for Academic, Social and Emotional Learning:
  http//www.casel.org/
- Center for Contemplative Mind in Society:
  http://www.contemplativemind.org/
- Holistic Life Foundation:
  http://www.hlfinc.org/services.htm
- Inner Kids Program:
  http://www.susankaisergreenland.com/inner-kids.html
- Hawn Foundation, MindUP Program:
  http://thehawnfoundation.org/mindup/

- Inner Resilience Program:
  http://www.innerresilience-tidescenter.org
- Inward Bound Mindfulness Education:
  http://ibme.info/
- Lineage Project:
  http://www.lineageproject.org/
- Mind Body Awareness Project:
  http://www.mbaproject.org/
- Mindfulness-Based Cognitive Therapy (MBCT):
  http://www.mbct.com/
- Mindfulness in Schools Project:
  http://mindfulnessinschools.org/
- Mindfulness without Borders:
  http://www.mindfulnesswithoutborders.org/
- Mindful Schools, Program and Teacher Training:
  http://www.mindfulschools.org/
- PATHS Curriculum:
  http://www.prevention.psu.edu/projects/paths.html
- Still Quiet Place:
  http://www.stillquietplace.com/

Forschung und Institutionen mit dem Schwerpunkt Achtsamkeit (englischsprachig)

- The Center for Compassion and Altruism Research and Education (Stanford):
  http://ccare.stanford.edu/
- Center for Mindfulness:
  http://www.umassmed.edu/content.aspx?id=41252

- Greater Good (UC Berkeley):
  http://greatergood.berkeley.edu/
- Mind and Life Institute:
  http://www.mindandlife.org/
- Mindfulness Awareness Research Center (UCLA Semel Institute):
  http://marc.ucla.edu/
- Mindfulness in Schools Project, Research Sumary:
  http://www.enhancementthemes.ac.uk/docs/documents/impact-of-mindfulness-katherine-weare.pdf
- Mindfulness Research Guide:
  http://www.mindfulexperience.org/

Danksagung

Ich widme dieses Buch all meinen Lehrern und all meinen Schülern. Besonders einem Schüler einer öffentlichen Schule in Oakland, der mir an meinem ersten Unterrichtstag vor so vielen Jahren einen orangefarbenen Stift schenkte und sagte: „Dieser Stift bedeutet, dass Du mein bester Freund bist.“ Der Stift steht immer noch auf meinem Schreibtisch.

Mein Dank geht an Martin Prechtel, der mich wieder und wieder daran erinnerte, der Weisheit der Natur mit Ehrfurcht zu begegnen, noch andächtiger zuzuhören, noch schöner zu singen, ein Mensch zu werden, der eines Vorfahren würdiger ist. An Thich Nhat Hanh, der mich die Kunst des Gehens, Atmens und Lächelns gelehrt hat. An Jon und Myla Kabat-Zinn, die mir so viele Türen geöffnet haben, im Innen und im Außen. An meine Mentoren und Freunde und ihren Einsatz für Achtsamkeit in der Schule, besonders Linda Lantieri, Susan Kaiser-Greenland, Daniel Siegel, der Familie des Mindful Education-Instituts und den vielen Lehrern und Forschern, die sich dieser gemeinsamen Vision verschrieben haben. Laurie Grossman und Richard Shankman, ich danke Euch, dass Ihr mir den Weg zu den „achtsamen Schulstunden“ eröffnet habt, in denen ich die Kunst, Achtsamkeit an Kinder weiterzugeben, erstmalig gelernt habe. Meine psychologischen Mentoren, Mordechai Mitnick, Jennifer Welwod, Lucanna Grey, Jonathan Tenny und Michael Kahn, die mein Herz geöffnet, mich in meinem Schmerz gehalten und mich gelehrt haben, der Heiler zu sein, der ich bin.

Danke auch an Caroline Pincus, die mit mir an den frühen Stadien dieses Buches herumgebastelt hat. An Willow Ruth, für Dein wortgewandtes Lektorat und Deine süße Freundschaft. An Nan Satter, für Dein echtes Verständnis dieses Buches und die konstruktive Kraft Deiner Worte. An Deborah Malmud, die all meine negativen Mythen Verleger betreffend ausräumte. Deine Achtsamkeit, Dein Engagement und Deine Güte haben diesem Buch Leben eingehaucht. An Benjamin Yarling, weil Du mich mit der Tiefe Deines Verständnisses und Deiner Einsichten in dieses Buch überrascht hast. Deine brillanten Überarbeitungen haben jeder einzelnen Seite mehr Würze verliehen. An das gesamte Team von W.W. Norton: Ich danke Euch für Euer Engagement für diesen Stoff und Eure wunderbare Professionalität.

Ich danke meinem Freund und schreibenden Landsmann David Coates für Deine Einblicke und Deine Freundschaft, die mir geholfen haben, der Mensch zu werden, der ich werden musste, um dieses Buch zu schreiben. Dank an David Treleaven, Max Tarcher, das Essex-Team und alle anderen, die mich gelesen, mir zugehört und mich in diesem Prozess unterstützt haben.

Und an meine Frau, meiner Partnerin, meiner Freundin, Taylor Pattinson. Wir trafen uns um Mitternacht am Silvesterabend und sprachen in der Dunkelheit über Achtsamkeit und Erziehung. Dein Enthusiasmus damals und Deine verständnisvolle Weisheit an jedem einzelnen Tag seither, waren der Treibstoff, der mich durch diese Reise getragen hat. Während wir diesen Weg zu unserer eigenen Familie gemeinsam beschreiten, bereitet mir nichts größere Freude, als die Möglichkeit, die wahre Kunst der achtsamen Erziehung zu erlernen.

Quellenangaben

Baer, R.A., Mindfulness training as a clinical intervention: A conceptual and empirical review. In: *Clinical Psychology: Science and Practice*, 10 (2), 2003, 125–143.

Biegel, G. M., Warren Brown, K., Shapiro, S. L., Schubert, C. M., Mindfulness-based stress reduction for the treatment of adolescent psychiatric outpatients: A randomized clinical trial. In: *Journal of Consulting and Clinical Psychology*, 77 (5), 2009, 855–866.

Black, L., Neel, J. und Benson, G., *NCTAF/GSU Induction Project: Final Report*, Atlanta, GA: Georgia State University, 2008.

Bowlby, J., *Maternal care and mental health*, Genf: Weltgesundheitsorganisation (WHO), 1951

Campos, J. J., Langer, A. und Krowotz, A., Cardiac responses on the visual cliff in prelocomotor human infants. In: *Science*, 170 (3954), 1970, 196–197.

Chambers, R., Chien Yee Lo, B. und Allen, N. B., The impact of intensive mindfulness training on attentional control, cognitive style, and affect. In: *Cognitive Therapy Research,* 32, 2008, 303–322.

Condon, P., Desbordes, G., Miller, W. und Desterno, D., Meditation increases compassionate responses to suffering. In: *Pschological Science*, 2013 (doi: 10.1177/0945797613485603).

Davidson, R. J., Kabat-Zinn, J., Schumacher, J., Rosenkrantz, M., Muller, D., Santorelli, S. F., Alterations in the brain and immune function produced by mindfulness meditation. In: *Psychometrical Medicine*, 65, 2003, 564–570 (doi:10.1097/01.PSY.0000077505.67574.E3).

Diaz, F., Mindfulness, attention, and flow during music listening: An empirical investigation. In: *International Journal of Music Education*, 31, 2013, 310–320.

Durlak, J., Weissberg, R., Dymnicki, A., Taylor, R. M., Schellinger, K., The impact of enhancing students' social and emotional learning: A meta-analysis of school-based universal interventions. In: *Child Development*, 82 (1), 2011, 405–432.

Emanuel, E., Share the wealth. In: *The New York Times*, 23. Juni 2012.

Emerson, David und Hopper, Elizabeth, Trauma-Yoga: Heilung durch sorgsame Körperarbeit; therapiebegleitende Übungen für Traumatherapeuten, Yogalehrer und alle, die ihren Körper heilen wollen. Lichtenau: Probst-Verlag, 2012 (orig. Dies., *Overcoming trauma through yoga*. Berkeley, CA: North Atlantic Books, 2011).

Felitti, V. J., Anda, R. F., Nordenberg, D., Williamson, D. F., Spitz, A. M., Edwards, V., Marks, J. S. u. a., Relationship of childhood abuse and household dysfunction to many of the leading causes of death in adults: The adverse childhood experiences (ACE) study. In: *American Journal of Preventive Medicine*, 14 (4), 1998, 245–258.

Gardner, H., *Die Rahmentheorie der vielfachen Intelligenzen*, Stuttgart: Klett-Cotta, 1994 (orig. Ders., *Frames of mind: The theory of multiple intelligences*. New York, NY: Harper Perennial, 1983).

Gopnik, A., Meltzoff, A. und Kuhl, P., *Forschergeist in Windeln: Wie Ihr Kind die Welt begreift*, Kreuzlingen: Hugendubel-Verlag 2000 (orig. Dies.: *The scientist in the crib*. New York: Perennial, 2000).

Hölzel, B. K., Carmody, J., Vangel, M., Congleton, C., Yerramsetti, S. M., Gard, T., Lazar, S. W., Mindfulness practice leads to increases in regional brain gray matter density. In: *Psychiatrical Research: Neuro-images*, 191 (1), 2011, 36 (doi:10.1016/j.pscychresns.210.9.010).

Jacobs, T. L., Epel, E. S., Lin, J., Blackburn, E. H., Wolkowitz, O. M., Bridwell, D. A. und Saron, C. D., Intensive meditation training, immune cell telomerase activity, and psychological mediators. In: *Psychoneuroendocrinology*, 36 (5), 2011, 665–681 (doi: 10.1010/j.psyneuen.210.9.010).

Jha, A. P., Krompinger, J., und Baime, M. J., Mindfulness training modifies subsystems of attention. In: *Cognitive, Affective, & Behavioral Neuroscience*, 7, 2007, 109–119.

Kabat-Zinn, J., Lipworth, L., Burrey, R. und Selleers, W., Four-year follow up of a meditation-based program for the self-regulation of pain. In: *Clinical Joint Pain*, 2, 1986, 159–173.

Kabat-Zinn, J., An out-patient program in behavioral medicine for chronic pain patients based on the practice of mindfulness meditation. In: *General Hospital Psychiatry*, 4, 1982, 33–47.

Kabat-Zinn, J., Lipworth, L., und Burrey, R., The clinical use of mindfulness meditation for the self-regulation of chronic pain. In: *Journal of Behavioral Medicine*, 8, 1995, 163–190.

Kemeny, M., Foltz, C., Cavanagh, J., Cullen, M., Giese-Davis, J., Rosenberg, E., Ekman, P. u. a., Contemplative/emotion training reduces negative emotional behavior and promotes prosocial responses, emotion. In: *American Psychological Association*, 12 (2), 2012, 338–350.

Kuyken, W., Byford, S., Taylor, R. S., Watkins, E., Holden, E., White, K., Teasdale, J. D. u. a., Mindfulness-based cognitive therapy to prevent relapse in recurrent depression. In: *Journal of Consulting and Clinical Psychology*, 76 (6), 2008, 966–978 (doi: 10.1037/a0013786).

Levine, Peter A., *Trauma-Heilung: Das Erwachen des Tigers; unsere Fähigkeit, traumatische Erfahrungen zu transformieren*. Essen: Synthesis-Verlag, 1998 (orig. Ders., *Waking the Tiger*. Berkeley, CA: North Atlantic Books, 1997).

Maughan, A., und Cicchetti, D., Impact of child maltreatment and interlude violence on children's emotion regulation abilities and socioemotional adjustment. In: *Child Development* 73 (5), 2002, 1525–1542.

Merikangas, K. R., He, J. P., Burstein, M., Swanson, S. A. Avenevoli, S., Cui, L., Benjet, C., u. a., Lifetime prevalence of mental disorders in U.S. adolescents: Results from the National Comorbidity Survey Replication-Adolescent Supplement (NCS-A). In: *Journal of the American Academy of Child & Adolescent Psychiatry*, 49 (10), 2010, 980–989 (doi: 10.1016/jaac.210.5.017).

Mrazek, M., Franklin, M., Tarchin Phillips, D., Baird, B. und Schooler, J., Mindfulness training improves working memory capacity and GRE performance while reducing mind wandering. In: *Psychological Science*, 24 (5), 2013, 776–781.

Napoli, M., Krech, P. R., Holley, L. C., Mindfulness training for elementary school students. In: *Journal of Applied School Psychology*, 21 (1), 2005, 99–125.

National Scientific Council on the Developing Child, The science of neglect: The persistent absence of responsive care disrupts the developing brain. Working Paper 12, 2012 (http://www.developingchild.harvard.edu).

Nerurkar, A., Yeh, G., Davis, R., Birdee, G., und Phillips, R., When conventional medical providers recommend unconventional medicine: Results of a national study. In: *Archives of internal medicine*, 171 (9), 2011, 862–864 (do:10.1001/archinternmed.2011.160).

Northeastern University College of Science, Can meditation make you a more compassionate person? In: *ScienceDaily*, 1. April 2013 (http://www.sciencedaily.com/releases/2013/04/130401111553.htm).

O'Connor, T. G., Rutter, M., Beckett, C., Keaveney, L. und Kreppner, J. M., The effects of global severe privation on cognitive competence: Extension and longitudinal follow-up. In: *Child Development*, 71 (2), 2000, 376–390.

Raes, F., Griffith, J., Van der Gucht, K. und Williams, M., School-based prevention and reduction of depression in adolescents: A cluster-randomized controlled trial of a mindfulness group program. In: *Mindfulness Journal*, 2013, März (doi: 10.1007/s12671–013–0202–1).

Reardon, F., No rich child left behind. In: *The New York Times*, 2013, 27. April.

Rosch, P., Measuring job stress: Some comments on potential pitfalls. In: *American Journal of Health Promotion*, 11 (6), 1997, 400–401.

Salmon, P., Sephton, S., Weissbecke, I., Hoover, K., Ulmer, C., und Studts, J. I., Mindfulness meditation in clinical practice. In: *Cognitive Behavioral Practice*, 11, 2004, 434–446.

Sibinga, E., Kerrigan, D., Stewart, M., Johnson, K., Magyari, T. und Ellen, J., Mindfulness instruction for urban youth. In: *Journal of Alternative Complemental Medicine*, 17, 2011, 1–6.

Siegel, D., und Bryson, T. P., *Das achtsame Gehirn*. Freiburg: Arbor-Verlag, 2007 (4: 2014) (orig. Dies., *The mindful brain: reflection and attunement in the cultivation of well-being*. New York: W.W. Norton, 2007).

Siegel, D., und Bryson, T. P., *Achtsame Kommunikation mit Kindern: zwölf revolutionäre Strategien aus der Hirnforschung für die gesunde Entwicklung Ihres Kindes*. Freiburg: Arbor-Verlag, 2013 (orig. Dies., *The Whole-Brain Child*. New York: Random House 2011).

Tang, Y., Yang, L., Leve, L. und Harold, G., Improving executive function and its neurobiological mechanism through a mindfulness-based intervention: Advances within the field of developmental neuroscience. In: *Child Development Perspectives*, 6 (4), 2012, 361–366.

Treleaven, David, *Meditation and trauma: A hermeneutic study of Western vipassana practice through the perspective of somatic experiencing*. San Francisco, CA: California Institute of Integral Studies, 2012 (Dissertation).

Van der Kolk, Bessel A., *Verkörperter Schrecken, Traumaspuren in Gehirn, Geist und Körper und wie wir sie heilen können*. Lichtenau: Probst-Verlag, 2015 (orig. Ders., The body keeps the score: Memory and the evolving psychobiology of post traumatic stress disorder. In: *Harvard Review of Psychiatry*, 1 (5), 1994).

Wahlstrom, K., Changing times: Findings from the first longitudinal study of later high school start times. In: *NASSP Bulletin*, 86 (633), 2002, 3–21.

Zeidan, F., Johnson, S. K., Diamond, B. J., David, Z. und Goolkasian, P., Mindfulness meditation improves cognition: Evidence of brief mental training. In: *Consciousness and Cognition*, 19 (2), 2010, 597–605.

Literaturhinweise

Biegal, Gina, *The Stress Reduction Workbook for Teens,* Oakland, CA: New Harbinger, 2009.

Cohen Harper, Jennifer, *Little Flower Yoga for Kinds: A Yoga and Mindfulness Program to Help Your Child Improve Attention and Emotional Balance.* Oakland, CA: New Harbinger, 2013.

Cozolino, Louis, *The Social Neuroscience of Education: optimizing attachment and learning in the classroom,* New York: W. W. Norton and Company, 2013.

Goleman, Daniel, *Emotionale Intelligenz,* München: Deutscher Taschenbuch Verlag, 19. Aufl. 2007 (orig. Ders., *Emotional Intelligence.* New York: Bantham Books, 2006: 10th Anniversary Edition).

Kabat-Zinn, Jon, *Gesund durch Meditation: das große Buch der Selbstheilung.* München: Barth-Verlag 1994 (vollst. überarbeit. Aufl. München: Knaur-Verlag 2013) (orig. Ders., *Full Catastrophe Living: Using the wisdom of your body and mind to face stress, pain and illness.* New York: Bantham Books, revised ed.: 2013).

Kabat-Zinn, Jon, *Achtsamkeit für Anfänger.* Freiburg: Arbor-Verlag, 2013 (orig. Ders., *Mindfulness for Beginners.* Boulder, CO: Sounds True, 2011).

Kabat-Zinn, Jon und Kabat-Zinn, Myla, *Mit Kindern wachsen: Die Praxis der Achtsamkeit in der Familie.* Freiburg: Arbor-Verlag, 2015 (orig. Dies., *Everyday Blessings.* New York: Hyperion, 1998).

Kaiser-Greenland, Susan, *Wache Kinder: Wie wir unseren Kindern helfen, mit Stress umzugehen und Glück, Freude und Mitgefühl zu erleben.* Freiburg: Arbor-Verlag, 2011 (orig. Dies., *The Mindful Child: how to help your kid manage stress and become happier, kinder, and more compassionate.* New York: Free Press (Simon & Schuster), 2010).

Kohn, Alfie, *Liebe und Eigenständigkeit: Die Kunst bedingungsloser Elternschaft, jenseits von Belohnung und Bestrafung.* Freiburg: Arbor-Verlag, 2010 (orig. Ders., *Unconditional Parenting: moving from rewards and punishments to love and reason.* New York: Atria Books, 2005).

Lantieri, Linda und Goleman, Daniel, *Emotionale Intelligenz für Kinder und Jugendliche.* München: Ariana-Verlag, 2009 (orig. Dies.: *Building Emotional Intelligence.* Boulder, CO: Sounds True, 2008).

Louv, Richard, *Das Letzte Kind im Wald: geben wir unseren Kindern die Natur zurück.* Freiburg: Herder-Verlag, 2013 (orig. Ders., *Last Child in the Woods: saving our children from nature-deficit disorder.* Chapel Hill, NC: Algonquin Books, 2008).

Neff, Kristin, *Selbstmitgefühl Schritt für Schritt.* Freiburg: Arbor-Verlag, 2014 (orig. Dies., *Self-Compassion: stop beating yourself up and leave insecurity behind.* New York: William Morrow, 2011).

Rosenberg, Marshal, *Erziehung, die das Leben bereichert: wie gewaltfreie Kommunikation (GFK) im Schulalltag dazu beiträgt, die Leistungsfähigkeit zu verbessern.* Paderborn: Junfermann, 5. Aufl. 2013 (orig. Ders.: *Life-Enriching Education.* Encinitas, CA: PuddleDancer Press, 2003).

Ryan, Tim, *A Mindful Nation: how simple pcactice can help us reduce stress, improve performance, and recapture the American spirit.* Carlsbad, CA: Hay House, 2012.

Siegel, Daniel und Payne Brison, Tina, *Achtsame Kommunikation mit Kindern: zwölf revolutionäre Strategien aus der Hirnforschung für die gesunde Entwicklung Ihres Kindes.* Freiburg: Arbor-Verlag, 2015 (orig. Ders., *The Whole-Brain Child.* New York: Delacorte Press, 2011).

Shapiro, Shauna, *Mindful Discipline.* New York: New Harbinger Press, 2014.

Online

Umfangreiche Informationen zu unseren Themen, ausführliche Leseproben aller unserer Bücher, einen versandkostenfreien Bestellservice und unseren kostenlosen Newsletter. All das und mehr finden Sie auf unserer Website.

www.arbor-verlag.de

Mehr von Daniel Rechtschaffen

www.arbor-verlag.de/daniel-rechtschaffen

Seminare

Die gemeinnützige *Arbor-Seminare gGmbH* organisiert regelmäßig Seminare und Weiterbildungen mit führenden Vertretern achtsamkeitsbasierter Verfahren. Nähere Informationen finden Sie unter:

www.arbor-seminare.de